D1702886

AUSTRALIEN
NEUSEELAND

· **informiert reisen** ·

AUSTRALIEN NEUSEELAND
Daten - Bilder - Perspektiven

Hildesuse Gaertner

Ronald Conway

Jürg-Peter Huber

Bucher

Lektorat: Jürg-Peter Huber, Dieter Löbbert
Gestaltung: Hans F. Kammermann
Schutzumschlag: Bertram Schmidt
Karten: Blanka Sefl
Übersetzung des Conway-Textes:
Ingeborg Andreas-Hoole
Herstellung: Johannes Eikel

Bucher informiert reisen

© 1983 by Verlag C.J. Bucher GmbH,
München und Luzern
Printed and bound in Germany
ISBN 3 7658 0408 8

Inhalt

Australien – fremdartiges Land

Australien, der fernste Kontinent, ist auch der kleinste: Mit seinen 7 687 000 Quadratkilometern entspricht sein Umfang etwa dem der USA ohne Alaska. Es ist der einzige Kontinent, der nur einen Staat beherbergt, aufgeteilt in sechs Bundesstaaten und zwei Territorien, die alle Klimazonen – von den Tropen bis zu den gemäßigten Breiten – bieten. (Auch einige Außenterritorien gehören dazu, Inseln im Pazifik, die unter australischer Verwaltung stehen.)

Am Rand der «Wasserhälfte» der Erde gelegen, ist Australien ein Fragment eines vor rund zweihundert Millionen Jahren auseinandergebrochenen, immensen Südkontinents. Die geologischen Formationen des australischen Südwesten gehören zu den ältesten der Erde. Es ist ein relativ flacher Kontinent mit wenigen bedeutenden Höhenzügen. Das größte Gebirge ist die Great Dividing Range, das Große Wasserscheidengebirge, das sich parallel zur Ostküste von Kap York im äußersten Norden bis nach Tasmanien über rund dreitausend Kilometer hinzieht. Im Südosten zwischen Neusüdwales und Victoria liegen seine höchsten Erhebungen, die sogenannten Australischen Alpen, von denen der Mount Kosciusko mit 2234 Metern der höchste Punkt des Kontinents ist. In diesem Gebirge entspringen die wichtigsten Flüsse, Murray und Darling, die im Südosten eine Million Quadratkilometer Land bewässern.

Der Westen wird von einem enorm ausgedehnten Steppen- und Wüstengebiet be-

herrscht, das weit über die Hälfte des Kontinents einnimmt. Im Zentrum erheben sich wie Burgruinen die Restmassive uralter Gebirge, «Zeugenberge» wie der Ayers Rock oder die Olgas.

Auf Sonnenhungrige müßte Australien einen speziellen Reiz ausüben, denn hier ist die Einstrahlung zeitlich achtmal größer als der Niederschlag. Im tropischen Norden überzieht die Regenzeit (von November bis Mai) das Land mit Nässe, ihr folgt die niederschlagslose Trockenzeit. Der Süden dagegen hat Mittelmeerklima, und in den Alpen schneit es im Winter. Nur die Insel Tasmanien hat ein mit Mitteleuropa zu vergleichendes Klima, wenngleich auf der Südhalbkugel der Erde die Jahreszeiten umgekehrt liegen.

Die lange Isolation Australiens gab den

Ureinwohner vor heiligen Felsen in Westaustralien.

Pflanzen und Tieren Zeit zu einer eigenen Entwicklung, die ganz ungewöhnliche Arten hervorbrachte, etwa die bizarr geformten Flaschenbäume und die rasierpinselartigen Grasbäume sowie Bäume und Sträucher, die lange Dürreperioden und Buschfeuer überstehen. Einzelne Spezies haben Hunderte von Arten entwickelt, zum Beispiel die auf dem ganzen Kontinent vorkommenden Eukalyptusbäume und Akazien. In unzugänglichen schattigen Bergschluchten finden sich Restbestände von uralter Art, die es in anderen Erdteilen nur noch als Fossilien gibt.

Auch die Tierwelt ist ungewöhnlich. Australien ist ein Vogelland: 1200 verschiedene Arten (ohne die Zugvögel) leben hier; davon ist die Hälfte endemisch, von Zaunkönigen, Honigfressern und Eisvögeln bis zu Großfußhühnern, Laubenvögeln, Adlern, Sittichen und Papageien, ja bis zum Emu, dem Kasuar, dem schwarzen Schwan und dem merkwürdigen Leiervogel. Die vierbeinige Fauna besteht vor allem aus Mäusen, Ratten, Maulwürfen, Flughörnchen, Mardern, Wildkatzen, Wölfen oder Bären, die hier vor allem als Beuteltiere leben. Auch die Känguruhs sind in dreißig verschiedenen Arten vertreten. Zwei Besonderheiten sind der Ameisenigel und das Schnabeltier – eierlegende Säugetiere. Über vierhundert Reptilienarten sind in Australien zu finden, Echsen in allen Größen: vom Gecko bis zum großen Salzwasserkrokodil. Auch hundertdreißig Schlangenarten – einige davon sehr giftig – sind hier beheimatet. Der Dingo, der als Wildhund und Feind der Herden gejagt wird, ist kein «echtes» australisches Tier, sondern kam zusammen mit vor rund zwanzigtausend Jahren aus Südostasien eingewanderten Eingeborenen.

Durch die Erschließung des Kontinents ist vieles an ursprünglicher Vegetation und Tierwelt verlorengegangen, aber die Australier werden sich in zunehmendem Maße der Einzigartigkeit ihrer Flora und Fauna bewußt. In allen Bundesstaaten wurden Nationalparks und Tierschutzgebiete errichtet.

Auch wenn Australien der kleinste Erdteil ist, so sind doch die Entfernungen enorm. Die Grenzen der Bundesstaaten scheinen mit dem Lineal gezogen zu sein, jedoch hat jeder Staat sein eigenes Gesicht.

Westaustralien entspricht allein der halben Fläche Westeuropas – ein ungeheures, menschenleeres, ja menschenabweisendes Land, das nur im Südwesten besiedelt ist: In Perth

Fliehende Känguruhherde in Queensland.

lebt über die Hälfte der Provinzbevölkerung. Nur hier reihen sich Weizenfelder, riesige Wälder, grüne Küstenberge und Städte aneinander; nach Norden und Osten zu wird das Land immer einsamer. An der Tausende von Kilometern langen Küste liegen wenige unbedeutende Hafenstädte, Heimat der Perlmuttschiffe oder Ziel der großen Rinderherden, die von den Farmen aus den Kimberley-bergen zu den Schlachthöfen gebracht werden.

Ein großer Teil des Landes wird von der Trockensteppe und der Wüste beherrscht, einer mit dürrem Buschwerk und riesigen Termitenbauten bestückten Öde. An ihrer südwestlichen Grenze verwittern die Goldgräbersiedlungen der einst berühmten «Goldenen Meile»; nur in Kalgoorlie wird noch

Gold geschürft. Dafür hat man immer mehr andere Mineralien entdeckt (zum Beispiel Nickel bei Agnew und Norseman, Eisen in den Hamersleybergen, Bauxit im Mitchelplateau, Wolfram am Mount Mulgine usw.). Es entstehen neue Minen und Siedlungen in der Wildnis – keine Shantytowns wie einst, sondern auf dem Reißbrett geplante, aus Fertigteilen zusammengefügte moderne Quartiere für Arbeiter, Ingenieure und deren Familien – Siedlungen, die wieder verschwinden werden, wenn die riesigen Schaufelbagger den Boden leergeschürft haben.

Der Norden ist dem Rhythmus von Regenzeit («Wet») und Trockenzeit («Dry») unterworfen. Darwin, die Hauptstadt, wurde nach dem Wirbelsturm von 1974 wieder neu aufgebaut und ist neben Alice Springs die einzige Stadt des Nordterritoriums. Die Verbindungsstraße zwischen beiden Orten ist nur im «Dry» befahrbar. In den Mangrovendickichten der Sumpflagunen an der Küste leben Wasserbüffel und Krokodile, Pelikane und Reiher. Doch ist das Nordterritorium vor allem das tote Herz des Kontinents. Alice Springs ist Ausgangspunkt zu den merkwürdigen Macdonnellbergen, zum Ayers Rock (kein Monolith, wie immer wieder behauptet wird, sondern Rest eines verwitterten Gebirgsmassivs) und den klobigen Türmen der Olgas. Sie liegen inmitten eines Eingeborenenreservats. Etwa zwanzig Prozent des Nordterritoriums sind Reservate, auch die Halbinsel Arnhemland.

Die Wüste zieht sich weit über die Grenze nach Queensland. In Mount Isa fördern Bergwerke große Mengen von Silber, Kupfer, Zink und Blei aus der Tiefe. Das Wasserscheidengebirge teilt Queensland in eine westliche, trockene und eine östliche, vom Passatwind mit Feuchtigkeit versorgte Region. Zu Füßen des mit wucherndem Dschungel bedeckten Ostabhangs der Berge wogen die grünen Zuckerrohrfelder im Rücken der aufblühenden kleinen Hafenstädte, die auf die zahllosen Inseln und Eilande des Großen Barriereriffs blicken. Bei Brisbane, der schönen Hauptstadt Queenslands, hat der Massentourismus die Strände bereits erobert: etwa an der Goldcoast, Sunshinecoast und in Surfers Paradise.

Die beiden kleinsten Bundesstaaten, Neusüdwales und Victoria, sind am dichtesten besiedelt. Sydney, die Hauptstadt von Neusüdwales und Urzelle des modernen Australien, ist heute eine Dreimillionenstadt. Ihr ehemaliges Wahrzeichen, die Hafenbrücke, blickt herab auf ihr heutiges, das exzentrische Opernhaus, und auf den Circular Quay, wo vor zweihundert Jahren die erste Strafgefangenenflotte vor Anker ging. Auch Neusüdwales durchschneidet das Gebirge, einst eine unüberwindliche Mauer, heute mit dem Auto bequem zu erreichen und zu überqueren, wenn man die grotesken Felsentürme der «Drei Schwestern», die beeindruckenden Jenolan-Tropfsteinhöhlen, die Skigebiete der Alpen, die großen Schafzuchtgebiete jenseits der Berge sowie die Zitruspflanzungen und Weizenfelder am Murray, die großen Silber-, Blei- und Zinkminen von Broken Hill oder Canberra besuchen möchte.

Canberra, die junge Bundeshauptstadt, als eigenes Territorium «A.C.T» (Australian Capital Territory) in den Bergen gelegen, hat einen originellen Grundriß. Alles ist nahe beieinander: Parlament und Regierungsdepartments, Museen, Archive, Kunstgalerien, Botschaften und Gesandtschaften. Im Parlamentsgebäude eine Kopie der berühmten englischen Magna Charta als Vermächtnis des Mutterlandes Großbritannien an Australiens junge Demokratie.

Im Westen liegt Victoria, der kleinste Bundesstaat (von Tasmanien abgesehen), dessen Hauptstadt Melbourne heute über zweieinhalb Millionen Einwohner, moderne Bürobauten neben den behäbigen viktorianischen Parlamentsgebäuden beherbergt. Das Schachbrettmuster der Straßen durchschneidet der Yarrafluß. Im Süden der Stadt Strände mit hohen Dünen und wilder Brandung,

Inseln, auf denen Seehunde und Pinguine leben. Im Osten erheben sich die herrlichen Dandenongberge mit ihren schönen Eukalyptus- und Farnwäldern, im Norden die Berge, in die die Goldgräber strömten. Eine Diggersiedlung wurde – halb Rummelplatz, halb Freilichtmuseum – bei Ballarat nachgebaut.

Auch in Victoria bewässert der Murray fruchtbares Land. Der große Fluß (Australiens größter) mündet in Südaustralien in den Alexandrina-Lagunensee. Südaustralien ist ein Bundesstaat mit vielen Gesichtern. Nordöstlich von Adelaide, der grünen Hauptstadt mit den breiten Straßen, rahmen Weinberge die deutschen Weinbauerndörfer mit ihren

Flaschenbaum und Ureinwohner um 1870.

spitztürmigen lutherischen Kirchtürmen ein, Kaiserstuhlwein und Liebfrauenmilch werden im Barossatal gekeltert. Im Norden weisen die Flindersberge zu den großen Salzseen im Zentrum und zu den Kraterlandschaften der Opalfundstätten von Andamooka und Coober Pedy, wo die Gräber in tiefen Erdtrichtern nach den schillernden Steinen suchen. Im Norden und im Westen dehnen sich Wüsten aus; die Bahn und die neue Straße

Emu mit Jungen.

nach Perth führen durch die Nullarbor-Wüste.

Schließlich Tasmanien, die Insel südlich Australiens. Hobart, die pittoreske Hauptstadt, blickt auf die von Tasman entdeckte Bucht, an der auch die verwitternden Reste des letzten Strafgefangenenlagers Port Arthur liegen. Um die Bucht blühen im Frühling Tausende von Apfelbäumen. Die Berge im Westen, von verfilztem Urwald bedeckt, sind auch erzhaltig, wie die Kupfermine von Queenstown beweist. Die Nordküste ist ein grüner Garten, vor den kalten Südwinden geschützt durch das zentrale Hochland. Die Wasserkraftwerke, die von den zahlreichen Seen des Hochlands gespeist werden, produzieren die entsprechende Menge Strom, um auch der Industrie in Melbourne und Sydney zugute zu kommen.

Die Summe aller dieser Eindrücke sind ein buntes Mosaik eines keineswegs eintönigen Kontinents!

Geschichtliche Entwicklung

Australien wurde spät entdeckt – sehr spät. Es war noch immer unbekannt, als die europäischen Großmächte bereits große Teile der anderen drei Kontinente unter sich als Kolonien aufgeteilt hatten.

Vermutungen über einen noch irgendwo auf der Südhalbkugel der Erde existierenden Kontinent – sozusagen als Gegengewicht zu den massiven Landmassen auf der nördlichen Hemisphäre – gab es allerdings schon lange, wie die Weltkarten des 16. und 17. Jahrhunderts zeigen, auf denen die «Terra australis incognita», das unbekannte Südland, als ein riesiger, die südlichsten Gebiete der Erde umfassender Erdteil zu sehen ist. Diese Phantasien erwiesen sich als Realität: Es gab tatsächlich noch einen fünften Kontinent zu entdecken – allerdings viel kleiner, als man ihn sich vorgestellt hatte. Seine isolierte Lage im Herzen eines ausgedehnten Meergebietes im südlichen Indischen und Pazifischen Ozean – abseits aller üblichen Schiffsrouten – hatte ihn so lange vor den Augen der forschenden Europäer verborgen. Daß schon früh vereinzelte europäische Schiffe bis Australien kamen, beweisen gelegentlich vor der Küste aufgefundene Wracks spanischer oder portugiesischer Galeonen. Aber niemand kennt ihre Namen, niemand weiß von den Reisenden und ihrem Schicksal, denn sie

Korallenbänke an der australischen Ostküste.

13

Holländische Schiffe des 17. Jahrhunderts.

kehrten nie zurück, um von ihrer Entdeckung zu berichten. Eine Ausnahme war der Spanier Luis Vaez de Torres, der schon 1606 die nach ihm benannte Meerstraße zwischen Nordaustralien und Neuguinea fand; das aber blieb bis ins 18. Jahrhundert ein gutgehütetes Geheimnis.

So war es den Holländern, deren Schiffe auf dem Weg von Rotterdam über Kapstadt nach «Holländisch Indien» immer öfter auf eine unbekannte Küste stießen oder sogar dort strandeten, vorbehalten, den Schleier des Geheimnisses über Australien zu lüften. Die Berichte über dieses Gestade sowie kartographische Skizzen häuften sich bald in den Kontoren der Vereinigten Ostindien-Compagnie in Batavia, und man gab dem neuen Land den Namen «Neuholland». Gouverneur van Diemen beschloß 1642, zwei seiner

fähigsten Kapitäne, Abel Tasman mit der «Heemskerk» und Ide Holman (aus Jever in Ostfriesland) mit der «Zeehaen», auszuschicken, um dieses Neuholland näher in Augenschein zu nehmen – vor allem, um seine Ausdehnung festzustellen: War es eine Insel oder das Südland?

Von August 1642 bis Juni 1643 umsegelten die beiden Schiffe Australien. Tasmans Karte – die erste, wenn auch unvollständige Australiens – zeigt schon sehr genau die Nordwest-, die West- und die Südwestküste sowie die Südküste von Tasmanien, das er entdeckt und «Vandiemensland» genannt hatte, freilich ohne wahrzunehmen, daß es sich um eine Insel handelte. Die von Felsriffen und schieren Steilkliffs bestückte tasmanische Südostküste, in den berüchtigten sturmgepeitschten Gebieten um den vierzig-

Palmfarne und Eukalypten in Südostaustralien.

sten Breitengrad, den «Roaring forties», gelegen, zwang die zwei Schiffe, in weitem Bogen nach Osten auszuweichen, wobei Neuseeland entdeckt wurde, dessen wilde Eingeborene allerdings die Landung der Holländer verhinderten. Rund um Neuguinea segelnd, kehrten die Schiffe nach Batavia zurück; Ost- und Nordostküste, obgleich vage skizziert auf Tasmans Karte, blieben den beiden Kapitänen also unbekannt. Für Gouverneur Mijnher van Diemen war dies allerdings nicht von Belang, denn dieses offenbar größtenteils öde und nur von häßlichen Primitiven bewohnte Land besaß kein Gold, keine Gewürze, keine Städte, mit denen man Handel treiben konnte; es war also für die Compagnie uninteressant. Tatsächlich hat Holland nie Anspruch darauf erhoben.

Von der nun in den korrigierten Seekarten der Holländer eingetragenen Küstenlinie abgesehen sowie vom Besuch des englischen Piratenkapitäns William Dampier, der einen Teil der Nordwestküste Australiens kennenlernte und das Land als trostlose Gegend mit armseligen Eingeborenen bezeichnete, geriet Neuholland für 128 Jahre wieder in Vergessenheit. Erst 1770 landete die «Endeavour» des englischen Kapitäns James Cook, von Neuseeland kommend, an der Ostküste. Cook war offiziell unterwegs, um astronomische Beobachtungen zu machen, inoffiziell aber, um das Südland zu finden. Verwundert taten Cook und die ihn begleitenden Naturforscher Banks und Solander die ersten Schritte auf dem Boden dieses von den Holländern als öde geschilderten Landes. Die Bucht war umsäumt von grünen und blühenden Bäumen, Büschen und Sträuchern, so daß man ihr den Namen «Botany Bay» (Botanikbucht) gab – ein Name, der zwanzig Jahre später in England zum Schreckenswort wurde. Diese Pflanzen waren fremd und unbekannt; ebenso die schwarzen, nackten Eingeborenen, die sich den Eindringlingen mit ihren hölzernen Speeren entgegenzustellen versuchten. Sie glichen keiner der den Briten

bekannten Inselrassen. Nach einer Woche Aufenthalt lichtete die «Endeavour» die Anker, um an der Ostküste entlang nordwärts zu segeln, während Cook sich bemühte, die Küste zu vermessen und die Buchten, Halbinseln und Berge zu benennen – eine Aufgabe, die dann im Inselgewirr des Großen Barriereriffs unerhört schwierig wurde, wo die «Endeavour» auf ein Korallenriff auflief und fast mit Mann und Maus gesunken wäre.

James Cook (1728–1779).

Noch einmal betraten die Engländer australischen Boden, als das Schiff (beim heutigen Cooktown) an Land gebracht und repariert wurde. Hier beobachtete Cook ein merkwürdiges Tier, einem Hund ähnlich, das auf kräftig entwickelten Hinterbeinen behende hüpfte. Von den Schwarzen erfuhr er dessen Namen: Känguruh. Ansonsten waren die Eingeborenen nicht erbaut über den Besuch der Fremden, und sie versuchten, sie durch einen von ihnen gelegten Steppenbrand auszuräuchern.

Endlich war die «Endeavour» notdürftig geflickt und konnte die äußerst schwierige Fahrt durch das Riff wieder aufnehmen, um dann durch die Torresstraße (die Cook neu entdeckte) an der australischen Nordküste entlang nach Batavia und von da weiter nach England zu segeln. Die Küste des Landes, das Cook «Neusüdwales» genannt und für Großbritannien «in Besitz genommen» hatte, verschwand am Horizont. Von einem kurzen Aufenthalt auf Tasmanien während seiner letzten Reise abgesehen, hat Cook Australien nicht mehr besucht. Aber er bewies, daß außer dieser riesigen, im Westen «Neuhol-land», im Osten «Neusüdwales» genannten Insel kein weiterer Kontinent existierte.

Auch England hatte zunächst kein Interesse am fernen Neusüdwales, es sei denn als Strafkolonie, nachdem die amerikanischen Kolonien, wohin Großbritannien seine Übeltäter und Mißliebigen aus den wachsenden Slums seiner Städte zu exportieren pflegte, abgefallen waren. So bestimmte die Regierung 1786 die ferne Botany Bay zur neuen

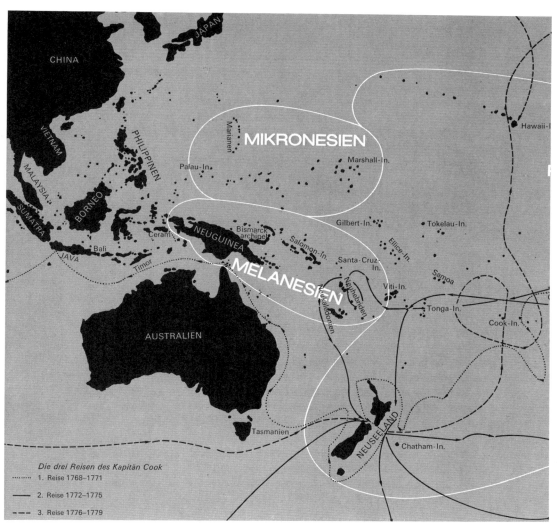

Reiserouten Cooks im Südpazifik.

englischen Strafkolonie. Die erste Flotte, bestehend aus elf Schiffen mit 1473 Menschen und ein paar Haustieren, erreichte nach achtmonatiger Überfahrt im Januar 1788 die Bucht. Der Flottenkommandant und erste Gouverneur von Neusüdwales, Arthur Phillip (Sohn eines Frankfurters), zog allerdings die windgeschützte benachbarte Port Jackson Bay vor, um dort nach den Plänen des deutschen Barons August von Alt, dem amtlichen Inspektor aus Phillips Stab, die erste Siedlung anzulegen, aus der die Weltstadt Sydney hervorgehen sollte.

Der Anfang war kläglich und läßt berechtigte Zweifel an den organisatorischen Fähigkeiten und der planerischen Voraussicht der Verantwortlichen in England aufkommen. Man hatte Phillip zum Gouverneur eines immens großen, vollkommen unbekannten Territoriums gemacht, von dem er nie mehr zu sehen bekam als einen schmalen Streifen Land zwischen Küste und Bergen, auf dem das Konglomerat von Zelten, Bretterbuden und Zweighütten errichtet wurde, in denen der Gouverneur und sein Stab, 160 Mann Wachsoldaten und 57 Offiziere mit ihren Familien sowie 568 männliche, 191 weibliche Strafgefangene nebst 13 ihrer Kinder und eine Handvoll freier Siedler recht und schlecht hausten. Keiner wußte, wie Straßen angelegt, Häuser und Brücken gebaut, Eukalyptuswälder zu Ackerland umgewandelt werden. Sie wußten nichts von den Eigenarten dieses so andersartigen Landes, seiner fremden Tier- und Pflanzenwelt, von den immer wieder auftretenden Buschfeuern und Dürreperioden, begriffen nicht, daß der aus England mitgebrachte Getreidesamen im australischen Boden nicht keimte. So blieb die Kolonie noch jahrzehntelang abhängig von Lebensmittellieferungen aus England. Ging eines dieser Proviantschiffe auf der langen Fahrt unter, so bedeutete das Hunger für Sydney. Weitere Strafgefangenentransporte aus der Heimat ließen die Zahl der Darbenden ständig steigen, immer mehr Verzweifel-

te, Resignierte und Hoffnungslose wurden im Hafen von Sydney ausgeladen – wahrlich, Gouverneur Phillip war nicht zu beneiden!

Es wäre übrigens ebenso unrichtig, alle Strafgefangenen als Verbrecher zu bezeichnen, wie die oft vertretene These, die «Convicts» seien alle nur mißverstandene, vom Elend zu Verzweiflungstaten Getriebene gewesen. Zweifellos gab es darunter viele Harmlose, die etwa wegen Mundraubs oder Majestätsbeleidigung zur Deportation verurteilt worden waren, sowie «politische» Gefangene – Iren, Frankokanadier und sogar Maorihäuptlinge aus Neuseeland –, die sich gegen die britische Herrschaft erhoben hatten. Es gab aber darunter auch zahlreiche Diebe, Betrüger, Erpresser, Wegelagerer und Mörder. Ihnen allen bot dieses Land, das sie voller Haß betraten, unerwartete Zukunftschancen, denn wer seine Strafe abgedient hatte oder vorzeitig begnadigt wurde (sogenannte Emanzipisten), bekam eigenen Grund und Boden, konnte zu Wohlstand und Ehrbarkeit kommen. Nicht wenige australische Familien stammen von Emanzipisten ab. Die jeweiligen Gouverneure, verzweifelt angewiesen auf Ingenieure, Architekten, Handwerker, Buchhalter, Lehrer und Bauern, waren berechtigt und nur allzu bereit, solche für den Anbau der Kolonie unentbehrlichen Fachleute zu begnadigen.

Andererseits waren viele der Soldaten und Offiziere der Wachregimenter alles andere als integer, ein Ausschuß der britischen Regimenter, die ihre Position als herrschende Kaste schamlos zur eigenen Bereicherung ausnutzten. Eine Gruppe korrupter Offiziere des New South Wales Corps beherrschte den Rumhandel (man sprach vom «Rumregiment») und damit die Kolonie, da der Rum eine Art Währung war. Jenen Gouverneuren gegenüber, die dagegen einzuschreiten versuchten (darunter auch Bligh von der «Bounty»), scheuten sie auch nicht vor Meuterei und Insubordination zurück. Die englische Gerichtsbarkeit war weit weg, Nachrichten brauchten Monate, um dorthin zu gelangen, und hier hatte das Korps das Sagen. Ja, es scheint jeglicher Gerechtigkeit zu widersprechen, daß einer der berüchtigsten Offiziere, John Macarthur, zu besonders viel Ruhm, Ansehen und Geld kommen sollte, da er das Merinoschaf einführte, das bald zur Grundlage der australischen Wirtschaft wurde.

Allen Anfangsproblemen zum Trotz wuchs die Kolonie, wurde Sydney zu einer ansehnli-

gab dem Kontinent seinen heutigen Namen: «Australien».

Die weitere Erforschung des Landes wurde erst möglich, als drei Männer, Wentworth, Blaxland und Lawson, endlich einen Weg über die die Kolonie schützende und auch einschließende Great Dividing Range fanden, auf deren Westseite das fruchtbarste Gebiet des Kontinents liegt – über eine Million Quadratkilometer von den Flüssen Mur-

Sydney, die Hauptstadt von Neusüdwales, 1866.

chen Stadt mit imposanten Gebäuden und gepflasterten Straßen, mit Hospital, Schule, Kirche, Verwaltungsbauten und Hafenanlagen, die gerne von den Walfangflotten aufgesucht wurden. Schon entstanden Farmen, Felder, Gärten bei Paramatta im Hinterland. Seit der Umsegelung des Kontinents durch zwei Marineoffiziere, Flinders und Bass, war dessen Gestalt vollständig bekannt. Man wußte nun, daß Tasmanien eine Insel ist. Als in jenen Gewässern französische Schiffe aufkreuzten, wurde schleunigst in Südtasmanien eine Tochtersiedlung, Hobart, gegründet, um eine eventuelle Okkupation durch die europäischen Rivalen zu verhindern. Flinders

ray und Darling bewässertes Land. Über die in aller Eile gebaute Straße zum Hinterland wälzte sich nun ein Strom von Siedlern, Emanzipisten, pensionierten Soldaten und abgemusterten Matrosen auf der Suche nach eigenem Land, auf dem man Getreide oder Gemüse anbauen oder Vieh züchten konnte, um also endlich selbst «Landlord» zu werden. Diese Landnahme war illegal, da offiziell alles Land der englischen Krone gehörte. Aber die «Squatters» («to squat»: sich hinhocken), die ihr Land unter härtesten Bedingungen aus dem «Busch» rodeten, in primitivsten Rindenhütten hausten, von Känguruhs lebten, waren bereit, «ihr» Land gegen alles zu verteidigen: gegen Buschfeuer, Schlangen, Dürre, Schwarze und Regierungsbeamte. Sie, die Pioniere an der Front der sich langsam vorschiebenden Zivilisation, wurden bald zum angesehensten Stand in Australien.

Andere Forscher stießen weiter vor; wagemutige Männer, die unvorstellbare Strapazen auf sich nahmen, durchdrangen die wilde Bergwelt mit ihren senkrechten Abgründen oder das wasserlose Steppen- und Wüstenland im Westen, von glühender Hitze, Fieber, Ungeziefer und feindlichen Eingeborenen bedroht (während andere Schwarze die besten und treuesten Begleiter dieser Expeditionen ins Unbekannte waren). Viele Forscher bezahlten ihren Wagemut mit dem Leben. 1829 drang der polnische Mineraloge Paul Edmund Strzelecki zu den höchsten Bergen des Großen Wasserscheidengebirges vor, er nannte sie «Alpen» und gab dem höchsten Berg den Namen eines polnischen Freiheitshelden, Kosciusko. Im selben Jahr löste James Sturt das Rätsel der verwirrenden Wasserarme von Murray und Darling und deren Zuflüsse aus den Bergen. Fünfzehn Jahre später stieß er bis ins tote Herz Australiens vor. Ebenfalls 1844 durchzog der Deutsche Ludwig Leichhardt mit seinen Begleitern das westliche Queensland bis zur Nordküste. Seine zweite Expedition endete im Ungewissen: Leichhardt hatte von Queensland aus zur Westküste gelangen wollen, aber die Männer kamen nie an, und bis heute ist keine Spur von ihnen entdeckt worden. 1839 gelang Edward Eyre die Durchquerung des südlichen Teils des Kontinents von der Großen Australischen Bucht (etwa bei Adelaide) bis Albany in Westaustralien. 1862 kam John MacDonnell Stuart beim dritten Versuch von Südaustralien bis Darwin; auch Robert O'Hara Burke und William John Wills durchquerten das Land von Süden nach Norden. George Grey erforschte die Westküste.

Die Ergebnisse dieser Forschungsreisen ließen erkennen, daß das Herz des Kontinents Wüsten- und Steppenland war, sogenanntes «Never-never», Niemals-niemals-Land, für Europäer unbewohnbar, wenn auch ein Teil der Steppe zur Viehzucht noch geeignet ist. Die Peripherie aber war zum größten Teil fruchtbares Land (zumindest im Osten, Südosten und Südwesten), wo nun überall neue Siedlungen entstanden, erste Anfänge neuer Kolonien und blühender

Brisbane um 1870.

Städte, in die das riesige Gebiet Neuholland/ Neusüdwales zerfiel. 1829 wurde Perth als Hauptstadt Westaustraliens gegründet, 1835 Adelaide als Mittelpunkt der Kolonie Südaustralien, 1850 Melbourne als Metropole Victorias, 1859 Brisbane, die Hauptstadt von Queensland. Das Zentrum mit der kaum besiedelten Nordwestküste wurde 1863 als Nordterritorium Südaustralien unterstellt. (Ab 1911 wurde es von Canberra aus verwaltet, seit 1978 sitzt die Administration in Darwin.) Auch die Insel Tasmanien war seit 1825 eine selbständige Kolonie mit der Hauptstadt Hobart.

Die älteste Kolonie, das (nun viel kleiner gewordene) Neusüdwales, wurde 1824 eine englische Kronkolonie mit eigenem gesetzgebenden Rat; auch die anderen Kolonien hatten bald ihre eigene Verfassung und nach englischem Muster ein Zweikammernsystem

(nur in Queensland wurde das Oberhaus abgeschafft).

Um die Mitte des 19. Jahrhunderts war also aus der Strafkolonie ein zukunftsträchtiges Land geworden, das immer mehr Einwanderer aus Europa anzog und das nun seiner anrüchigen Vergangenheit überdrüssig war. Man suchte eine andere «Deponie» für die Strafgefangenen; sie wurden fortan auf die nahen Norfolkinseln und nach Tasmanien geschickt. Besonders für Tasmanien hatte dieser Entschluß katastrophale Folgen. Auf dieser seit dem Tertiär vom Festland getrennten Insel waren Flora, Fauna und Eingeborene einer längst vergangenen Periode australischer Entwicklung erhalten geblieben. Die verständnislosen Siedler, Strafgefangenen und Walfänger, die nun hier ansässig wurden, dezimierten Tiere und Pflanzen in kurzer Zeit und rotteten die Eingeborenen aus.

Auch auf dem Festland vernichtete die Ausbreitung der europäischen Zivilisation weitgehend das natürliche Gleichgewicht der Ökologie. Weite Gebiete wurden nutzbar gemacht, einheimische Gewächse durch Pflanzen aus Europa und Amerika ersetzt. Viele dieser eingeführten Organismen wurden bald zu einer sich rasend ausbreitenden Plage. Tausende von Känguruhs, Opossums und Koalas wurden erlegt, statt dessen wurden Tiere aus Übersee – aus Versehen oder absichtlich – importiert, wie Ratten, Vögel, Rinder, Pferde, Schafe, Ziegen, Haustiere. Auch sie wurden, einmal der Gefangenhaltung durch den Menschen entwichen, zur Plage: vor allem die Kaninchen, die hier, unter optimalen Lebensbedingungen, zu einer nicht mehr einzudämmenden Flut wurden, die riesige Gebiete überschwemmte, wie eine vernichtende Armee alles überrollte und den Boden unterminierte. Farmen, Weideland und Städte mußten der Kaninchen wegen aufgegeben werden. Nichts konnte sie aufhalten, weder kilometerlange Zäune noch Jäger, Gift oder Infektion mit Krankheiten. Bis heute haben sie allen Anstrengungen, sie auszurotten, widerstanden. Sogar der Versuch, sie durch «natürliche Feinde» zu bekämpfen, mißlang, denn die Füchse wurden wie die gegen den Zuckerrohrkäfer importierten Hawaii-Kröten bald selbst zum Problem.

Die Begegnung zwischen weiß und schwarz wurde auch auf dem Festland zum Drama. Die «Aborigines», die Eingeborenen, mußten mehr und mehr aus ihren angestammten Jagd- und Sammelgebieten zurückweichen. Schon 1845 gab es um die Botany Bay und die Port-Jackson-Bucht keine Schwarzen mehr. Krankheiten, Kämpfe und der Verlust der Pflanzen und Tiere, die ihre Nahrungsgrundlage waren, dezimierten sie rasch. Vergriffen sich die hungernden Eingeborenen an den Herden, wurden sie als Räuber niedergeschossen. Obgleich sie offiziell unter dem Schutz der britischen Krone standen, wurden sie wie lästiges Ungeziefer aus dem Weg geräumt. Zwar blieb den australischen Eingeborenen im Gegensatz zu den tasmanischen noch das immense Hinterland als Rückzugsgebiet, aber dort kamen sie mit den ansässigen Stämmen in Konflikt, und so wurden sie bald weiter verdrängt durch die nachrückenden Viehzüchter. Zahlreiche Stämme gingen unter, Reste aufgeriebener Stammesgemeinschaften wurden zu Almosenempfängern und Randbewohnern der großen Viehstationen. Einigen gelang es, von den Weißen als Mitarbeiter anerkannt zu werden, als «Stockmen» (der australischen Version des Cowboys), als Fährtensucher bei Polizeitrupps und Expeditionen oder als Taucher in den Perlmuttflotten an der Nord- und Westküste. Die meisten aber versanken in Elend und Armut, Lethargie und Gleichgültigkeit. Erst in der zweiten Hälfte des 19. Jahrhunderts setzten sich englische Humanisten durch, die ein Ende des Mordens verlangten. Inzwischen hatten sich auch Missionare verschiedener christlicher Konfessionen auf den Weg nach Australien gemacht, um Missionsstationen bei den Aborigines zu errichten. Eine der bekanntesten ist die heute noch existierende, deutsche lutherische Hermannsburg-Mission in der Nähe des Macdonnell-Gebirges.

Noch gab es zwar Eingeborene, die in den von den Weißen nicht in Besitz genommenen Bergländern und Steppen lebten, zum Beispiel im riesigen Arnhemland im Norden und in den Wüsten des Landesinneren. Aber ihr Lebensraum war klein geworden; sie sahen sich mehr und mehr gezwungen, am Rande der Zivilisation eine sinnentleerte Existenz zu suchen.

Trotz zunehmender Erschließung und Einwanderung blieb Australien aber ein nur spärlich besiedelter Kontinent (1851 hatte er nur 437000 Einwohner!), bis 1851 Gold entdeckt wurde: zuerst in den Bergen von Neusüdwales, dann in Victoria, schließlich auch in Westaustralien und in Queensland. Das magische Wort «Gold» lockte Scharen von Abenteurern und Glückssuchern aus aller Welt an, aus Europa, Amerika und sogar aus China. Auch in Australien selbst riß das Gold die Menschen aus ihrer gewohnten Umgebung. Farmer, Kaufleute, Viehzüchter, Matrosen – sie verließen ihre Arbeitsstätten und schlossen sich dem wachsenden Strom von «Diggern» an, die in die bisher unerschlossene Bergwelt vorstießen, wo Zelt- und Hüttenstädte wie Pilze aus dem Boden schossen und die Erde durchwühlt wurde auf der Suche nach dem großen Glück. Einige wenige fanden es (wie der Deutsche Holtermann, der ein siebzig Kilogramm schweres Nugget ausbuddelte); die meisten aber brachten es trotz aller Mühe zu keinem Vermögen, nicht einmal zu genug Geld für die Heimfahrt. Also blieben sie im Lande. Australiens Bevölkerung wuchs zwischen 1866 und 1880 auf fast zweieinhalb Millionen.

Den Squattern, Viehzüchtern und Farmern bescherte die Goldgräberzeit einen guten Absatzmarkt, denn die Digger brauchten Fleisch, Mehl und Gemüse. Viele der ehemaligen Goldgräber wurden selbst Bauern und ließen sich nieder, wo immer sie noch nutzbares Land fanden. Der grüne Küstenstreifen

war bald besetzt, und die Viehzüchter stießen immer weiter in die Trockensteppe vor, wo drei Hektar ein Schaf ernähren, fünfundzwanzig ein Rind. Die Stationen, weit in die Öde vorgeschobene Inseln der Zivilisation, waren wahre Königreiche, aber die Fürsten, die hier regierten, mußten mit der Einsamkeit und der Isolation leben. Ein Beruf wurde wichtig: der des Drover, der die großen Herden von den weit im Inland liegenden Statio-

Grasbaum im trockenen Landesinnern.

nen zu den Schlachthöfen an den Küsten trieb – eine harte und verantwortungsvolle Aufgabe. Ein guter Drover wurde schon zu Lebzeiten Legende im «Outback», im Hinterland.

Als im Süden, Südosten und Osten alles verfügbare Weideland besetzt war, zogen mutige Viehzüchter mit ihren Tieren quer durch den Kontinent, dem noch unerschlossenen und vielversprechenden Westen (den Kimberleybergen) entgegen. Diese «Overlanders» wurden zu bewunderten Helden.

Die Viehzucht in der Steppe war nicht einfach, da hier, in größerer Entfernung von der Küste, die jährliche Niederschlagsmenge schwankte und jahrelange Dürrezeiten möglich waren, die auch nicht durch die artesischen Brunnen überbrückt werden konnten. Hunderttausende von Tieren gingen dann zugrunde. Auch die Kaninchenplage brachte Verödung und Erosion. Immerhin verlieh die Erfindung des Einfrierens und Kühlens den

schützt und stützt», wurde Australien ein Wohlfahrtsstaat. Die Australier, aus ihrer Geschichte her stets für den Unterdrückten, verhalfen dem Arbeiter schon vor hundert Jahren zum höchsten Lebensniveau der Welt – mit Achtstundentag, Altersrenten, Schutzzöllen (für England gab es Sonderzölle). Um den hohen Lebensstandard zu wahren, entschied man sich gegen die Einwanderung von Farbigen («asiatischen Kulis»), was fast zu

Talgsiederei um 1870.

Züchtern neue Impulse: Seit 1879 transportierten schnelle Dampfschiffe mit Kühlräumen nun auch Fleisch und Molkereiprodukte nach England.

Neue Erzfunde ließen Bergwerke in der Einsamkeit entstehen, wo Tausende Arbeit fanden. Zu den konservativen und liberalen Parteien gesellte sich nun die Labourpartei als wichtiger Faktor im politischen Leben, auch Gewerkschaften, die große Macht erlangten. Im Wunsch, eine «liberale Gesellschaft» zu werden, welche «die Schwachen

einem Bürgerkrieg mit Queensland geführt hätte, wo die Zuckerrohrpflanzer auf die billige Arbeit der «Kanaken» aus der Südsee angewiesen zu sein glaubten.

Ein typisch australischer Zug wurde am Ende des Jahrhunderts deutlich: der Trend zur Stadt. 1901 lebten von den 3 750 000 Australiern zwei Drittel in Victoria und Neusüdwales, ein Viertel allein in Sydney oder Melbourne. Die beiden Städte hatten also schon je rund eine halbe Million Einwohner, waren Metropolen mit wachsenden Industrievierteln an ihrer Peripherie. Neue technische Möglichkeiten halfen, die großen Entfernungen zu überwinden, Eisenbahnen wurden gebaut (jeder Bundesstaat hatte allerdings andere Spurbreiten), eine Telegrafenlinie wurde quer durch den Kontinent von Adelaide bis Darwin errichtet – ein Unternehmen, das nur mit afghanischen Kamelen möglich war, welche die Ingenieure und Arbeiter, das Material und die Lebensmittel in die Wüste schleppen konnten und selbst mit einem Minimum des kostbaren Trinkwassers auskamen.

Die Jahrhundertwende war nicht nur für Europa, sondern auch für Australien eine Zeit politischer Rastlosigkeit: Es stellte betroffen den Verlust seiner «Splendid isolation» fest. Die von den Briten stets mit Mißtrauen betrachteten Deutschen erwarben Kolonien im Pazifik, sogar im benachbarten Neuguinea. Die australischen Staaten schlossen sich nun zu einer Föderation zusammen: Am 1. Januar 1901 wurde offiziell das «Commonwealth of Australia» gegründet, dessen Hauptstadt das 1927 neugeschaffene Canberra in einem eigenen Territorium wurde. Zwar behaupteten die ehemaligen Kolonien sich noch einen großen Teil ihrer Autonomie, doch konnten ganz Australien betreffende Entschlüsse nur noch in Canberra gefaßt werden. Die Gesetzgebung dieses panaustralischen Bundes bestand aus zwei Kammern, dem Repräsentantenhaus (Unterhaus) und dem Senat (Oberhaus). Die Exekutive lag bei der englischen Krone, der Senat wird von den in den Bundesstaaten gewählten Vertretern gebildet. Es brauchte seine Zeit, bis die Kolonisten sich «australisch» fühlten; noch waren sie eher englisch gesinnt. Das Staatsoberhaupt war nach wie vor der englische Monarch, in seinem Namen wurde Recht gesprochen, und die oberste Gerichtsinstanz war in London. Australien hatte nie eine eigene Außenpolitik betrieben. Es besaß auch keine eigene Nationalhymne und keine Flagge, die erst jetzt geschaffen wurde: Sie zeigt auf dunkelblauem Grund den Union Jack und das Kreuz des Südens. Die Bindung an England war stark und unerschütterlich: An der Seite britischer Truppen zogen australische Soldaten in den Burenkrieg Südafrikas, den Boxeraufstand Chinas und in den Ersten Weltkrieg.

Schon «vor der Haustür», im Kaiser-Wilhelm-Land von Neuguinea, kam es zu den ersten Kämpfen zwischen Deutschen und Australiern. Die Eroberung dieser Kolonie und die Versenkung des deutschen Kreuzers «Emden» wurden als erste Siege gefeiert. Australische Truppen wurden aber auch zum europäischen Kriegsschauplatz geschickt: Im Kampf gegen die mit Deutschland verbündeten Türken erlitten die australischen und neuseeländischen Verbände schwere Verluste bei Gallipoli, andere Einheiten waren an den verlustreichen Stellungskämpfen an der Somme beteiligt.

Auch in Australien waren die Folgen des Krieges zu spüren: Deutsche Einwanderer wurden plötzlich mit Mißtrauen, ja Haß betrachtet, Repressalien ausgesetzt oder inhaftiert. Deutsche Ortsnamen wurden von der Landkarte gestrichen (später aber wieder zugelassen).

Der Krieg kostete Australien 60 000 Tote. Dafür wurden ihm die ehemaligen deutschen Kolonien im südlichen Pazifik anvertraut (mit Ausnahme von Westsamoa, das unter neuseeländische Verwaltung kam).

Das gemeinsame Kriegserlebnis hat zweifellos das australische Nationalgefühl gefördert. Aber die weltweite Nachkriegsdepression zwischen 1926 und 1933 ließ auch auf dem fünften Kontinent Tausende arbeits- und obdachlos werden. Viele zogen als Gelegenheitsarbeiter («Swagmen») durch das Land. Dennoch wurden auch in dieser Zeit 300 000 Einwanderer aus dem vom Krieg erschütterten Europa aufgenommen, für diese Menschen war das große Australien noch immer voller Verheißungen und Zukunft. Langsam machte sich eine innere Lösung von England bemerkbar, ein Besinnen auf sich selbst. Zu diesem Selbstbewußtsein trug auch der Sport bei, der hier eine wichtige Rolle spielt. Australier hatten olympische Goldmedaillen und Weltmeistertitel errungen, sie wurden Wimbledonsieger und Boxchampions. Junge Leute strömten zu den Lebensrettungsvereinen, den «Lifesavers», die an den vielen Stränden in Not geratenen Schwimmern beistehen. Rugby, Kricket und Pferderennen wurden zu einer nationalen Leidenschaft.

Eine der neuen Erfindungen – bereits im Kriege bewährt – erreichte für Australien, das Land der großen Entfernungen, eine enorme Bedeutung: das Flugzeug. Nach den epochemachenden Transozeanflügen von Charles Lindbergh über den Atlantik 1927 und Charles Kingsford-Smith über den Pazifik 1928 war die Fliegerei ihren Kinderschuhen entwachsen. (Zu den fliegerischen Pionierleistungen zählt auch Elly Beinhorns Flug um die Welt 1932; ihr wurde in Sydney ein triumphaler Empfang bereitet.) Die Australier entwickelten eine große Begeisterung für das Fliegen. Bis zum Beginn des Zweiten Weltkriegs ging der Ausbau eines Verkehrsflugnetzes über den Kontinent zügig voran. Schon 1924 wurde Post von Melbourne nach Sydney auf dem Luftweg befördert.

Das Flugzeug war auch die Antwort auf die andere drängende Frage, wie den einsam lebenden Züchtern im Outback geholfen werden konnte, denen bei schwerer Erkrankung oder Unfall keine ärztliche Hilfe zur Verfügung stand. Das hoffnungslose Sterben vieler Männer, Frauen und Kinder auf den weitentfernten Stationen, die durch rechtzeitige Behandlung hätten gerettet werden können, ließ den Pfarrer John Flynn den «Flying Doctor Service» gründen, nachdem der Australiendeutsche Alfred Traeger ein für jeden Farmer und Viehzüchter erschwingliches, mit Pedalen betriebenes Sprechfunkgerät entwickelt hatte, mit dem der fliegende Ärztedienst alarmiert werden konnte, so daß der Arzt in kurzer Zeit zur Stelle war.

Im September 1939 erklärte Australien zusammen mit Großbritannien Großdeutschland den Krieg – dieser Krieg allerdings betraf es unmittelbar, war doch dieser menschenleere Kontinent das eigentliche Ziel Japans. Es erscheint paradox, daß sich Australier an der europäischen Westfront, in Kreta und Afrika im Einsatz befanden, während Japan ein Land nach dem anderen in Asien eroberte und sich Australien näherte, dessen Nord- und Westküste bereits japanischen Bombenangriffen ausgesetzt waren. Nur mit Hilfe der USA konnte sich das Land behaupten. Die großen Schlachten von Iwo Jima und Guadalcanal, die den Vormarsch der Japaner endgültig stoppten, sind unvergessen. Über dreißigtausend Australier waren gefallen, mehrere tausend starben in japanischer Gefangenschaft.

Dieser wahrhaft weltumspannende Krieg, der in Europa im Mai, im Pazifik im August 1945 zu Ende ging, brachte Australien zwei wichtige Erkenntnisse: Man hatte sich zwar aus traditioneller Verbundenheit zum Mutterland in den fernen Krieg einbeziehen lassen, aber als dieser Krieg sich zur Bedrohung des eigenen Kontinents ausweitete, standen nur die Amerikaner, nicht England, an der Seite Australiens. Plötzlich begriffen die Australier, wieviel mehr sie mit den Vereinigten Staaten gemeinsam haben als mit England. Hand in Hand mit dieser Annäherung an die USA ging auch ein stärker werdendes Selbstbewußtsein. Hatte Australien das Mutterland nicht schon längst in vielen Entwicklungen überflügelt? Zudem nahm Großbritannien immer weniger australische Produkte ab (vor allem, nachdem es der Europäischen Gemeinschaft beigetreten war). So wurden die Vereinigten Staaten zum besten Kunden und Investor Australiens.

Auch die schreckliche Aussicht, mit einer Handvoll Menschen einen Kontinent gegen einen bis an die Zähne bewaffneten Angreifer verteidigen zu müssen, war nicht vergessen. Die neue Parole lautete: «Populate or perish!» – «Bevölkere dein Land oder gehe unter!» Australien öffnete seine Tore weit für europäische Einwanderer (noch immer freilich nur Weiße!), für Heimatlose (Displaced Persons) und Verschleppte, aber auch für sonstige Einwanderungswillige (darunter 115 000 Deutsche). Zwischen 1947 und 1969 stieg die Bevölkerung von 7,5 Millionen auf 12,5 Millionen an.

Die Aufnahme so vieler «New-Aussies» brachte Australien große Probleme und Geschenke zugleich. Da der Bau von Wohnungen (Häusern), Schulen, Kindergärten, Krankenhäusern und anderen Infrastruktureinrichtungen in aller Eile vorangetrieben werden mußte, herrschte nun eine lang andauernde Vollbeschäftigung. Die Einwanderer brachten auch neue kulturelle Impulse in das etwas eintönige australische Kulturleben. 1966 wurde die australische Währung von Pfund auf Dollar umgestellt und das Dezimalsystem eingeführt.

Neues technisches Know-how brachte auch diesmal die Nachkriegszeit. Die Kinos und das neue Fernsehen wurden zwar zunächst von Hollywoodproduktionen überschwemmt, aber bald entwickelte Australien seine eigene Filmindustrie. Neue riesige Maschinen, Bulldozer, Schaufelräder, riesige, mit mehreren Anhängern fahrende Lastwagen (sogenannte Roadtrains), zunächst aus den USA eingeführt, später teilweise selbst hergestellt, waren bald für Landwirtschaft, Bergbau, Städte- und Straßenbau unentbehrlich, vor allem auch für die überall entstehenden Staudämme oder die Umleitung des zur Ostküste fließenden Snowy River zur Westseite der Berge, das mit ungeheurem Aufwand über viele Jahre verfolgte «Snowy-River-Projekt»: Berge mußten hierfür untertunnelt werden, Wasserkraftwerke, Stauseen und viele Hunderte von Kilometern lange Wasserleitungen angelegt werden. Mit dem nun dem Inland zugeleiteten zusätzlichen Wasser konnten 2500 Quadratkilometer semiarides Land bewässert und damit für die landwirtschaftliche Nutzung gewonnen werden, außerdem werden jährlich über drei Millionen Kilowatt elektrische Energie erzeugt. Australien entwickelte sich also rasch von einem Land vorwiegend agrarischer Struktur zu einem Industriestaat. Die Entdeckung neuer Mineralienvorkommen wie Bauxit, Silber, Kupfer, Nickel, Blei und andere Erze trugen dazu bei. Heute stellt Australien vieles selbst her, was vor dem Krieg noch eingeführt werden mußte: Lokomotiven, Flugzeuge, Autos, Bergbaumaschinen, Traktoren, chemische Produkte, Elektrowaren, Textilien und dergleichen mehr.

Auch im Verkehrswesen gab es große Veränderungen: Die Umstellung der Eisenbahnstrecken der einzelnen Bundesländer auf ein einheitliches Schienensystem ermöglicht heute schnellen Expreßzügen, den Kontinent von Sydney bis Perth (3963 Kilometer!) zu durchqueren. Bus- und Flugverkehr überflügelten sogar die Eisenbahn: Das Flugzeug wurde zum wichtigsten (da schnellsten) Verkehrsmittel nach Übersee. Auch innerhalb Australiens ist es mittlerweile selbstverständlich, von City zu City oder für ein Skiwochenende in die Berge zu fliegen. Flugzeuge wurden bald auch in der Landwirtschaft, der Buschfeuerwehr, dem Wetterdienst, der Post, dem Seerettungsdienst und für viele andere Zwecke eingesetzt. Der Flying Doctor Service baute sein Flug- und Funknetz weiter aus. Auf seiner Funkwelle wird den in der Einsamkeit des Outback aufwachsenden Kindern über den Äther Unterricht gegeben (School of the air).

Als eine weitere Folge des sich lockernden Bandes zu Großbritannien gewann für Australien der Nachbarkontinent Asien an Bedeutung; man wurde sich bewußt, ein Teil der großen Völkergemeinschaft des pazifischen Raums zu sein, in dem über die Hälfte der Erdbevölkerung lebt. Japan, der heißbekämpfte Feind von gestern, wurde in kurzer Zeit zum wichtigsten Handelspartner, da es dringend auf Rohstoffe angewiesen ist, während Australien ein guter Absatzmarkt für japanische Fertigwaren ist. Japan wurde auch zum Verbündeten im Kampf gegen die Ausbreitung des Kommunismus in Asien. Australische Truppen standen an der Seite der Amerikaner in Korea und Vietnam. Armut und Elend vieler asiatischer Länder, die dem Kommunismus den Weg bereiten, versuchte Australien durch den Beitritt zum Colombo-Plan abzuhelfen, der sich die Entwicklungshilfe in den Staaten der dritten Welt in Asien zur Aufgabe gemacht hat. Australien nahm nicht nur zehntausend asiatische Studenten zur Ausbildung auf, um ihnen das Rüstzeug für die Gestaltung einer besseren Zukunft ihrer Heimatländer zu vermitteln, sondern schickte selbst Lehrer in diese Länder.

Damit trat eine weitere Wandlung ein: das Abrücken von der «Whites-only»-Politik. Die Diskriminierung Andersrassiger wurde abgeschafft, was nicht nur einwanderungswilligen Nichtweißen zugute kam (Australien hat auch eine große Zahl von Vietnamflüchtlingen aufgenommen), sondern auch den Ureinwohnern. Man hatte erkannt, daß es nicht nur im benachbarten Asien, sondern auch im eigenen Land unterprivilegierte Minderheiten gibt. Mit neuen Gesetzen und Programmen engagierte man sich endlich für die Aborigines: Reservate, Ausbildungs- und Förderungsprogramme sollten ihnen helfen, ihre Situation zu verbessern. Die Eingeborenen erlangten mehr Selbstbewußtsein und schämten sich nicht mehr, Schwarze zu sein. Sie fordern Integration statt Assimilation, die Anerkennung ihrer Andersartigkeit; sie scheuen sich auch nicht, in militanter Form um ihre Rechte zu kämpfen, wie beispielsweise für ihr Entscheidungsrecht über den Erzabbau in ihren seit den siebziger Jahren zugestandenen Reservationen. Eingeborene, die Hochschulen absolvierten, werden zu Vertretern ihrer Interessen. Noch sind viele Hürden zu nehmen im Zusammenleben zwischen schwarz und weiß. Aber es ist der Anfang eines Prozesses, der von den Weißen vor allem Geduld und Verständnis verlangt.

Auch für die unter australischer Verwaltung stehenden pazifischen Inseln bürdete sich Canberra große finanzielle und soziale Verpflichtungen auf, die um so schwerer wiegen, als sie von einer Bevölkerung der Größe Baden-Württembergs aufgebracht werden müssen.

Die Tore, die sich in den fünfziger Jahren der europäischen Einwanderung so bereitwillig geöffnet hatten, schlossen sich wieder, als die weltweite Öl- und Wirtschaftskrise der siebziger Jahre auch Australien erreichte. Die Zeit der Vollbeschäftigung ist vorüber. Allerdings besitzt Australien durch seine Mineralvorkommen einen Reichtum, der auch in Krisenzeiten Kapital einbringt. Auch die Suche nach eigenem Erdöl beginnt Erfolg zu versprechen. Heute nimmt Australien nur noch solche Einwanderer auf, die im Wirtschaftsleben des Landes gebraucht werden und nicht das Heer der Arbeitslosen vergrößern.

Australien, bis in unsere Zeit hinein ein Ausleger Englands, ist in den vergangenen Jahrzehnten eine selbstbewußte, selbstsichere Nation geworden. Es ist ein großes, herbes und durchaus fremdartiges Land, und manche Einwanderer konnten sich nicht an seine Andersartigkeit gewöhnen. Andere aber fanden hier eine neue Heimat, die sie nicht mehr mit der Enge Europas tauschen möchten.

Die Ureinwohner

Die Australier wanderten während der letzten großen Eiszeit, wohl von etwa 40 000 v. Chr. an, über eine damals bestehende Landbrücke in mehreren Wellen aus Südostasien ein, und innerhalb eines Jahrtausends hatten sie den ganzen Kontinent besiedelt. Die später Angekommenen verdrängten und vernichteten ihre Vorgänger, von denen eine geschlossene Restpopulation nur in Tasmanien überlebte, das inzwischen durch das Abschmelzen des Eises und Ansteigen des Meeresspiegels zur Insel geworden war.

Ihre neue Heimat war kein grünes, sondern ein braunes Land, von Steppen, Wüsten, Felsen und grauem Busch bedeckt, das immer wieder von Dürre und Feuer heimgesucht wurde. Die Schwarzen, die nicht negriden Rassen zugerechnet werden können, paßten sich diesem Land zwar wunderbar an,

len, Insekten und Kleintiere. Ihre Streifzüge richteten sich nach dem Reifen von Früchten und Samen, nach der Mauserzeit der Vögel, deren Eiablage oder etwa dem günstigsten Zustand von Waben bei den Wildbienen. Sie waren Meister im Spurenlesen und kannten die Gewohnheiten der Tiere. Was man erbeutet und gesammelt hatte, wurde im Erdofen zubereitet und an alle verteilt. War die Beute groß, schwelgten sie im Überfluß; fan-

Australische Ureinwohner um 1860.

aber die ungünstigen Lebensbedingungen hielten ihre zivilisatorische Evolution auf; sie verharrten auf einer steinzeitlichen Entwicklungsstufe.

Sie durchstreiften als Wildbeuter in kleinen Horden von zwanzig bis zweihundert Leuten ihre Reviere. Jeder Stamm beanspruchte so viel Land, wie er an einem Tag in einer Richtung durchwandern konnte. Den Männern oblag die Jagd auf größere Tiere – Känguruhs, Opossums oder Echsen; die Frauen sammelten Pflanzen, Samen, Knol-

den sie nichts, ertrugen sie Hunger und Durst mit Gleichmut. Sie waren abgehärtet gegenüber Kälte, Wunden und Strapazen.

Ihre Waffen waren Speere mit Steinspitzen, Keulen und Wurfhölzer. Es gab mehrere Arten von Bumerangs, zurückkehrende und nichtzurückkehrende, perfekte Meisterwerke der Aerodynamik. Ein Stamm besaß auch Hunde, die er mit sich führte, Feuer wurde meist als brennende Fackeln mitgenommen.

Sie hatten keine Schrift, aber in ihren Tänzen und Gesängen bei den großen Stammesfesten (Korroborees) wurden uralte Mythen und Ereignisse wiedergegeben, die von Generation zu Generation überliefert worden waren. Auch ihre wunderbaren Felszeichnungen sind ein «Geschichtsbuch». Neben Jagdzauber und Beschwörung stellten die Aborigines auch mythische Themen und historische Ereignisse dar: Tiere, Menschen und Geistwesen (aber auch die Schiffe der Malaien, die seit Jahrhunderten zur australischen Küste kamen, um Trepang zu fischen), wurden mit Naturfarben – Ocker, Kohle, weißer Kalk und Blut – gezeichnet, abstrakt wiedergegebene Eindrücke aus Jahrtausenden. Manche Tiere sind mit Skelett zu erkennen wie auf Röntgenbildern.

Die Aborigines sind dunkelhäutig, haben eine fliehende Stirn, starke Augenbrauen, breite, flache Nasen, gute Zähne, und die Männer zeigen starken Bartwuchs. Neugeborene sind hellhäutig und oft blond. Sie tragen keine Kleidung, nur in kühlen Gegenden hüllen sie sich in Felle.

Als Cook Australien besuchte, muß es etwa 300 000 Eingeborene gegeben haben, in 600 Stammesgruppen aufgeteilt, die rund fünfhundert verschiedene Dialekte oder Sprachen besaßen. Sie kannten ihre Umwelt, ihre Gesetze und ihre Geschöpfe. Die Natur war für sie belebt, und sie waren ein Teil davon. Sie sahen in einem Baum ihre Ahnen, in einem Bachbett die Spur einer mythischen Schlange. Alles kam aus der Traumzeit, als die Erde noch flach und gesichtslos war, erst die Geister haben ihr die Berge und Täler, die Pflanzen, Tiere und Menschen gegeben.

Zauber und Totemglaube nahmen ihr Denken gefangen. Sie glaubten an ein vorbestimmtes Schicksal und an die Wiedergeburt. Eine Schwangerschaft kam nach ihrer Vorstellung dadurch zustande, daß die Mutter an einem Baum, einem Felsen oder einem Tier vorüberging, wobei ihr ein präexistentes Kind in den Leib gegeben wurde. Der Baum, der Felsen oder das Tier waren das Totem, unter dem das Kind geboren wurde und leb-

te; mit dem Totem waren Regeln und Verbote verbunden – Vorschriften, gegen die man sich nicht auflehnen konnte. Menschen gleichen Totems hielten sich für verwandt. Der Tod war für sie das Ergebnis eines Frevels gegen die Gesetze, eines Fluchs oder Zauberei wie magische Telepathie.

Ihre Stammes- und Sozialverfassung war kompliziert. Die Alten waren die geachteten Hüter der Gesetze, der Tradition, der Mythen und der Geheimnisse, die Medizinmänner waren gefürchtet, denn sie hatten große Macht. Sie konnten Regen herbeiführen, Liebes- und Todeszauber praktizieren; sie konnten ihre «Seele auf die Reise» schicken, um mit den Geistern Verbindung aufzunehmen. Ein guter Medizinmann war ein großer Zauberer, der Macht hatte über Leben und Tod. Ihr erstaunliches Wahrnehmungsvermögen ermöglichte telepathischen Kontakt mit Abwesenden.

Die Medizin der Eingeborenen erstaunt den heutigen Betrachter. Sie kannten die Akupunktur und benutzten ausgekochten Rindensaft des Chininbaums gegen Fieber. Sie verfügten auch schon über etwas wie Penizillin, indem sie auf entzündete Wunden einen Baumschimmelpilz legten. Offene Wunden wurden mit den Zangen der großen Bullameisen zugeklammert.

Ein Stamm bestand aus mehreren Familien, Polygamie war üblich. Die Kleinkinder wurden liebevoll erzogen. In Zeiten schwerer Dürre wurden jedoch Neugeborene getötet, da sie keine Überlebenschance hatten; man glaubte, die Kinder kämen später wieder zurück.

Knaben wurden den Müttern früh weggenommen und dem Onkel zur Erziehung anvertraut, der die Buben auf die harten Mannbarkeitsprüfungen vorbereiten mußte. Sie lernten Schmerzen zu ertragen und Einsamkeit, sie prägten sich die langen Gesänge der Taten der Heroen ein. Erst durch die nach unseren Begriffen grausamen Mannesweihen wurden die jungen Männer in die geheimen

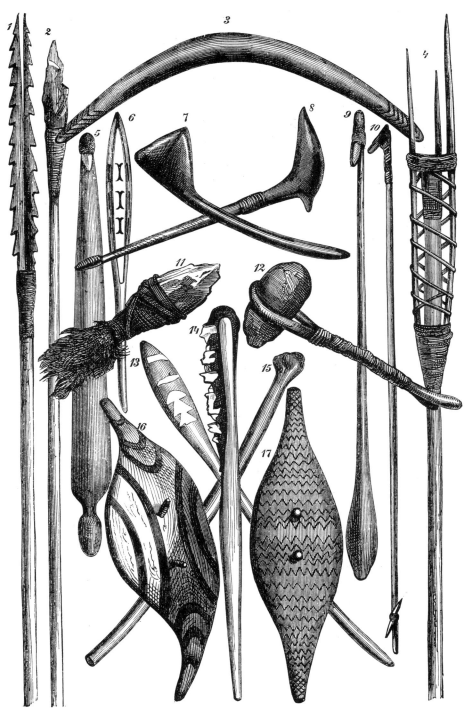

Waffen der Ureinwohner:
1 Speer mit Spitze aus Eukalyptusholz.
2 Speer mit Feuersteinspitze.
3 Bumerang.
4 Fischerspeer mit Knochen-spitzen.
5, 9, 10 Wurfstöcke.
6, 7, 8, 13, 15 Keulen.
11, 12 Hämmer mit Steinen.
14 Säge mit Obsidian-zähnen.
16, 17 Verzierte Schilde aus Eukalyptusholz.

Kulte und die Überlieferung des Stammes eingeweiht und durften heiraten. Wenn Frauen den geheimen Zeremonien der Männer zusahen, wurden sie getötet.

Ihr Leben war nicht einfach. Die Gesetze waren vielfältig und hart, ihre Übertretung wurde schwer, oft sogar mit dem Tod geahndet. Es gab Stammeskriege und über Generationen anhaltende Blutrache zwischen den Stämmen. Als nackte Nomaden mußten sie Kälte und Dürre, Hitze und Überschwemmungen, Hunger und Durst, Wunden und Schlangenbisse ertragen; aber sie kannten kein anderes Leben. Sie waren geborgen im Stamm mit seinem uralten Wissen um das Überleben in diesem Land. So existierten sie durch die Jahrtausende, während andere Kulturen aufstiegen und untergingen.

Noch primitiver waren die Eingeborenen Tasmaniens, die in einem kühlen und regenreichen Klima ebenfalls nackt als Wildbeuter lebten. Ihre Züge deuten auf eine noch ältere Rasse hin. Sie hatten ebenfalls eine fliehende Stirn, stark entwickelte Überaugenbögen, ein tiefliegendes Nasenbein und ein wenig ausgeprägtes Kinn. Sechstausend zogen in kleinen, jagenden und sammelnden Horden durch die Berge und Wälder Tasmaniens. Ihre Holz- und Steingeräte waren primitiver als die der Australier. Sie waren dem Zusammentreffen mit den Weißen noch weniger gewachsen als die Aborigines auf dem Festland.

James Cook schrieb über sie: «Botany Bay, den 23. August 1770. Die Eingeborenen dieses Landes sind von schlanker Gestalt; ihre Haut hat die Farbe von Holzruß oder dunkler Schokolade; ihr Haar ist meist schwarz, glatt oder kraus. Ihre Züge sind nicht abstoßend, ihre Stimmen sanft und klangvoll. Männer und Frauen gehen nackt. Manche bemalen ihren Körper und die Gesichter mit weißer Farbe. Ihre Waffen sind Wurfspeere. Ich sehe sie nicht als kriegerisch an, vielmehr glaube ich, daß sie eine zaghafte und gutartige Rasse sind, zu keinen Grausamkeiten neigend. Sie scheinen keinen festen Wohnsitz zu

haben, sondern ziehen von Ort zu Ort auf der Suche nach Nahrung. Ihre Kanus sind erbärmlich. Sie haben nicht die geringsten Kenntnisse von Eisen oder irgendeinem anderen Metall. Aus dem, was ich über die Eingeborenen Neuhollands berichte, mag mancher den Schluß ziehen, sie seien die elendesten Kreaturen auf der Erde. Doch in Wirklichkeit sind sie weit glücklicher als die Europäer. Sie befinden sich in Unkenntnis der überflüssigen wie notwendigen Annehmlichkeiten, welchen das höchste Streben der Europäer gilt, und sie sind glücklich durch ihr Unwissen. Sie waren nicht durch Geschenke zu gewinnen; alles, was sie wollten, war unsere baldige Abreise!»

Es ist erstaunlich, wie gut Cook diese ihm völlig fremden Menschen beobachtete. Sein Bericht ist der erste, der sie nicht mit europäischer Arroganz als minderwertige Rasse vorstellt. Wie es sich die Eingeborenen der Botany Bay gewünscht hatten, segelte die «Endeavour» bald wieder ab. Aber nur achtzehn Jahre später kamen elf weitere Schiffe, beladen mit hellhäutigen Fremden – und diesmal kamen sie, um hierzubleiben. Sie schlugen ihr Lager am Ufer der Port Jackson Bay auf, als ob dies ihr Land wäre. Alle Versuche, sie zu vertreiben, waren vergeblich, denn sie waren stärker und konnten Donner und Blitz aus langen Stöcken sprühen. So mußten die Schwarzen zusehen, wie die Fremden ihre heiligen Bäume fällten, die Geisterfelsen zerstörten und die Beuteltiere schossen.

Zweifellos war es Kapitän Phillip und seinen Leuten nicht bewußt, daß diese Nomaden feste Jagd- und Sammelgebiete hatten, in die sie eingedrungen waren. Die sich wiederholenden Überfälle der Aborigines auf einzelne Weiße waren zwar ein Ärgernis, aber Phillip und einige wenige seiner Offiziere begriffen doch, daß dies die Reaktion auf die Anmaßung der Europäer war. Phillip wäre gerne mit den Eingeborenen ins Gespräch gekommen, aber sie konnten einander nicht verstehen. Mehrmals nahm er einen Schwarzen zu sich auf, lehrte ihn englisch und nahm sogar einen, Bennelong, mit nach England. Damit entfremdete er ihn aber nur seiner alten Lebensweise. Nach seiner Rückkehr nach Sydney und einigen Gewalttätigkeiten kehrte Bennelong in den Busch zurück.

Der Konflikt mit den Eingeborenen war mit dem Anwachsen der Kolonie unvermeidlich geworden. Es gab keine Koexistenz, es gab nur das Recht des Eroberers auf das Land und den Verlust dieses Landes für den Unterlegenen. Die seit Jahrhunderten von äußerlichen Einflüssen ungestörte Ordnung der Aborigines zerbrach, als sie ihr Territorium und ihre Heiligtümer verloren. Sie besaßen keine klaren Vorstellungen von jenem Vorgang, den die Europäer «Kaufen» nennen. Selbst da, wo ihnen (wie bei der Gründung Melbournes) das Land «abgekauft» wurde, nahmen sie zwar den Kaufpreis – Decken und Geräte –, aber sie betrachteten das Land weiterhin als ihr Eigentum, in dem sie jagen durften, auch wenn sie Schafe oder Rinder speerten. Dafür wurden sie selbst gejagt, ungeachtet der Schutzgesetze aus dem fernen England. Die meisten Siedler betrachteten sie nicht einmal als Menschen: Wie ein junger Leutnant 1830 schrieb, war «ein Eingeborener für die Europäer kaum mehr als ein Orang-Utan».

Die Schwarzen allerdings waren, wie Cook ganz richtig bemerkt hatte, kein wildes, barbarisches Kriegervolk. Sie nahmen entlaufene und verirrte Strafgefangene bei sich auf; sie halfen den Pionieren in Not (wie der berühmte Jagan in Westaustralien, der sich als wunderbarer Freund der Siedler erwies und dann von ihnen umgebracht wurde). Sie führten als unentbehrliche Pfadfinder und Kenner aller Wasserstellen die Expeditionen ins unwirtliche Landesinnere. Als die beiden deutschen Flieger Bertram und Klausmann nach einer Notlandung in der Trockensteppe Westaustraliens verschollen waren, retteten sie Schwarze vor dem Verhungern und Verdursten.

Aber der Krieg an der Front der sich ausbreitenden europäischen Zivilisation ging weiter, auch die Walfänger betrachteten die Eingeborenen als ihnen zustehende Beute: Sie verschleppten oft Frauen, um sie auf den Schiffen mitzunehmen; wehrten sich die Männer dagegen, wurden sie aus dem Weg geräumt. In Tasmanien fand die Verwaltung in der Verbannung der letzten Eingeborenen auf die nahe Flinders-Insel eine Lösung, wo sie in einem Lager unter christlichen Gebeten und Geboten dahinsiechten. 1876 starb die letzte Tasmanierin – sie war drei Jahre alt, als die Weißen ins Land kamen; mit ihrem Tod im Alter von siebzig Jahren war ihre Rasse ausgerottet.

Erst gegen das Ende des 19. Jahrhunderts begann man die Aborigines als Menschen anzusehen. Missionare errichteten ihre Stationen unter den Eingeborenen und versuchten, sie zu einem christlichen, seßhaften Dasein zu erziehen. Viele, allen voran die deutschen Lutheraner von Hermannsburg, beschränkten sich nicht darauf, die Schwarzen mit Bibelsprüchen zu füttern, sondern sie vertieften sich in ihre Sprache und Mentalität, schrieben ihre Mythen auf und respektierten die ethischen und religiösen Vorstellungen der Aborigines, soweit sie mit christlichen Vorstellungen in Einklang zu bringen waren. Die Kinder dieser Missionare wuchsen mit den kleinen «Pikaninis», den Eingeborenenkindern, auf, sprachen deren Sprache und wurden ihre besten, verständnisvollsten Freunde und Fürsprecher. Einer von ihnen, Strehlow, schrieb ein engagiertes Buch über diese «Nomaden im Niemandsland», das Aufsehen erregte. Australien, nun dem Pionierstadium entwachsen, war nicht mehr nur ein Land der Züchter und Farmer, sondern einer wachsenden Zahl von Akademikern, die sich für die Ureinwohner dieses Landes zu interessieren begannen, vor allem die Ethnologen und Anthropologen. Anthropologisches Interesse führte auch die Irin Daisy Bates zu ihnen; was sie fand – ein demoralisiertes, seiner Identität und Zukunft beraubtes, krankes Volk –, erschütterte sie so sehr, daß sie ihr Leben den Schwarzen widmete und mit ihnen in der Nullarbor-Wüste lebte, um ihnen «sterben zu helfen».

Mit dem allem Anschein nach unausweichlichen Verlöschen der australischen Eingeborenenrasse konfrontiert, empfanden die weißen Australier Gewissensbisse und Einsicht. Farmer und Viehzüchter, bei denen die heimatlos gewordenen Aborigines Zuflucht suchten, fühlten sich nun verpflichtet, für sie zu sorgen; die Schwarzen übernahmen Hilfsarbeiten auf den Farmen und Stationen: Als Stockmen, Zuckerrohrarbeiter oder Hilfe im Haus, auch als Taucher der Perlmuttschiffe und Helfer der Polizei waren sie willkommen. Vor allem ihre Fähigkeit, Spuren zu lesen, machte sie bald unentbehrlich für die Polizeipatrouillen ins Landesinnere. (Schwarze scheuten sich übrigens als Hilfskräfte der Weißen auch nicht, andere Schwarze zu bekämpfen!)

Die Bezahlung war ein Almosen – Essen, Kleidung und ein Pfund kriegte ein Stockman. Aber mit Geld konnten sie sowieso nichts anfangen, denn sie lebten in einem archaischen Stammeskommunismus. Ein Beispiel dafür ist das Schicksal des Malers Namatjira, eines Zöglings der Hermannsburger Mission, der, angeleitet von einem australischen Künstler, selbst zu einem berühmten Maler wurde, der viel Geld verdiente, woraufhin sich eine wachsende Menge von Verwandten und Quasiverwandten bei ihm einfand, um nun von seinem Reichtum (der nach ihren Gesetzen eben allen gehörte) mitzuleben. Es war wie früher auf der Wanderschaft: War die Beute groß, so schwelgte man im Überfluß, und so lange brauchte man sich keine Mühe zu geben, weiterzujagen. Albert Namatjira starb bettelarm – die vielen Mitesser hatten alles verbraucht.

Für europäisches Denken war die Mentalität der Eingeborenen nicht verständlich, und so waren auch die mit viel Enthusiasmus geplanten Assimilationsprogramme, die nach der Jahrhundertwende aufgestellt wurden, ein utopisches Beginnen. Nicht der Mangel an Intelligenz hinderte die Eingeborenen daran, sich dem Leben der Weißen anzupassen, sondern ihr Unverständnis dieser Lebensweise. Romantische Sozialschwärmer glaubten, man müsse den entrechteten Kindern des Landes nur den richtigen Start geben, um sie zu assimilieren: fertige Häuser, gutes Ackerland – sie brauchten nur einzuziehen und anzufangen. Aber die Aborigines wurden dennoch keine Farmer: Sie bezogen die Häuser nicht, in denen sie sich wie eingesperrt vorkamen, ließen sie zerfallen, die Äcker verdorren. Als alles Geld und sämtliche Vorräte verbraucht waren, zogen sie einfach fort. Sie hatten zu lange von einem Tag in den anderen existiert und nicht gelernt, Vorratswirtschaft zu betreiben oder nach der Uhrzeit zu leben. Allerdings hatten sie durch ihr Zusammenleben mit der Zivilisation immer mehr ihre wunderbaren Fähigkeiten verloren, mit deren Hilfe sie einst in der Steppe überleben konnten. Sie waren nun abhängig geworden von Büchsenöffner und Streichholz, sie waren immer mehr auf die Überlebenshilfe der Weißen angewiesen.

Sie sanken immer tiefer in Resignation und Verwahrlosung. Da sie keine Hygiene kannten, wurden sie von Parasiten und Lepra befallen. Sie hausten in Erdhütten am Rand der Siedlungen («Fringedwellers»), und sie drängten sich in zunehmendem Maße in den zerfallenden Stadtteilen der Citys zusammen. Dort vegetierten sie zwischen Elend, hoher Kindersterblichkeit, Krankheit und Trunksucht dahin. Die dreißiger Jahre brachten einen absoluten Tiefstand, ihre Zahl sank auf 50 000 (und 25 000 Mischlinge).

Der Krieg bot ihnen neue Möglichkeiten: Sie erhielten bessere Stellen, Eingeborene standen als Kriegsfreiwillige mit den australischen Soldaten an der Front. Die Nachkriegszeit brachte eine Welle von Engagement für die Aborigines. Vor allem die Labourregierung war entschlossen, den Unterdrückten zu helfen. In Canberra gibt es seit 1972 ein Ministerium für Eingeborenenangelegenheiten, seit 1973 einen nationalen Eingeborenenausschuß. Gesetze gegen die Rassendiskriminierung wurden erlassen und soziale Hilfs- und Förderungsprogramme in allen Bundesstaaten aufgestellt. 1971 wurde in Queensland ein Aborigine zum Parlamentsabgeordneten gewählt. Die Geburtenrate der Schwarzen be-

Ureinwohnerhäuptling in Perth.

gann wieder zu steigen. Heute ist sie höher als die der Weißen. Man rechnet damit, daß im Jahre 2000 die Bevölkerungszahl der Eingeborenen 500000 erreichen wird. Ja, die weniger gutgestellten Weißen opponierten jetzt gegen die ausschließlich für die Schwarzen aufgewendeten Mittel, denn in den Jahren

von 1965 bis 1975 wurden 665 Millionen Dollar für sie ausgegeben.

Manche gutgemeinten Maßnahmen dienten nicht unbedingt dem Wohl der Schwarzen: Als man ihnen die Bürger- und Wahlrechte verlieh, räumte man ihnen damit auch das Recht ein, legal Alkohol zu kaufen. Trunksucht wurde nun zum allgemeinen Laster.

In der Hoffnung, wenigstens einem Teil von ihnen den Weg zurück zu ihrer angestammten Lebensweise zu öffnen, wurden große Gebiete, die für Landwirtschaft und Viehzucht ungeeignet waren, zu Reservaten erklärt. Zwar waren diese Landstriche für europäische Begriffe enorm – zusammen etwa so groß wie Großbritannien, Dänemark und Deutschland. Jedoch kann diese weite Fläche bei der extensiven Lebensweise der Jäger und Sammler nur 20 000 Menschen ernähren. (Da man später in diesen Gebieten große Erzvorkommen entdeckte, war weiterer Konfliktstoff schon vorprogrammiert!) Freilich ist es nicht mehr ganz das Leben von einst, denn in den Reservaten stehen den Aborigines Missionare und Ärzte zur Seite, ihr Gesundheitszustand unterliegt staatlicher Kontrolle.

Das gewachsene Verständnis und das Bedürfnis, den Aborigines zu helfen, drückte sich nicht nur in Gesetzen aus, sondern auch in anderen Aktivitäten. Da die Kinder der Eingeborenen, wenn sie überhaupt Schulen besuchten, kaum über das niedrigste Bildungsniveau hinauskamen, versuchte man jetzt, sie durch Sonderschulen, durch Unterricht in ihrer Sprache zu fördern. Studenten und Mitschüler halfen Eingeborenen durch Oberschulen und Colleges, tatsächlich graduieren immer mehr Aborigines an den Universitäten.

Aber zugleich beginnen sich Reaktionen bemerkbar zu machen. Die jungen schwarzen Hochschulabsolventen werden zu Wort- und Rädelsführern der zu neuem Selbstbewußtsein gelangten Eingeborenen. Sie wollen nicht mehr hinten anstehen, sie wollen auch nicht assimiliert werden, sondern sie verlangen Integration, das heißt: die Anerkennung ihrer eigenen Kultur, Sprache und Eigenarten – sie wollen sich selbst verwalten. Einige radikale Gruppen rufen nach Wiedergutmachung in Milliardenhöhe. Auch gegen den Abbau von Mineralien in Reservaten wehren sie sich. Heute liegt das Recht, solchen Abbau zu genehmigen, einzig und allein bei den Eingeborenen, die von den Minenge-

vate und politische Organisationen haben sich der Eingeborenenfrage angenommen in dem Bewußtsein, daß die einstigen Herren des Landes, die zu Mündeln und Abhängigen der weißen Australier wurden, einen Anspruch darauf haben.

Aber bis heute gibt es noch Aborigines, die sich nicht unter die Fürsorgefittiche der Europäer gestellt haben, bis heute ziehen noch Steinzeitmenschen durch die unendli-

Aboriginalkinder in einem Heim.

sellschaften dafür Millionen verlangen und darauf bestehen, daß ihre Heiligtümer unangetastet bleiben. Andere Eingeborene sind selbst als hochbezahlte Minenarbeiter beschäftigt, oder sie eröffnen ihre eigenen Fördergesellschaften. Auch die Versuche mit landwirtschaftlichen Genossenschaften scheinen Erfolg zu haben.

Noch immer liegt jedoch der durchschnittliche Lebensstandard der Schwarzen tief unter dem der Weißen. Noch sitzen Tausende betrunken und verkommen in den Parks und am Rand der Städte, aber mit mehr Schwung als je zuvor werden Lösungen angestrebt. Zahlreiche kirchliche, amtliche, pri-

che Öde. 1965 trafen Völkerkundler der Universität Melbourne in der Wüste auf wild lebende Eingeborene, die nie mit Weißen zu tun hatten. In der Wüste fanden sie eine Zuflucht, wo niemand sie aufspürte. Die Wüste ist ein harter Lehrmeister, ermüdende Wanderschaften in brütender Hitze, Nächte mit klirrender Kälte, karge Nahrungs- und Wasserquellen machen den Hunger zu einem alltäglichen Leiden. Aber sie haben ihre Freiheit bewahrt, ihre Gemeinschaft, ihre überkommene Lebensweise. Man muß dem australischen Anthropologen Jeremy Lang recht geben, der als Teilnehmer einer Patrouille der Eingeborenenfürsorge in den

Nordterritorien sagte: «Mir wurde hier klar, daß jeder Mann, der in diesem Land überleben und seine Familie erhalten kann, ein Genie sein muß!»

Kostbarer als Gold: Wasser

Australiens wichtigstes Problem ist die Wasserversorgung. Die Hauptstädte der einzelnen Bundesstaaten sind alle an Flußmündungen angelegt worden: Sydney am Ästuar des Parramatta, Melbourne am Yarra, Adelaide am Torrens und Perth am Swan River, Brisbane am gleichnamigen Fluß und Hobart am Derwent. Aber die Flüsse Australiens sind keine gewaltigen Ströme; ihre Wasserführung ist großen Schwankungen ausgesetzt. Manchmal treten sie über die Ufer und überschwemmen weite Gebiete, dann wieder schrumpfen sie zu kümmerlichen Wasserlöchern zusammen. Selbst der größte Fluß, der Darling, ist im Vergleich zur Donau, zum Nil oder Mississippi nur ein klägliches Gewässer.

Zwei Drittel des Kontinents sind arid oder semiarid. Je nach Region ist die Verteilung der Niederschläge unterschiedlich. Im tropischen Norden, vor allem im Nordwesten, überschwemmen im «Wet», der Regenzeit, die Flüsse das Land rundum, werden zu kleinen Binnenmeeren: Straßen werden unpassierbar, Siedlungen zu Inseln. Durch Felsentäler, in denen man in der trockenen Jahreszeit, der «Dry», wandern kann, wälzen sich strudelnde Wildwasser. Der Regen, der sich in gemäßigten Breiten auf das ganze Jahr verteilt, fällt hier innerhalb kurzer Zeit. In der nachfolgenden Trockenperiode strahlt monatelang die Sonne vom wolkenlosen Himmel auf die dürre Erde.

Den Nordosten versorgt der Passat auch während der regenlosen Periode mit genügend Feuchtigkeit, um den wuchernden Dschungel am Ostabhang der Dividing Range zu erhalten und auf den flachen Bergkuppen, dem Asherton-Tafelland, Mais, Erdnüs-

se, Ananas und grüne Weiden für die Milchkühe gedeihen zu lassen. Das Tiefland, das sich an den Westabhang des Gebirges anschließt, gehört zu den Gebieten unsicherer Niederschläge. Die dort lebenden Viehzüchter sind auf die artesischen Brunnen angewiesen, die mit Hilfe der großen Windräder Grundwasser aus der Tiefe pumpen. Solche unterirdischen Seen gibt es in fast allen Landesteilen. Das mit Mineralien und Salz durchsetzte Wasser ist für den Menschen nicht genießbar, aber für das Vieh als Tränke noch geeignet. Ohne diesen unterirdischen Schatz wäre ein Großteil der heutigen Weidegebiete ungenutzt. Allerdings ist das Grundwasser nicht unerschöpflich: Wenn allzuviele artesische Brunnen es anzapfen, sinkt der Grundwasserspiegel rascher, als Regenfälle ihn wieder zum Steigen zu bringen vermögen. Daß außerdem auf den weitverstreuten Stationen im Outback jeder Regentropfen auf den Wellblechdächern eingefangen und in die Tanks geleitet wird, ist selbstverständlich; das Regenwasser kann in Zeiten großer Dürre die letzte Reserve sein.

Im Südosten, den Australischen Alpen, fällt in den Wintermonaten (Mai bis September) viel Schnee. Skigebiete mit Sesselliften, Chalets und Skihotels wuchsen wie Pilze aus dem Boden. Wer zwischen den immergrünen, oft mit Frostkristallen bedeckten Eukalyptuswäldern in die Täler «wedelt», denkt kaum darüber nach, daß sich unter seinen Skiern ein kostbarer Besitz Australiens befindet: gefrorenes Süßwasser! Nach der Schneeschmelze sickert es in die Tiefe, wo sich im Laufe von Jahrtausenden riesige Tropfsteinhöhlen gebildet haben, oder es wird in großen Stauseen aufgefangen, um über Turbinen von Kraftwerken, Aquädukte, Rohrleitungen und Wehre zu den Landwirtschaftsgebieten gebracht zu werden. Der aus den Alpen kommende Murray bewässert die fruchtbarsten Gebiete von Neusüdwales, Victoria und Südaustralien.

Auch im südlichen Westaustralien fällt genug Regen, um herrliche Wälder der stolzesten und höchsten Eukalyptusbäume, der Karris, zu erhalten, um Weizen und Gemüse wachsen zu lassen. Erst zum Norden und Osten hin wird das Land trockener. Bevor durch eine sechshundert Kilometer lange Rohrleitung Frischwasser von der Küste zu den im Trockengebiet liegenden Goldfundstätten geleitet werden konnte, herrschten dort unvorstellbare unhygienische Zustände

Schmelze die Seen des zentralen Hochlands, die Wasserkraftwerke produzieren hier so viel Energie, daß Tasmanien über die billigste Elektrizitätsversorgung der Welt verfügt.

Viele Pläne wurden in Australien ausgedacht, um den Wasserhaushalt zu verbessern: In allen Bundesstaaten wurden große Stauseen errichtet, Flüsse umgeleitet, wie im Fall des bereits erwähnten Snowy-River-Projekts. Regen kann auch «gemacht» werden –

Am Glenelgfluß, Victoria, um 1870.

und gingen Tausende von Goldgräbern an Ruhr und Typhus zugrunde. Dennoch kommen auch in den südlichen Staaten Westaustralien, Südaustralien, Victoria und Neusüdwales langanhaltende Perioden ohne Niederschläge vor; dann besteht auch für die Eukalyptuswälder akute Brandgefahr, und große Buschfeuer vernichten weite Gebiete.

Nur die Insel Tasmanien, in gemäßigten Breiten gelegen, hat keinen Wassermangel. Die Schneedecke in den Bergen füllt nach der

nicht mit magischer Beschwörung durch die Medizinmänner, sondern indem Flugzeuge Wolken mit Silberjodid «beschießen», was diese zum Abregnen bringt. Allerdings müssen eben Wolken vorhanden sein.

Wasser fehlt auch bei der Bekämpfung der Buschfeuer. Die Vegetation Australiens hat sich dem Rhythmus stets wiederkehrender Feuer und Dürre angepaßt. Die Samenkapseln vieler Pflanzen öffnen sich erst in der Hitze eines Buschfeuers, und erst danach kann der Samen keimen. Versengte Eukalyptusbäume schlagen bald wieder aus. Die «Ghostgums», die Geistereukalypten im tropischen Norden, können ihre Wurzeln bis zu fünfzig Meter tief in die Erde senken, wo sie auch dann genügend Feuchtigkeit finden, wenn die Trockenzeit herrscht. Steppenvegetation kann jahrelange Dürre aushalten; der erste Regen verwandelt das Land in einen grünen, blumenübersäten Teppich.

Inzwischen weiß man, daß einmal in einem Jahrhundert sich die Salztümpel tatsächlich wieder auffüllen, wenn in Jahren ungewöhnlich starker Regenfälle die von den Bergen Queenslands westwärts fließenden Flüsse das Wasser, das so rasch nicht versickern kann, weiterführen bis in die Senke der Salzpfannen. So entsteht ein großer See mit Fischen, die Pelikane und Kormorane anlocken. Das Wunder hält leider nur wenige Wochen an,

Flutkanäle des Murray um 1870.

Manches Rätsel gab das Wasser den Entdeckungsreisenden auf. Vor rund hundert Jahren kehrten Forscher aus dem südlichen Inland zurück und berichteten begeistert von einem herrlichen großen See, an dessen Ufern sie gestanden hätten. Andere Pioniere, die wenige Monate später diesen See suchten, fanden nichts als ausgetrocknete Salzpfannen. Sie glaubten, ihre Vorgänger seien Luftspiegelungen, Halluzinationen oder einem Sonnenstich zum Opfer gefallen.

da das Wasser rasch verdunstet und keins mehr nachkommt. Die Vögel verlassen den versickernden See, die Fische graben sich im Schlamm ein, der bald hart wird, und fallen in einen Erstarrungsschlaf, bis in Jahrzehnten die Salzpfannensenke sich erneut auffüllt.

Wie ein Wunder mußten den ersten Weißen auch die geheimnisvollen Bergseen in den tiefen, schattigen Tälern der im Wüstengebiet liegenden Gebirge vorgekommen sein, etwa in den Macdonnell- und Hamersleybergen. In die wie riesige Trichter geformten Schluchten können die Sonnenstrahlen kaum eindringen. Im schützenden Schatten spiegeln sich Zykadazeen und zierliche Farne in den stillen, klaren Seen. Manche dieser Gewässer, vor allem am Ayers Rock, sind bis heute Heiligtümer der Eingeborenen.

Auch an den Hunderte von Kilometern langen Viehrouten waren die Wasserlöcher lebenswichtig für Mensch und Tier. War eine der Wasserstellen vertrocknet, schleppte sich die Herde mühselig zur nächsten, war auch dort nicht mehr genügend Wasser vorhanden, gingen die Tiere zugrunde. Die wunderbare Fähigkeit der Eingeborenen, Wasservorkommen unter dem Wüstensand zu orten, befähigte sie, in dieser unwirtlichen Landschaft zu überleben.

Der fünfte Kontinent, den die Entdecker für arm und unergiebig hielten, ist heute ein reiches Land mit immer kostbareren Mineralvorkommen, die noch nicht einmal alle entdeckt sind. In der Wüste finden sich Edelsteine wie Saphire, an ihren Rändern Opale. Noch kostbarer aber als alle diese Bodenschätze ist für Australien das Wasser, von dem alle Zukunftspläne abhängen.

Die Weite prägt den Menschen

In den großen australischen Städten Sydney, Melbourne, Perth, Brisbane, Adelaide oder Hobart lebt es sich nicht viel anders als in einer europäischen oder nordamerikanischen Großstadt. Das meist sonnige Klima macht die Australier allerdings zu «Outdoor people». Sie verbringen einen großen Teil ihrer Freizeit am Strand, am Swimmingpool, auf dem Tennis- oder Golfplatz, beim Angeln, Segeln, Windsurfing oder Wasserskilaufen, beim Drachensegeln, Segelfliegen oder Skilaufen – oder bei Pferderennen, Rugbyspielen und Kricketmatches.

Obgleich drei Viertel der Australier Stadt-

bewohner sind, so hat doch die Weite, das immense Hinterland, das so hart zu erschließen war, ihren Charakter, ihre Denkungsweise und Mentalität geprägt. Mehr als in anderen jungen Ländern hing das Überleben des einzelnen von der Hilfe seiner Kameraden ab. Der Australier ist ein «mate», ein Kumpel, der jedem zu helfen bereit ist, der seine Hilfe braucht. Er spricht seinen eigenen «strine», der dem Cockney der englischen, irischen und schottischen Vorstädte und Hafengassen entstammt, aus denen die meisten der weißen Australier kamen. Das «ei» wird zum «ai» («take», nehmen, wird hier nicht wie «teek» ausgesprochen, sondern wie «taik»). Für einen in Oxford erzogenen Briten klingt dieses Englisch vulgär, aber die Handvoll Pioniere, die dieses Land erschlossen, kam nicht aus Oxford (von einzelnen Gentlemen-Sträflingen abgesehen!). Zur Sprache der Australier gehört auch eine Menge hier entstandener Ausdrücke, wie «tucker» für Reiseproviant oder «billabong» für Tümpel.

Der Australier ist für die Parole «take it easy», überstürzter Eifer und Strebertum sind ihm verhaßt. Er mag Leute nicht, die andere überrumpeln, die sich mit clever ausgedachten Tricks einen Vorteil verschaffen wollen, und verachtet jene, die sich als etwas Besseres vorkommen. So erregt auch der «Pommy» (Engländer) mit der «Upperclass»-Sprache sein Mißtrauen, obgleich Großbritannien als das große Vorbild, die unvergessene Heimat gilt. Aber auch den nichtbritischen «New Aussies» gegenüber sind die Australier zunächst zurückhaltend – vor allem bei Südeuropäern, deren Wesen ihnen fremd ist.

Australien, so wird behauptet, sei ein patriarchalisches Land, eine Männergesellschaft. Man sollte eher sagen, es ist ein unglaublich junges Land, das eben erst erschlossen wurde durch Männer, die dieser schier übermenschlichen Mühsal und Härte gewachsen waren. Diese noch kein Jahrhundert zurückliegende Pionierzeit wurde von Forschern, Diggern und Squattern bestimmt –

Frauen gab es wenige. Strafgefangene und Goldgräber waren vorwiegend Männer, so auch das Militär. Das Defizit an Weiblichkeit im ersten Jahrhundert der australisch-europäischen Geschichte macht sich auch bemerkbar in den vielen Frauennamen, die Städten, Bergen und Flüssen gegeben wurden – beispielsweise unter anderem Alice Springs, Port Augusta, Adelaide, die Olgas. Da er keine Partnerin hatte, tanzte der durch

hen zwar ihr Lebensziel als Familienmutter, weniger in einer Karriere, doch gibt es Frauen in fast allen Berufen: weibliche Unternehmer und Professoren, Parlamentsabgeordnete, Flugkapitäne und Leistungssportlerinnen.

Auch viele der Frauen sind gute Kameraden durch dick und dünn: Sie leben mit ihren Familien weit draußen im Outback, auf den in der Weite verlorenen Stationen, Tausende Kilometer von der Zivilisation entfernt. Viel-

Buschweg in Queensland um 1870.

den Busch trampende «Swagman» mit seinem zusammengerollten Kleiderbündel, der «Waltzing Matilda», wie Australiens bekanntestes Lied – fast eine Nationalhymne – zeigt: Es ist das Lied vom einsamen Landstreicher, der sich an einem fremden Schafbock vergreift; als die Polizei ihn gefangennehmen will, springt er in den nächsten Billabong, wo sein Geist noch heute zu finden ist.

Die Australierin der Gegenwart genießt die gleichen Freiheiten wie ihre europäischen Schwestern. Die meisten jungen Mädchen se-

leicht hilft eine Eingeborenenfrau, sonst haben sie keine Unterstützung. Viele Annehmlichkeiten eines Stadthaushalts kennen sie nicht. Wenn man etwas braucht, wird es aus einem Katalog bestellt und auf dem Luftweg gebracht. Für den Unterricht ihrer Kinder, für die Konsultation eines Arztes oder Zahnarztes sind sie auf das Funksprechgerät angewiesen. Über Funk können sie auch mit den fernen Nachbarn sprechen, die sie nur selten sehen, vielleicht bei einer der Farmers' Conventions oder auf einer landwirtschaftlichen

Ausstellung in einem Landstädtchen, was schon eine weite Reise bedingt.

Die Regenzeit, wenn alles feucht und schimmelig ist; das Ungeziefer, den Staub; die Trockenzeit, wenn selbst der kleine, im Schatten angelegte Hausgarten verdorrt und Tausende der Herdentiere zugrunde gehen – diese Frauen ertragen alles an der Seite ihrer Männer in stoischer Entschlossenheit. Wenn dann endlich nach langer Trockenzeit der erste Regentropfen fällt, laufen ihnen Tränen des Glücks über die Wangen. Die Frauen des Outback sind ein besonderer Schlag!

Obgleich die weißen Australier den umherstreifenden Aborigines verständnislos gegenüberstanden, fanden doch bald auch viele Geschmack an einem solch ungebundenen Nomadendasein. Die Swagmen, die durch die Steppe ziehen, von Farm zu Farm, von Station zu Station, gibt es immer noch, sie finden überall Aufnahme; für ein Nachtquartier und fürs Essen bieten sie für kurze Zeit ihre Hilfe an: Zäune flicken oder die Pumpe reparieren. Da sie meist abends vor Sonnenuntergang kommen, nennt man sie auch «Sundowner». Sie bleiben nicht lange; es zieht sie immer wieder weiter, irgendwohin, Drifter in der Unendlichkeit dieses großen Landes.

Auch die Schafscherer sind Nomaden, Wanderarbeiter, die von einer Station zur anderen fahren. Jede Station hat außer dem Scherschuppen auch ein Wohnhaus für sie bereit. Sie sind Experten in ihrem harten Beruf; ein Scherer schält pro Tag mehr als zweihundert Schafe aus ihrem Fell, das dann von den Sortierern je nach Qualität in große Ballen gepreßt wird. Solange noch ungeschorene Schafe auf der einen Seite des Schuppens warten und noch nicht alle sich frisch geschoren auf der anderen Schuppenseite von dem Schreck erholen, beherrschen die Scherer das Leben auf der Station. Manche von ihnen träumen davon, sich, wenn sie genug verdient haben, irgendwo mit einer Familie niederzulassen, viele aber kommen vom steten Unterwegssein nicht mehr los.

Auch die Stockmen und Drover haben nur selten ein Dach über dem Kopf. Einige der Viehrouten, über welche die Drover die riesigen Herden treiben, würden, auf Europa übertragen, den halben Kontinent durchmessen. Während der großen, viele Wochen andauernden Trecks müssen sie und ihre Begleiter, die Stockmen, mit Sandstürmen und Überschwemmungen, erbarmungsloser Hitze und Wassermangel, mit Tierparasiten und Krankheiten fertigwerden.

Mehr und mehr werden sie heute abgelöst von den «Roadtrains», den riesigen Lastwagen mit mehreren offenen Anhängern, auf denen die Rinder oder Schafe schneller und mit weniger Gewichtsverlust an die Küste gebracht werden können. Es ist nicht einfach, die schweren Wagenzüge sicher durch das staubige Land zu steuern – Meile um Meile, ohne eine Spur von menschlichen Siedlungen. Auch der Roadtrainfahrer ist einer der einsamen Männer der Steppe.

Selbst der Flying Doctor gehört dazu, der sein Sprechzimmer mit dem Abenteuer vertauscht hat. Zu Anfang war der Arzt sein eigener Pilot – die Erfahrungsberichte der ersten fliegenden Ärzte lesen sich spannender als ein Kriminalroman. Aber auch heute, wo der Arzt in Begleitung eines Piloten mit den speziell eingerichteten «fliegenden Krankenwagen» unterwegs ist, bedeutet jeder Flug ein Risiko, denn Kranke und Verunglückte brauchen Hilfe – ungeachtet des Wetters, ob Hurrikan oder Überschwemmung, ob Tropenregen oder gnadenlose Sonnenhitze. Die Steppe oder der Strand, ein sandiges Flußbett oder ein Felsplateau sind die Landepisten. Reparaturen müssen dort draußen – wenn irgend möglich – selbst durchgeführt werden, denn der Kranke wartet auf den Abtransport – es sei denn, sein Zustand verlange sofortige Operation auf dem Küchentisch der Station oder auf der Bahre im Schatten des Flugzeugflügels. Als Arzt in Sydney oder Melbourne würde der Flying Doctor gewiß ein Vielfaches verdienen; dennoch ist ein solcher Job nicht leicht zu finden, da sich mehr als genug Kandidaten bewerben. Es gibt auch fliegende Krankenschwestern, die (ohne Arzt) ständig zu Routine-Untersuchungen oder regelmäßiger Behandlung von Patienten im Einsatz sind.

Nomaden sind auch die Kaninchen- und Dingojäger, die Wasserbüffel- und Kamelfänger (mit schweren Motorrädern). Die Kaninchen, die man vor einigen Jahren glaubte,

wende aus Indonesien eingeführten Wasserbüffel an den Lagunenküsten im Norden vermehren sich so stark, daß es unerläßlich ist, sie zu dezimieren. Die Dingos, die australischen Wildhunde, sind wie reißende Wölfe, welche über die Schafherden herfallen. Ein Dingo kann in einer Nacht hundert Schafe töten. Gegen Kaninchen und Dingos sind in Australien Zäune gebaut worden, um sie aus bestimmten Gebieten herauszuhalten. Erst

R. Davidson auf ihrer Wüstendurchquerung 1977.

«Kelpie», australischer Schäferhund.

mit einer Krankheit, der Myxomatose, ausrotten zu können, sind heute wieder in großer Zahl zu finden. Sie und die Kamele – Nachkommen der einst zum Bau der Telegrafenlinie aus Afghanistan eingeführten Lastentiere – sind Nahrungs- und Trinkwasserkonkurrenten der Herden und werden deshalb, wie auch das Wappentier des Landes, das Känguruh, gejagt. Auch die um die Jahrhundert-

1954 wurde so ein Dingozaun in Südqueensland errichtet, der etwa 250 Kilometer westlich von Brisbane beginnt und sich 9500 Kilometer bis nach Westaustralien hinzieht. Der drei Meter hohe Maschendrahtverhau ist zwanzig Zentimeter tief in den Boden versenkt, damit sich kein Dingo darunter durchgraben kann. Alle fünfzig Kilometer wird er durch eine Tür unterbrochen. Es kostet vierhundert Dollar Strafe, wenn man vergißt, sie zu schließen. Die Wirksamkeit eines solchen Zauns ist nur gewährleistet, wenn er instand gehalten wird. Spezielle «Dingozaunwärter» müssen die Sperre ständig kontrollieren, denn der Wind kann Treibsand zu hohen Dünen aufschichten, über die hinweg die Dingos wie über eine Brücke gelangen würden; Känguruhs und Emus können den Maschendraht zerreißen. Wie die Jäger sind auch diese Wächter ständig in der Steppe unterwegs, meist allein und auf sich selbst gestellt. Aber sie sind unabhängig und ihr eigener Herr: Mit ihren breitrandigen Hüten, ihren sonnengebräunten Gesichtern und dem rauhen Äußeren sind sie die echten «Dinkum Aussies», die handfesten Australier.

Hat einst das Gold die Leute verlockt, der täglichen Routine in der Stadt den Rücken zu kehren und in die Wildnis zu ziehen, um das – vielleicht – rasche Glück zu finden, so geht heute von den Opalen eine ähnliche Wirkung aus. Opale sind kristalline Substanzen, die ein vor Hunderten von Millionen Jahren ausgetrockneter großer See zurückließ. Die Fundstätten liegen an den einstigen Seeufern in der öden Steppe, wo die Schürfer entweder in armseligen Wellblechhütten oder Erd- und Bretterbuden hausen, wie in Andamooka oder in Erdhöhlen wie in Coober Pedy. Jeder Opalgräber muß sich, wie einst die Goldgräber, seinen Claim kaufen. Darin gräbt er sich metertiefe Trichter, bis die opalführenden Schichten erreicht sind. Dort unten hocken dann die Digger und graben sich immer weiter in die Höhlenwände hinein, auf der Suche nach den schimmernden, grünen, weißen oder gar (besonders kostbaren) schwarzen Steinen. Staub und Öde, das Leben in primitiven Unterkünften und der rötlich-braunen, gesichtslosen Landschaft nimmt man in Kauf in der nie versiegenden Hoffnung auf den großen Fund, den «lucky strike».

Goldsucher gibt es übrigens auch noch – meist alte Männer, die sich in den verlassenen ehemaligen Goldfundstätten niederlassen, in notdürftigen Unterkünften leben, von der Hand in den Mund, von Känguruh- oder Kaninchenbraten, und den Abraum noch einmal durchsieben. Diese «Fossiker» leben wie Robinson in der Wüste; sie finden ein paar Unzen am Tag oder auch nichts – aber das ist nicht wichtig. Sie sind ihre eigenen Herren, brauchen weder Steuern zu zahlen, noch das Sozialamt zu bitten. Einer ist Vater von zwei Söhnen, die als Ingenieure im Goldbergwerk von Kalgoorlie angestellt sind und ihre festen, gewerkschaftlich ausgehandelten Löhne, ihre Sicherheit und ihren guten Lebensstandard haben. Aber der Alte, der wie ein «weißer Abo» lebt, möchte auf keinen Fall mit ihnen tauschen.

Neuerdings gibt es auch Fossiker, die mit dem Landrover und dem Wohnwagen kommen und das ehemalige Goldland mit einem Geigerzähler absuchen auf noch unentdeckte Goldfunde. Einige haben dabei schon ein Vermögen entdeckt! Aber diese modernen Goldsucher sind nur Eintagsfliegen in der Steppe, die bald zurückkehren in die Stadt. Sie kommen nur für eine kurze Zeit, nur des Goldes wegen. Sie sind dem unerklärlichen Zauber dieses rötlichbraunen, ockerfarbigen oder zartvioletten Landes nicht erlegen.

Der Traum der Zivilisationsmüden vom alternativen Leben, vom Aussteigen aus dem Alltagstrott – hier kann er noch verwirklicht werden: auf einsamen Inseln am Riff, in den modernen «Shantytowns» der Opalgräberstätten, in der menschenleeren Steppe. Wer das «tote Herz» des Kontinents nie gesehen hat, die unermeßliche, braune, schattenlose Weite, den flimmernden Horizont, die Relikte uralter, zerbröckelter Gebirge, die im Licht der untergehenden Sonne in tiefem Rot aufleuchten, die herbe Schönheit der knorrigen Geistereukalyptusbäume, die wie Wachsoldaten die Ufer ausgetrockneter Flüsse säumen, die in der Ferne glitzernden Wellblechdächer einer einsamen Station inmitten des endlosen Nichts, der hat Australien nicht wirklich kennengelernt.

Die goldenen Jahre

Um 1950 war die Gesellschaft, die auf dem meerumspülten Kontinent Australien lebte, bemerkenswert homogen. Sie setzte sich hauptsächlich aus Bürgern englischer, irischer und schottischer Abstammung zusammen. Die alte, noch aus der Kolonialzeit herrührende Grundhaltung hatte sich kaum gewandelt: Ein hochmütiges Unabhängigkeitsstreben von entschiedener Respektlosigkeit wechselte ständig mit einem ehrerbietigen Gefühl der Verbundenheit mit Großbritannien. Die amerikanische «Invasion» der Jahre 1942 bis 1945 jedoch hatte das Barometer des öffentlichen Interesses und der Stimmung in der Bevölkerung mehr zugunsten der Vereinigten Staaten ansteigen lassen. Man hatte zwanzig Jahre lang amerikanische Filme gesehen und amerikanische Unterhaltungsmusik gehört. Deshalb neigte man dazu, den jungen Soldaten aus Nordamerika zeitweilig mit mehr Glanz und Gloria zu umgeben – und ihn deswegen heftig zu beneiden –, als dies der Wirklichkeit entsprach. Ausschlaggebend war jedoch, daß die Amerikaner in einer Zeit äußerster Not nach Australien gekommen waren. Dabei war es nebensächlich, ob sie außerdem überbezahlt und mit Sex überfüttert waren (der Volksmund beschrieb sie treffend als «over here, overpaid and oversexed»).

Es hatte eines Zweiten Weltkriegs und Churchills derber Feststellung bedurft, Australien sei zu seinem Schutz ausschließlich auf die Vereinigten Staaten angewiesen, bis das aufgerüttelte Bewußtsein der Öffentlichkeit die möglichen Auswirkungen bejahte, die im Statut von Westminster aus dem Jahre 1931 beschlossen lagen. Es war zweifellos von Bedeutung, daß diese endgültige Loslösung vom englischen Mutterland erst zehn Jahre später in Canberra formell ratifiziert wurde.

Der Krieg war vorbei, Premierminister John Curtin lebte nicht mehr, und sein Nachfolger Ben Chifley starb 1951. Die draufgängerische, sorglose Ära der Regierung Menzies hatte begonnen. Australien stellte nun eine eigenständige Macht dar – war es deshalb aber auch schon eine Nation? War Australien in den fünfziger Jahren eine ihrer Eigenheit bewußte Gesellschaft, die an die Erfahrung einer gemeinsamen Tradition anknüpfte? Besaß diese Gesellschaft die anerkannte gemeinsame Basis eines übergreifenden Glaubens und all jener stillschweigend geteilten Denkweisen und Charakteristika, über die man nicht täglich zu sprechen braucht und aufgrund derer ein Spanier fühlt, daß er sich von einem Engländer unterscheidet, oder ein Ire, daß er anders ist als ein Russe? Legte man solche Maßstäbe an, dann waren die Australier immer noch halbherzige Ansiedler auf einem Kontinent, der sowohl äußerlich als auch psychologisch ihrer Herkunft entgegengesetzt war. Sie wurden eher zufällig durch die englische Sprache und deren barschen Lokaljargon zusammengehalten als durch tiefergehende Gründe: gegenseitiges Einfühlungsvermögen, persönliche Offenheit oder gemeinsame Absichten. Solche Faktoren helfen, eine echte Zivilisation von einem zusammengewürfelten Haufen kurzsichtiger Interessengruppierungen zu unterscheiden.

Einer meiner Bekannten, ein in Polen geborener Jude, hat diesen Unterschied zwischen echter Volksgemeinschaft und zufälliger Koexistenz auf Toleranzbasis vielleicht am treffendsten beschrieben: «Ihr Australier seid leicht zu täuschen. Man kann euch bestehlen, hinters Licht führen und dazu brin- *das* nicht bemerken. Man kann auf viele Weisen umkommen. Einige verhungern. Andere stopfen sich wie die Katzen so lange mit Sahne voll, bis sie platzen.» – Die 25 Jahre nach 1950 waren eher Jahre des Überflusses als des Mangels; der kalte Krieg gab dazu lediglich den Hintergrund ab, der die Öffentlichkeit nur gelegentlich an düsteren Tagen beunruhigte.

Dem britischen Imperium verpflichteten

«Goldene» sechziger Jahre – an der Manly Beach bei Sydney.

gen, euch mit dem Drittbesten zufriedenzugeben – und ihr merkt es noch nicht einmal. Das kann nur passieren, weil ihr euch gegenseitig nicht versteht oder vertraut. Ihr überlaßt es uns, euch besser kennenzulernen, als ihr euch selbst kennt. Nur weil wir einiges über die menschliche Natur wissen, konnten manche von uns die Pogrome überleben. Die Verfolgung hat uns viele Dinge über unser Volk gelehrt. Wenn ihr nicht dasselbe lernt, werdet ihr eines Tages erledigt sein und auch Staatsmännern wie Robert Menzies und Richard Gardiner Casey gelang es bis in die Mitte der sechziger Jahre, den Australiern einen Rest an Loyalität gegenüber Großbritannien abzuschmeicheln. Da ständig englisches Investitionskapital ins Land floß, gab es immer noch gute wirtschaftliche Gründe, vom Scheitel bis zur Sohle britisch zu sein – das Schlagwort «British to the boot straps» besaß immer noch Zugkraft. Aber sogar im abgelegenen Australien konnte man nicht ignorieren, daß das Mutterland in den fünfziger Jahren sein großsprecherisches Sendungsbewußtsein verloren hatte; die imperialistischen Energien waren erschöpft. Indien, der Kern des alten Imperiums, war schon verloren; Ostafrika wurde gefährlich aufsässig, Malaya war vom Guerillakrieg heimgesucht. Die politische Präsenz der Briten im Osten und im Pazifik war kläglich zusammengeschrumpft – verglichen mit der neuen Macht Amerikas, das gerade die Atombombe entwickelt hatte. Jenes Großbritannien, das von führenden Politikern des rechten Flügels, von Wentworth bis Menzies, bewundert und verehrt wurde, erlebte bereits den Niedergang seines Imperiums: Das Land war es müde, die «Last des weißen Mannes» zu tragen, mit der man sich zu Kiplings Zeiten brüstete; zwei Weltkriege hatten die Aristokratie und die militärisch-administrative Elite dezimiert und geschwächt. Einzig die britische Krone war über die Klassenkämpfe erhaben und überlebte als funktionierendes Bindeglied zwischen den Staaten, die einst im größten kulturellen, kolonialen und Seehandelsimperium der Welt vereint waren.

Während Premierminister Menzies 1954 die junge und beliebte Königin Elisabeth II. feierte, schmolz der Ring europäischer Stützpunkte dahin, die als Puffer zwischen Australasien und Südasien fungierten. Die Liberale und die Landpartei verzeichneten diese neue Situation mit einiger Besorgnis. Die Labour Party dagegen, an deren Spitze der idealistische, aber machtbesessene Herbert Vere Evatt stand, veröffentlichte routinemäßig ihre Zustimmungserklärungen. Evatt selbst hatte einen beträchtlichen Anteil an der unsanften Vertreibung der Holländer aus Indonesien. Wer besorgt verfolgte, wie die Probleme der Franzosen in Indochina zunahmen, mochte den antikolonialistischen Eifer der Labour Party als verfrüht empfinden.

Das Anwachsen antikolonialistischer, «antiimperialistischer» Bestrebungen stand im Mittelpunkt einer der dramatischsten Wandlungen in der politischen Ideologie Australiens der fünfziger Jahre. Zunächst beschränkte sie sich auf das Gefühl, Afrikaner und Asiaten sollten sich selbst regieren dürfen; bald entstand daraus ein intellektueller Zynismus, der sich gegen den «Dollar-Imperialismus» im allgemeinen richtete. Die USA-Feindlichkeit, die seit dem letzten Krieg latent vorhanden war, begann unter den linken Akademikern aufzublühen und griff rasch auf viele Journalisten und jüngere Anhänger der Labour Party über. Mehrere Faktoren schürten die antiamerikanische Einstellung weiter an: die eher griesgrämige Abneigung, die Presse und Intellektuelle gegenüber dem herrischen, schillernden Kriegs-Generalissimo Douglas MacArthur an den Tag legten; die skrupellose Verfolgung amerikanischer Liberaler durch Senator Joseph McCarthy von 1951 bis 1955 (die bei den australischen Intellektuellen Gefühle der Sympathie mit den Verfolgten auslöste); und schließlich die plumpe, gönnerhafte Außenpolitik von John Foster Dulles, Eisenhowers Außenminister – es ist Mode geworden, ihm alle Fehler anzulasten, die Amerika später in Asien beging. Und schließlich muß man noch ein allgegenwärtiges Element der australischen Psyche in Rechnung stellen: das Gefühl einer fast unumgänglichen, jedoch widerwillig getragenen Dankesschuld gegenüber einer großen, fürsorglichen Macht, die es als zweckdienlich erachtet hatte, 1942 die Japaner abzuwehren, so daß die Australier mit heiler Haut davonkamen. Allerdings waren die Australier den Vereinigten Staaten sowohl strategisch und wirtschaftlich als auch gesellschaftlich viel zu sehr verbunden, waren nur allzu aufnahmebereit für Wirtschaftsinvestitionen, für intellektuelle Modeströmungen, Jugendkultur und Unterhaltungsformen, als daß sie sich jemals völlig abnabeln wollten. Als 1956 in Australien das Fernsehen vorherrschend amerikanischer Prägung eingeführt wurde, war das Abhängigkeitsverhältnis besiegelt. Was immer sich

Pädagogen und Erzieher vorgestellt und erhofft hatten – die australische Volksstruktur sollte im Laufe der nächsten Generation zunehmend amerikanisiert werden.

Die «Bombe» mit ihrem Rauchpilz verdüsterte in den fünfziger Jahren den Horizont der gesamten Welt, ebenso die wachsenden Spannungen zwischen den Supermächten. Bikini mit seinen Atomversuchen lag nahe genug bei Australien, um die Bevölkerung in Unruhe zu versetzen. Bald nach dem Krieg hatte sich Australien am kurzen, euphorischen Flirt mit der stalinistischen Sowjetunion beteiligt. Er fand seinen Ausdruck in den Streikpostenketten, die in Sydney und Melbourne vor denjenigen Kinos aufmarschierten, in denen «The Iron Curtain» lief; der Film handelte von einem Überläufer namens Igor Gouzenko, der dem in Kanada aufgebauten sowjetischen Spionagering abtrünnig wurde.

1950 schafften es die rechtsstehenden «Industriellengruppierungen», einigen moskautreuen Gewerkschaftsführern, die ihre Stellung in den letzten Kriegsjahren klug gefestigt hatten, die Kontrolle zu entreißen. Jene Gruppierungen sollten den wachsenden Einfluß der «Linken» in den Gewerkschaftsverbänden von mindestens fünf Bundesstaaten (State Trades Hall Councils) untergraben. Als die prosowjetische Euphorie abklang und die grimmigen «Njets» der sowjetischen Delegierten vor den Vereinten Nationen die Welt aufhorchen ließen, bemerkten die Australier auch die spalterischen Einflüsse der Kommunisten auf die Gewerkschaften. Fred Alexander schätzt, daß bis 1954 die Mitgliederzahl der Kommunistischen Partei auf 24 000 gestiegen war. Ihren stärksten Gegner fanden die Linken der australischen Labour Party und der Gewerkschaften in der «Bewegung» Santamarias. Da die Mehrheit der australischen Bevölkerung Joseph Benedict Chifleys 1949 angedrohte Verhaftungsaktion gegen widerspenstige Bergarbeiter gebilligt hatte, konnte die «Bewegung» den eher untätigen dümmlichen Elementen aus dem rechten Labourflügel den Rücken stärken; so erhielt die «Bewegung» den Anschein der Respektabilität – wenigstens eine Zeitlang. Wie dem auch sei – nur ein marxistischer Parteigänger könnte die Tatsache leugnen, daß das grundlegende Ziel der Kommunisten und ihrer Anhänger darin bestand, die Schlichtungs- und Ausgleichsverfahren zum Scheitern zu bringen und Australien in einen doktrinären Klassenkampf zu stürzen.

Sowohl in der Außenpolitik als auch in der inneren Situation des Landes brachten die Jahre 1950 bis 1955 eine Wende. «Wachstum» war die Patentlösung, die die rechtsstehenden Parteien anzubieten hatten; die Koalition Menzies/McEwen, deren Stellung lange unerschüttert blieb, bot ausländischen Investitionen unbegrenzte Möglichkeiten. Parallel zum Investitionszuwachs und zum industriellen Boom erlebten Australiens Städte die höchste Zuwachsrate ihrer kurzen Geschichte; sogar die «Gründerzeit» der Stadtentwicklung (1875–1890) wurde dabei in den Schatten gestellt. Die größeren Städte Australiens, gemächliche und provinzlerische Niederlassungen von Handel, Industrie und Verwaltung, verwandelten sich in rücksichtslos aufstrebende Machtzentren, die praktisch alle kulturellen Strömungen und das ganze politische Leben beherrschten. Die alteingesessene Grundstoffindustrie war durch Subventionen und durch die Einteilung der Wahlbezirke zugunsten der ländlichen Wähler unterstützt worden; daher konnte sie der Welle neu entstehender Industriezweige eine gewisse Zeit standhalten. Die Landflucht war jedoch so groß, daß 1970 das Durchschnittsalter der Landbevölkerung bei 52 Jahren lag und sich jährlich um sieben Monate erhöhte. Ohne Rücksicht auf Verluste visierte die Administration unter Menzies Australiens Wachstum als Industriemacht an. Nur wenige konnten 1950 die Konkurrenz Japans voraussehen, das sich zu einem Handelsriesen entwickeln sollte; man stellte sich auch nicht vor, daß die europäischen Länder und die dritte Welt den australischen Farmern so viele ihrer scheinbar gesicherten internationalen Absatzmärkte abringen würden. Auch später, unter der Regierung Whitlam (1972–1975), begriff man noch nicht, daß eine zweitrangige, verstädterte Industrienation nur florieren konnte, wenn die Arbeitnehmer realistischere Tarifabschlüsse akzeptierten und sich auch innerlich näher an der Wirklichkeit orientier-

um sich Sicherheit, Chancengleichheit und Macht in einer Gesellschaft zu verschaffen, die durch bürgerlich-protestantische und agnostische Kräfte beherrscht wurde. Die Katholiken engagierten sich stark in der Labourbewegung; jedoch bemerkten einflußreiche Kleriker, angefangen mit Kelly, in den dreißiger Jahren Erzbischof von Sydney, bis zu Mannix in den fünfziger Jahren, daß dieses Engagement zeitweilig durch die Macht

Das Herz von Canberra, Australiens Hauptstadt.

ten, damit die australischen Produkte einen angemessenen Anteil am Weltmarkt erringen könnten.

Die Rechtsparteien schienen also wild entschlossen, eine Nation blindwütiger lebenslänglicher Konsumenten heranzuziehen; die Labour Party andererseits ging 1954 an innerer Zerrissenheit zugrunde. Durch Generationen hindurch hatten die Katholiken die Labour Party als das beste Mittel betrachtet,

linksgerichteter marxistischer oder militant religionsfeindlicher Elemente untergraben wurde. Das Anwachsen einer konservativen und doch reformwilligen katholischen Laienintelligenz Ende der dreißiger und in den vierziger Jahren hatte es dem brillanten jungen Rechtsanwalt spanisch-sizilianischer Abstammung namens B. A. Santamaria ermöglicht, die industriefreundliche «Bewegung» aufzubauen – viele seiner Gegner hatten den

Eindruck, sie würde sich zu einer katholischen Zentrumspartei eines ganz unannehmbaren europäischen Typs entwickeln. Chifley und Evatt tolerierten Santamaria anfangs, da er die Fähigkeit besaß, eine tatkräftige industrieorientierte Gegenmacht zur Linken zu organisieren.

Mehrere Faktoren jedoch brachten die «Bewegung» auf dem Höhepunkt ihres Erfolgs zu Fall. Einer davon war das alte protestantische, moralinsaure Sektierertum, das der katholischen Laienbewegung ihre ansteigende Macht bitter übelnahm; ein anderer war die Tatsache, daß Santamarias strategische Brillanz und strenger Ehrenkodex von einigen seiner Anhänger in der Praxis nicht geteilt wurden – sie gingen rücksichtslos über alles und alle hinweg. In einigen Gewerkschaften war man über ihren Kommandoton genauso verärgert wie über den der Kommunisten. Alan Reid veröffentlichte im «Daily Telegraph» von Sydney als erster einen Artikel über das heraufziehende Unwetter. Zuletzt geriet Evatt selbst wegen der offenen Angriffe in Panik, die in der gesetzgebenden Versammlung des Bundesstaates Victoria (Victorian Legislative Assembly) gegen die «Bewegung» gerichtet wurden. Da er seinen zukünftigen Erfolg als Parteiführer bedroht sah und die Vorstellung an ihm nagte, er stünde unter der Fuchtel der «Bewegung», griff er Santamaria schließlich selbst scharf an. Die Folge davon war, daß sich die Labour Party in jedem Bundesstaat außer in Neusüdwales spaltete – dort erwies sich die alte Verbindung zwischen dem rechten Flügel der Partei und der katholischen Erzdiözese von Sydney als unverbrüchlich stark. Nach dem Parteitag von Hobart (1955) war die Labour Party ein Trümmerhaufen.

Als Ergebnis dieser beinahe tödlichen Kollision rechter und gemäßigt linker Kräfte in der Labourbewegung konnten die Liberalen und die Landpartei weitere 18 Jahre ungestört regieren. Nach der Spaltung von 1954 verließen nicht nur Katholiken die Labour

Party. Auch viele andere Mitglieder ahnten, daß die Partei bald zur Marionette von Evatts Egoismus und letztlich der Kommunisten und ihrer Anhänger werden würde. So viele amtierende Parlamentsmitglieder wie nie zuvor in der Geschichte Australiens begingen politischen Selbstmord, um ihren Prinzipien treu zu bleiben. En-bloc-Abstimmungen waren schon seit langem zur trägen australischen Gewohnheit geworden; sie galten geradezu als Wesensmerkmal der Labour Party. Oft bedeutete dies die politische Niederlage jener Rechtsgerichteten, die diese Praktik nicht länger mitmachen wollten. 1955 trieb der Sturz der Regierung Cain im Bundesstaat Victoria viele Unentschlossene in das linksgerichtete Lager Evatts, das seitdem der Federal Parliamentary Labour Party den Stempel des Radikalismus aufdrückte, den sie bis heute trägt.

Der größte Teil derer, die von der «alten» Partei außerhalb Neusüdwales' übriggeblieben waren, schloß sich zur Democratic Labour Party zusammen, deren lang hingezogenes, verbittertes Nachhutgefecht gegen die linken Kräfte ihre zivilisiertere gemäßigte Politik überschattete. Es war eine Ironie unserer politischen Geschichte, daß sich die Democratic Labour Party nicht zu einer stimmenträchtigen politischen Kraft, sondern zu einer Gruppierung nörgelnder Moralisten entwickelte. Ihr Bild wurde mehr durch ihre oppositionelle Haltung gegenüber den Linken geprägt als durch den schon vergessenen Mut jener «Männer von 1954», die ihre politische Karriere preisgaben, um diese Partei zu gründen.

Um 1963 führte die zunehmende geistige Stagnation der Koalition aus Liberalen und Landpartei dazu, daß aufstrebende populistische Linksintellektuelle der Labour Party zuströmten und sich ihrer als politischer Plattform bedienten. Diese Erscheinungen begleiteten den Verfall der vier Kräfte, die das öffentliche Leben Australiens seit dem 19. Jahrhundert entscheidend geprägt hatten: erstens eine aussterbende «Arbeiterklasse», auf die sich die alten, nach Handwerkszweigen organisierten Gewerkschaften gegründet hatten – sie gingen auf W. G. Spence und die Anfänge der Labourbewegung zurück; zweitens eine knausrige, spießbürgerliche herrschende Schicht in den Städten, die sich aus Kaufleuten und Industriellen zusammensetzte; drittens die alten Interessenverbände der Farmer und Viehzüchter, und schließlich die Kirchen, vor allem die Anglikaner, Katholiken und Presbyterianer. Die Linken, die jetzt in den Gewerkschaften neue Bedeutung gewannen, waren stärker marxistisch orientiert als frühere Linksgerichtete, die eher reformistische Bestrebungen oder einen unprogrammatischen Sozialismus vertreten hatten. Jene entschlossenen Leute sollten das alte, aus Chifleys Zeiten stammende Ethos des «ehrlichen Handwerkers» begraben; dabei wurden sie durch einen massenhaften Zuwachs von Mitgliedern unterstützt, die allerdings meist nur am eigenen Vorteil interessiert waren. Eines der deutlichsten Anzeichen für einen Wandel innerhalb der Labourbewegung war der Aufstieg von Männern wie Robert Hawke im australischen Gewerkschafts-Dachverband (Australian Council of Trade Unions). Anders als sein ruhiger, korrekter Vorgänger war Hawke beißend, spöttisch, witzig, selbstgefällig und zu ebenso brillanten wie gewissenlosen Tricks und Transaktionen fähig – damit paßte er gut in eine Zeit zunehmend gerissener und oft zügelloser politischer Rhetorik.

Die Kaufleute und Industriellen des städtischen Establishments hatten ihren einfältigen Dilettantismus der Vorkriegszeit bewahrt, der von der allzu großen Ehrerbietung herrührte, die sie den Finanzmagnaten aus Übersee, vor allem aus Großbritannien, entgegenbrachten. Als Führungsschicht waren sie unzulänglich; ihren Spitzenleuten mangelte es einfach an einer breiten Erfahrungsbasis oder an Gewandtheit, um dem enormen Kapitalzufluß und der raffinierten Kombination von Verführung (durch Kapitalanlage) und Nötigung, der Strategie der neuen multinationalen Konzerne, gewachsen zu sein. Eindrucksvolle Unternehmerpersönlichkeiten vom Schlage Essington Lewis, der John Curtins Kriegsanstrengungen so wirkungsvoll unterstützt hatte, waren in den fünfziger Jahren dünn gesät. Wenn man die gewaltigen Mittel von General Motors, Imperial Chemical Industries, Standard Oil und den anderen in Betracht zieht, mußten die australischen Manager und Vorstandsmitglieder oft wie kleine Jungen wirken, die um Pfennige pokerten. Sie wurden nun plötzlich dazu aufgefordert, beim rasenden Roulette der wirtschaftlichen Expansion mitzuspielen – kein Wunder, daß sie dabei ins Hintertreffen gerieten. Dies war weniger auf die Finanzmacht der neuen ausländischen Investoren zurückzuführen als darauf, daß den Australiern Feinfühligkeit, Flexibilität und ein breiter kultureller Hintergrund fehlten. Der «ungehobelte Klotz» ist in Australien nicht auf die Arbeiterschicht beschränkt; man findet ihn oft auch in den Chefetagen. Der Manager, der «die Ohren steifhielt», sich nur von kurzsichtiger Gewinnsucht leiten ließ, beim Investieren keine Risiken einging, sich an seine Hauptbücher klammerte und seine Arbeitskräfte argwöhnisch auf Distanz hielt, war ein Relikt aus der Kolonialzeit. Gegenüber der waghalsigen und oft schwindelerregenden wirtschaftlichen Freibeuterei, den Praktiken der amerikanischen, japanischen und nordeuropäischen Großkonzerne verlor er den Boden unter den Füßen. Es dauerte bis zur Mitte der sechziger Jahre, bis der australische Manager die Lektionen der Politik multinationaler Konzerne gelernt hatte. Zu diesem Zeitpunkt war es schon zu spät: In mehreren Industriezweigen war die Möglichkeit einer wirtschaftlichen Katastrophe unwiderruflich vorprogrammiert. Ganz oben auf der schwarzen Liste stand eine raffgierige, verschwenderische Automobilindustrie.

Die Interessenverbände der Farmer und

Viehzüchter hätten sich eigentlich in zwei deutlich voneinander abgegrenzte Lager aufspalten sollen. Zum ersten gehörte der Wollproduzent großen Stils, der seit John Macarthurs Zeiten wie ein kleiner spanischer Edelmann lebte, der meist erfolgreich wirtschaftete, dem es gutging und der wenig zur australischen Kultur außerhalb seiner eigenen elitären Gruppe beitrug. Dieser Gruppe standen die Kleinbauern gegenüber, der Teil der arbeitenden Bevölkerung, der am schlechtesten behandelt und dem am wenigsten Verständnis entgegengebracht wird. Die Kleinbauern waren jeweils auf Obstanbau, Milchwirtschaft, Gemüseanbau oder Getreideanbau in kleinerem Maßstab spezialisiert. Unter den Widrigkeiten eines unberechenbaren Klimas und noch unberechenbareren Absatzmärkten hatten sie ohne viel Aufhebens die Nation versorgt und dabei kaum ökologischen Raubbau betrieben. Die Nation dankte es ihnen nicht: Sie nahm immer weniger Rücksicht auf ihre Bedürfnisse. Der letzte Schlag ins Gesicht war die abgebrühte Absage, die ihnen das Kabinett Whitlam in den frühen siebziger Jahren erteilte. 1973 war es klar erkennbar, daß die einschneidendste Kluft in der Gesellschaft Australiens nicht zwischen Gebildeten und Ungebildeten oder zwischen Besitzenden und Besitzlosen lag, sondern zwischen den unbekümmert schmarotzenden Großstädten wie Sydney und Melbourne und den vergessenen «Kämpen» des Hinterlandes.

Die christlichen Kirchen schließlich, Bollwerk aller moralischen und geistigen Werte westlicher Tradition, die die Nation jemals besaß, sollten in den sechziger Jahren durch ein Wiederaufleben der gottverleugnenden, autoritätsfeindlichen Mentalität erschüttert werden, die dafür gesorgt hatte, daß Australien in seinen dunklen Anfängen halb dem Heidentum verfallen war. Die Katholiken wurden durch diese Erschütterungen tiefer betroffen als durch den Zusammenbruch des irischen Stammesbewußtseins in den Zeiten vor der Auswanderung oder durch die zunehmenden Zweifel an der «Bewegung» und ihren bischöflichen Sympathisanten Ende der fünfziger Jahre. Auslöser war das Zweite Vatikanische Konzil, das in den alten «Randgesellschaften» Australien und Amerika wie eine Bombe einschlug. In Europa war es aufgrund des größeren geistigen Horizonts nie soweit gekommen, daß man die Kirche als unwandelbaren Monolith betrachtete. Den Australiern fehlten solche umfassenderen Perspektiven; viele Katholiken gerieten wegen der angefochtenen Unerschütterlichkeit ihrer Dogmen in Panik; andere dagegen benahmen sich wie ungezogene, aufgeregte Sprößlinge, die einer strengen Mutter entwischt waren, und griffen jede x-beliebige unausgegorene Idee auf, die das Konzil zutage gefördert hatte. Inzwischen machte der anglikanischen Kirche, die außerhalb des Mutterlandes nie so recht Fuß fassen konnte, die große Einwanderungswelle der Jahre 1950 bis 1970 schwer zu schaffen. Sogar die britischen Einwanderer schleppten nur allzuoft den Virus religiöser Gleichgültigkeit ein, der Australien ohnehin schon stark infizierte. Die glaubensstrengen Presbyterianer wiederum schienen auf unerklärliche Weise vor der Tendenz zu kapitulieren, das geistliche Amt als eine Form der Psychotherapie zu begreifen. Das Licht des Glaubens verblaßte in mehr als einer christlichen Konfession vor dem helleren Glanz, den die Jünger der Soziologie ausstrahlten. Das Gettodasein der Religion war beendet; aber es hatte den Anschein, daß eher die Welt die Kirchen veränderte als die Kirchen die Welt.

Die endgültige Chronik der großen Einwanderungswelle dieser Zeit ist noch nicht geschrieben. 1950 betrug die Einwohnerzahl Australiens wenig mehr als acht Millionen; bis 1970 war sie auf fast dreizehn Millionen geklettert. Ein großer Prozentsatz davon bestand aus Europäern; etwa jeder achte der heutigen Einwohner Australiens wurde nicht auf diesem Kontinent geboren. 1970 war in einigen Teilen Melbournes und Sydneys sogar jeder dritte Einwohner ein Immigrant. Die Einwanderer erfüllten für die «alteingesessenen» Australier mehrere Zwecke: Sie stellten einen bedeutenden Teil der tatkräftigen, ungelernten Arbeiter für die rasch wachsende Industrie; auch die kontinuierliche Landflucht der Angelsachsen wurde teilweise aufgefangen. Sie bildeten außerdem gegen Ende der sechziger Jahre ein gewisses Gegen-

ßen Einwanderungswelle zwischen 1947 und 1963 global drei gleichgewichtige Gruppierungen unterscheiden könne. Die erste umfaßte die Ankömmlinge von den Britischen Inseln sowie ein paar Malteser und Zyprioten, die zweite Einwanderer aus Nord- und Osteuropa, die dritte Einwanderer aus Südeuropa und der restlichen Welt. Bis 1960 lag der Anteil an Holländern und Deutschen wesentlich höher als heute. Der Wohlstand

Lebensrettermeeting in Neusüdwales.

gewicht zur steilen Abnahme der Geburtenrate bei den angelsächsischen Bewohnern. Trotz alledem hatte die schwindelerregende Zunahme der Abtreibungen, der kinderlosen Paare, der Väter mit zwei Jobs und der arbeitenden Mütter dazu geführt, daß in Neusüdwales und in Victoria die Zahl der Geburten kaum die Todesfälle überstieg. Wer in Australien ein Bevölkerungs-Nullwachstum propagierte, hätte seinen Eifer besser darauf verwenden können, sich für einen Stillstand des Städtewachstums einzusetzen. Die Landschaft Australiens blieb auf weiten Strecken menschenleer, während die meisten Einwohner in den wild wuchernden Ziegelsteinwüsten eintöniger Vororte lebten.

C. A. Price stellte fest, daß man bei der gro-

Nordeuropas ließ den Einwandererzustrom aus diesem Gebiet nach 1970 fast versiegen. Nach der Wirtschaftsrezession von 1961 und 1962 kehrten auch viele holländische, deutsche und britische Siedler desillusioniert in ihre Heimatländer zurück. Seit 1960 haben die eingewanderten Italiener und Griechen alle anderen Völker außer den Briten zahlenmäßig überrundet; in Melbourne lebt eine der größten griechischen Gemeinden außerhalb Griechenlands. Die Nordeuropäer waren aufgrund der Sprache und der differenzierten Ausbildung besonders begünstigt; von allen europäischen Nationalitäten konnten sich die Holländer am leichtesten anpassen. Der Religionsunterschied, die enge Bindung ans Mutterland und eine Schulbildung von durchschnittlich nicht mehr als sechs Jahren führten dazu, daß die griechische Gemeinde von allen ethnischen Gruppierungen die abgeschlossenste und am wenigsten integrierte blieb.

Es ist in jedem Fall anzuzweifeln, ob die große Immigration der Jahre 1947 bis 1970 den in Australien geborenen Bürgern überhaupt tiefer ins Bewußtsein drang. In den Bereichen Nahrung, Kleidung, Konsumverhalten, Mode und dem Wunsch nach Auslandsreisen machte sich der Einfluß der eingewanderten Minderheit am stärksten bemerkbar. Das soziale Verhalten der Australier, ihre Borniertheit, ihr Unvermögen, Gefühle spontan auszudrücken, und überhaupt ein Mangel an grundlegender zwischenmenschlicher Kommunikation trugen dazu bei, daß ein wirkliches Interesse an fundamentalen Aspekten europäischer Lebenspraxis gar nicht erst aufkam. Die meisten Durchschnittsaustralier waren nicht fähig, mit den Anregungen, die ihnen von den Ausländern geboten wurden, etwas anzufangen oder daraus zu lernen, denn sie beschäftigten sich meist nicht einmal mit sich selbst. Das Kommunikationsproblem wurde natürlich noch durch den schlichten Mangel an Ausdrucksvermögen oder Gewandtheit im örtlichen Jargon des Englischen verschärft. Ein Sozialarbeiter faßte dies wie folgt zusammen: «Der Umgang mit Einwanderern läuft meist nach einem der vier Standard-Verhaltensmuster ab: Man zeigt ihnen, was man will, läßt sie mit einem Schulterzucken und einem verlegenen Grinsen stehen, schreit ungeduldig nach einem Dolmetscher oder bietet ihnen ein Bier an.» Die Labour Party war klug genug, die Einwanderer zu umwerben; dies wurde bei den Bundeswahlen (Federal elections) von 1972 durch den sehr hohen Stimmenanteil der Südeuropäer belohnt, der der Labour Party zufiel – was dem Provinzialismus der größeren Parteien des rechten Flügels einen Dämpfer aufsetzte.

Das australische Bildungswesen durchlief zwischen 1950 und 1975 zwei voneinander klar unterscheidbare Phasen. Zunächst wurden etwa bis 1965 die bereits bestehenden Formen der höheren und universitären Bildung kontinuierlich ausgebaut und konsolidiert. Der Regierung Menzies gebührt das Verdienst, die Wahrheit erkannt zu haben, die in Disraelis Ausspruch steckt: «Wir müssen große Sorgfalt darauf verwenden, unsere Erzieher zu erziehen.» Auf lange Sicht jedoch befriedigte dieses Bildungssystem mehr das Prestigeverlangen und den unrealistischen Ehrgeiz der Familien als langfristige nationale Bedürfnisse. Ein zweitklassiges Akademikertum trieb seine Blüten, während man zuließ, daß die berufsbezogene Ausbildung stagnierte. Als Folge wurde das Land mit einer Menge unfähiger Führungskräfte beglückt, denen es merklich an qualifizierten Ausführenden fehlte.

Nach dem 1964 veröffentlichten Martin-Report erlebten vor allem die Universitäten eine erstaunliche, üppig subventionierte Phase der Expansion, die jede vergleichbare Entwicklung im Vereinigten Königreich weit überflügelte. Die Jagd nach einer Universitätsausbildung konnte nicht einfach mit dem Durst nach Wissen und Weisheit gleichgesetzt werden. Unter dem Deckmantel der Chancengleichheit war eine vorgeblich egalitäre Demokratie eifrig am Werk, eine ausgesprochen mittelmäßige, auf Schulerfolg gegründete Elite heranzuzüchten. Gleichzeitig zeigten viele radikale oder linksgerichtete Intellektuelle wenig Dankbarkeit für die einträglichen Jobs, die ihnen in den Schoß fielen. Die Angriffe auf die bestehende Ordnung wurden deshalb noch lange nicht zum Schweigen gebracht, weil die Kritiker ihren Gehaltsscheck aus den Steuererträgen bezogen. Das System der Grundschulen, der weiterführenden und der technischen Ausbildung hingegen blieb in den fünfziger Jahren schwerfällig und allen neuen Ideen abgeneigt. Wie schon seit Generationen wurde es durch die starre Staatsbürokratie gelähmt, die Lehrer als mobile Versatzstücke, nicht aber als Menschen behandelte. Die Schüler der Privatschulen dagegen erzielten die besten Prüfungsergebnisse und heimsten die meisten Preise ein – und zwar nicht nur deshalb, weil diese Schulen Bastionen von Reichtum und Privilegien waren, wie die Radikalen behaupteten, sondern weil die Lehrer, die dort unterrichteten, sich besser mit den Schülern und den Familien identifizieren konnten, deren Einstellungen und Werte die Schulen widerspiegeln sollten.

Ende der sechziger Jahre blies der Wind aus einer anderen Richtung; die Pädagogik wurde von einem neuen Trend erfaßt. Gelehrte Eliten und formale Prüfungen fielen in Ungnade; jetzt gewannen solche Schulen die Oberhand, die sich lautstark als «Werkzeuge sozialen Wandels» anpriesen. «Innovation» wurde zur neuen Losung – nicht nur für Lehrer, die aufrichtig darum bestrebt waren, in der Schule den alten Kasernenstil abzuschaffen, sondern auch für ein Angebot an pädagogischen Bilderstürmern, die jede Gelegenheit beim Schopf ergriffen, sich zu profilieren und rhetorisch auszutoben. In vielen Fällen wurde das schulische Leben tatsächlich verbessert; man nahm mehr Rücksicht auf die verschiedene Veranlagung der Kinder und ließ ihnen größeren, dringend benötigten Spielraum. Der Wyndham-Plan brachte zwar in Neusüdwales einige Neuerungen; die wirklich drastische Umwälzung jedoch ging von Victoria aus. In diesem Bundesstaat hatte Ron Reed, der damalige Zuständige für höheres Schulwesen, einen Ausweg aus der Sackgasse gesucht, die durch die nicht mehr zu bewältigende Zahl von Einwandererkindern im frühpubertären Alter entstanden war. «Innovationen» erhielten grünes Licht; dadurch brach nicht nur häufig der Unterricht zusammen, auch viele leicht beeinflußbare junge Lehrer wurden in ihrem Urteil und Berufsverständnis fehlgeleitet. Bei radikalen Lehrervereinigungen wie zum Beispiel der Victorian Secondary Teachers' Associa-

tion mußte man sich fragen, wo der Dienst an der Gesellschaft aufhörte und offene politische Agitation begann. Es ist noch nicht ganz abzuschätzen, welche katastrophalen Folgen die Halbbildung, zu der die Bildungsanarchie der Jahre 1968 bis 1976 führte, für die Öffentlichkeit Australiens haben wird. Trotz alledem entstanden der Nation auch Vorteile: Das starre System des staatlichen Bildungswesens ist flexibler geworden. Und zum ersten Mal in hundert Jahren tauchten in der Öffentlichkeit gesunde Zweifel daran auf, ob eine hinausgezogene Schulbildung wirklich soviel praktischen Wert besitzt und die Gesellschaft weiterbringt.

Wie sich die Literatur, die Künste und die Kultur überhaupt während der drei Jahrzehnte nach dem Zweiten Weltkrieg entfaltet haben, soll hier nicht dargestellt werden. Nur soviel sei gesagt: Die Intellektuellen gaben zunehmend ihre Zurückhaltung auf und betrieben kräftig Eigenwerbung; staatliche Stipendien hatten einen nicht geringen Anteil daran, daß Zeugnisse und Universitätsabschlüsse rasch ein immer höheres Prestige gewannen. Durch diese Tendenzen wurden die Träume von einer Gelehrtenschicht, die die Welt beglücken werde, sowohl untergraben als auch gefördert. Die Intelligenzija konnte ihren Handlungsspielraum und ihr Sozialprestige steigern und gewann Zugang zu den Medien; gleichzeitig entwickelte sich die Fähigkeit, vernünftige Erklärungen dafür zu finden oder sogar zu leugnen, daß die Masse nach wie vor nur stumpfe Gleichgültigkeit gegenüber Ideen und Kultur zeigte. Diese Gleichgültigkeit hatte übrigens wenig mit dem Einkommen oder dem Vorhandensein beziehungsweise Fehlen einer Universitätsausbildung zu tun. Vierteljahresschriften wie «Meanjin», «Southerly», «Overland» und «Quadrant» führten immer noch einen merkwürdig sterilen, allein auf die Beiträge beschränkten Dialog über die australische Gesellschaft, die eher durch die üblichen literarischen Klischees und ideologischen

Schematisierungen als aufgrund fundierter gesellschaftlicher Beobachtungen beschrieben wurde. In den zahlreichen gesellschaftswissenschaftlichen Fakultäten, die nach dem Krieg an den Universitäten aus dem Boden schossen, wurden wiederum das Vorgehen mit dem «Rechenschieber» und «gesicherte» computerverarbeitete Daten auf groteske Weise überbetont – Daten, die sich auf einen importierten Überbau von Ideen gründeten, dem die kulturelle Basis fehlte.

Anstatt ihre Bemühungen gegenseitig zu befruchten, verhärteten die in Verteidigungsstellung gedrängten Geisteswissenschaftler und die forscheren «Kulturbanausen» der Natur- und Sozialwissenschaften ihre Fronten; dieses Phänomen der einander entfremdeten Wissenschaftsdisziplinen hat Charles Percy Snow in den fünfziger Jahren beschrieben. Eine solche Entfremdung machte es unmöglich, eine differenziertere Einstellung zur Bildung und zum Leben insgesamt zu entwickeln. Ein begabter Mime und Satiriker wie zum Beispiel Barry Humphries konnte uns oft mehr über uns selbst beibringen als alle chaotischen, an erzählerischer Verstopfung leidenden Romanschreiber, soziologischen Köpfezähler und Meinungsforscher zusammen. Die gesamte kulturelle Szene wurde durch das hartnäckige Klischee überschattet, Australien habe mit einer «Wissensexplosion» zu kämpfen. Dabei wurde übersehen, daß die Menge an wirklich wesentlichem Wissen, das selbst in den Jahren fieberhafter Forschung zwischen 1950 und 1975 angehäuft wurde, wahrscheinlich weit geringer war als die Technokraten gerne glaubten.

Donald Horne wies zu Recht auf die beherrschende Rolle hin, die das Geld im australischen Nachkriegsleben spielte – allerdings verschweigt er ziemlich schamlos, daß das Geld auf die Gesellschaftskritiker einen nicht weniger verderblichen Einfluß ausübte als auf die Kritisierten. 1950 waren kulturelle Phantasie, persönliches Format und Originalität in Australien selten zu finden und sind es

noch heute, wenn man bedenkt, wie plötzlich die Bevölkerung angewachsen ist. Unsere neuesten «Mäzene» aus der Wirtschaft waren keine Carnegies, Rockefellers oder Guggenheims. Ihre Protektion künstlerischer und kultureller Bestrebungen nahm sich knausrig aus, wenn man damit die Summen vergleicht, die bedenkenlos für Garagen mit vier Stellplätzen verpulvert wurden, für Jachten, Luxuswohnungen am Strand von Queensland, zwanghaften Jet-set-Lebensstil, größenwahnsinnig geplante Wolkenkratzer, ausgefallene Drinks und Freßorgien. Als die Woge leicht verdienten Geldes die ganze arbeitende Bevölkerung erfaßte, setzte sich rachsüchtig die «Herrschaft der Quantität» durch, wie es René Guenon ausdrückte. Wie sehr auch der nachdenklichere, kultivierte Australier das «Bessere» anstrebte, die vorherrschende, durch die Medien angeheizte Forderung richtete sich auf «mehr». Warum sollte man einen Rasenmäher oder einen Swimmingpool gleich bezahlen, wenn man ihn durch einen Kredit oder durch Ratenzahlung bequemer haben konnte? Warum sollte nicht jedes erwachsene Familienmitglied ein Auto besitzen? Warum sollte ein Fernseher genügen, wenn man zwei haben konnte? Warum sollte man sich mit drei Wochen Urlaub in einem Jahr voller Feiertage zufriedengeben, wenn man vier verlangen konnte? Welche ökonomischen und psychologischen Konsequenzen dieser gierige Hedonismus barg, wurde einfach nicht begriffen.

Auch viele andere hochentwickelte westliche Gesellschaften erlebten in den fünfziger und sechziger Jahren eine Zeit des Überflusses. Das wirklich Schwindelerregende auf der anderen Hälfte der Erdkugel war, daß sich die Massen nach Jahrzehnten eines relativ bescheidenen Lebensstandards vorbehaltlos zu blindwütigem Konsum verleiten ließen. Die traditionelle Verwechslung von schöpferischer Muße mit müßiger Zerstreuung, die so charakteristisch für das Leben in den australischen Vorstädten ist, bietet vielleicht einen

Anhaltspunkt, um die ungeheure Vergeudung der Einkommen für Überflüssigkeiten zu erklären. Der Konsum wurde von einer Art fieberhaftem, lustvollem Eifer begleitet, der zwischenmenschliche Begegnung nur selten hervorruft.

Wenn die Konsumenten dem Wohlstand nicht mit Reife, geschultem Geschmack und Urteilsvermögen begegnen können, führt er zu denselben Fesseln materieller Begierden wie Armut. Die wirren Haufen von Besitztümern, die jeder Australier bis 1975 um sich aufgetürmt hatte, sowie der ständige Drang, sie zu erhalten, zu ergänzen oder weitere zu erwerben, erlegten der tiefergehenden zwischenmenschlichen Kommunikation weitere Schranken auf. Die hektische Jagd nach Luxus kam zu den alten nationalen Eigenheiten kurz angebundener Unbekümmertheit und einer Aversion gegen persönliche Offenheit (die vor allem unter Männern herrschte) hinzu und verstärkte noch deren entfremdende Tendenz. Es war nur allzu leicht, andere Menschen und sogar die eigene Person links liegen zu lassen, wenn man trunken von der Jagd nach einem dicken Bankguthaben und dem ganzen Schnickschnack war, den man sich leisten konnte.

In der Politik begann das dritte Viertel des Jahrhunderts mit dem – inzwischen rückgängig gemachten – unglückseligen Gesetz zur Auflösung der Kommunistischen Partei (Communist Party Dissolution Bill); es endete mit dem Sturz der Regierung Whitlam. Keiner der führenden Politiker jener 25 Jahre konnte dem sorgfältig gepflegten väterlichen Image von Robert Gordon Menzies auch nur nahekommen. Nach der Sensation des Falles Petrov wurde es klar, daß Evatt politischen Selbstmord begangen hatte. Calwell hatte sich um die Labour Party große Verdienste erworben; aber die Verbitterung über die Meinungsverschiedenheiten, welche die Partei zerrissen, führte dazu, daß er kurz vor seinem Tod die Wähler scharf angriff: «Die Australier entwickeln sich zu einem selbst-

süchtigen, feigen Volk.» Dieses Urteil war übertrieben, enthielt aber ein beunruhigendes Körnchen Wahrheit. Die Erinnerung an die tapferen Soldaten des Zweiten Weltkriegs verblaßte rasch.

Der Tod Harold Holts, der in der Blüte seiner Jahre ertrank, löste einen solchen Schock aus, daß man darüber vergaß, daß dieser eigentlich intelligente, anständige Mann ein Schwätzer gewesen war, der der Öffentlichkeit auf die Nerven ging – im Grunde war er nur ein emporgekommener Buchhalter. John Gorton dagegen schien eine interessante Persönlichkeit voller Kraft und Entwicklungsmöglichkeiten. In seiner Amtszeit als Premierminister häuften sich jedoch schlecht vorbereitete Unternehmungen, dumme politische Fehler und kleinliche Indiskretionen. Mit William McMahon holte die Nation noch einmal einen guten Buchhalter an die Spitze. Niemals machte McMahon als Premierminister eine bessere Figur als bei seinem ruhigen, würdevollen Abgang im Dezember 1972, als ihn seine Gegner mit beißendem Hohn und Verunglimpfungen überschütteten.

Daher spielte es keine so große Rolle, daß Sir Robert Menzies hochfahrend, in wirtschaftlichen Dingen von einer erhabenen Ignoranz, ein unverbesserlicher Anhänger alles Britischen und manchmal sogar dienstfaul war. Er kannte sich selbst, seine intellektuelle Reichweite und seine politischen Grenzen sehr genau. Er war verständig genug, um sich in Bereichen, wo er selbst inkompetent war, auf vertrauenswürdige Stellvertreter zu verlassen – vor allem auf Arthur Fadden und John McEwen. Es trifft zu, daß der übersteigerte Einfluß des Finanzministeriums auf die gesamte nationale Politik (welchen anzuprangern Whitlam so wenig Mühe kostete) zum Teil ein Erbe der Regierung Menzies war; das gleiche gilt für die Bürokratie des Commonwealth, die sich durch kafkaeske Undurchschaubarkeit auszeichnete (und die Whitlam so leichtfertig noch weiter ausbaute). Es ist auch etwas Wahres an der Ansicht, der materielle Wohlstand jener Ära sei ebensosehr glücklichen Umständen wie umsichtigem Wirtschaften zu verdanken. Menzies überragte trotzdem seine Zeitgenossen wie ein Koloß. Zahllose Akademiker und Journalisten vergaben ihm nie, daß er sich über ihre wichtigtuerische Verstimmtheit und Kritik einfach hinwegsetzte. Anders als Gough Whitlam hielt er nichts von einem «Hofstaat» und strebte auch keine Einmannregierung

glauben machen wollte; er erwies sich aber aufgrund seiner Persönlichkeit als wendiger und einflußreicher, als seine Gegner 1950 hätten ahnen können.

Wir haben immer noch zuwenig Abstand zur dreijährigen turbulenten Regierung der Labour Party unter Whitlam, um diese Zeit nüchtern beurteilen zu können. Seine draufgängerischen Unternehmungen stürzten das Land in die größte Verschuldung seit dem

Robert Menzies 1962.

Robert Hawke, amtierender Premierminister.

an. Er verstand es, die richtigen Minister zu wählen und sich nicht in ihre Aufgaben einzumischen. Er war die letzte Vaterfigur unserer führenden Politiker. Seine großzügige Persönlichkeiten schien ein Garant für all jene beruhigenden Vorstellungen und die scheinbare Stabilität, nach denen sich die meisten Australier immer noch wirklich sehnen, obwohl sie sich oberflächlich zum Rausch der Veränderung bekennen. Menzies erreichte als Premierminister weniger, als seine Partei

Zusammenschluß der Bundesstaaten. Einige dieser Unternehmungen waren mutig und durchdacht, andere wiederum zeugten von einer unverfrorenen Amoralität und korrumpierten die ohnehin schon gut gepolsterte Mittelklassen-Gesellschaft noch weiter. Der Gesamtcharakter der Australier blieb auch nach 1950 ziemlich unverändert; das wirtschaftliche, soziale und ideologische Klima jedoch hatte eine Umwälzung erfahren. Die allmähliche Verschiebung der nationalen

Werte ist nicht zuletzt den Massenmedien, rastlosen Auslandsreisen und dem Strom von Geld zuzuschreiben, dem man zügellos nachjagte, aber ebenso zügellos wieder ausgab.

1951 feierte Australien das hundertjährige Jubiläum eigenverantwortlicher Regierung. Zu diesem Anlaß erschien auch ein längst vergessenes Dokument mit dem Titel «Der Aufruf» (*The Call*). Es war von mehreren angesehenen Geistlichen, Richtern, Politikern und prominenten Bürgern unterzeichnet. Vielleicht zum letzten Mal wurde in einer gemeinsamen Aktion an die Nation appelliert, altmodische Werte wie Nationalstolz, Respekt vor der Heimat, bürgerliche Ehren und öffentliche Moral aufrechtzuerhalten. Schon damals jedoch tönte die Rhetorik hohl; der Inhalt wirkte vor lauter Zurückhaltung antiseptisch. Dadurch, daß man sich allzu höflich an jedermann wandte, wurde keiner überzeugt; der Appell geriet rasch in Vergessenheit. Das Jahrhundertviertel endete mit Parolen von ganz anderem Kaliber: «Wut ist gut!» – «Feuert Kerr!» – «Wir wollen Gough!». Mängel im politischen Leben hatten eine Unzahl sozialer Kontroversen aufbrechen lassen. Der überwiegend akademische und importierte Radikalismus der sechziger Jahre hatte schließlich lokale Mißstände aufgegriffen, die die erlöschenden Funken der Vietnam-Katastrophe wieder aufflammen lassen konnten. Der Staat sah schwere Zeiten entgegen.

Australische Identität

Soviel zur Oberflächenstruktur australischer Öffentlichkeitsgeschichte während der letzten Generation. Es ist meine innerste Überzeugung, die ich auch schon in meinem Buch *The Great Australian Stupor* dargelegt habe, daß die tragenden Kräfte des politischen, gesellschaftlichen und kulturellen Lebens weniger aus den vorhandenen Institutionen und schulischen Erziehungsbemühungen hervorgehen als aus den Beziehungen zwischen Personen, zwischen denen bedeutsame, tiefe Bindungen bestehen. Die Beziehungen des Individuums zur Gesellschaft und zu politischen und wirtschaftlichen Strukturen sind durch ein eindeutiges Moment von intellektuellem Konsens und persönlicher emotionaler Hinwendung geprägt – sogar, wenn sie unter dem stärksten sozialen Zwang stehen.

Es ist erschreckend, wie übel das Familienleben der Australier durch die Massenmedien und deren aggressive, platte Sensationsmache zugerichtet wird. Dies erregt um so größere Besorgnis, als unsere neue «Vidiotenkultur» auf dem brüchigen Boden einer sehr heruntergekommenen zwischenmenschlichen Kommunikation steht. Patrick Morgan merkt dazu an: «Unsere Altvordern waren nicht sehr gesprächig; was sie erlebt haben, ist nicht in unser Bewußtsein eingedrungen. Die Erinnerung an zwei Weltkriege und die große Depression der dreißiger Jahre hat sich bis in die Gegenwart erhalten, nicht aber die Erinnerung an die ganz normalen Lebensverhältnisse, in welche diese drei weltweiten Katastrophen hineingebrochen sind.» Diese drei Katastrophen wirkten in der Tat wie eine Art sozialen Adrenalins, das kurzzeitig die Kommunikation zwischen den Australiern intensivierte. Sogar die steifsten und unnahbarsten Menschen können sich der demütigenden Selbstentblößung nicht entziehen, die Not und Bedrohung von außen ihnen aufzwingen. Die Armen und diejenigen, die gemeinsam dem Tod ins Auge blicken, lernen ihre Nachbarn ziemlich gut kennen. Daß die meisten Australier wieder in den unkommunikativen Zustand früherer Zeiten zurückfielen, liegt daran, daß sich zur alten, argwöhnischen Indifferenz die neue Pseudounabhängigkeit gesellte, die der materielle Wohlstand mit sich brachte.

In Australien hat seit jeher eine Art «Generationskonflikt» eine bedeutende Rolle gespielt. Familienzwistigkeiten, Entfremdung zwischen Geschwistern, Abwendung von barschen, unzulänglichen Vätern und desillusionierten, nervösen Müttern, Flucht vor Selbstenthüllung und liebevoller Intimität sind seit langer Zeit ein wesentlicher Bestandteil unserer Kollektiverfahrung – vielleicht in größerem Maße als in jeder anderen hochentwickelten Gesellschaft. Eine überstürzte Flucht aus Familienbindungen in die eher sterile Alternative des sicher umzäunten Vororthäuschens ist nur die Endstufe unserer

Malcolm Fraser 1977.

ängstlichen Bestrebtheit, die Vergangenheit abzuschütteln und uns mit seichten, zukunftsorientierten Bemühungen und Hoffnungen zu betäuben.

Das Leitmotiv australischen Lebens, die Entfremdung von Eltern und Leitfiguren, die sich auf nationaler Ebene genauso vollzog wie in den Familien, und aus unserer düsteren kolonialen Vergangenheit stammte, forderte ein Ersatzsystem von Werten und Orientierungen. Es fand sich in der Gruppe der Gleichaltrigen, die Schutz vor elterlichen Übergriffen sowie vor sozialer Isolation bot – ein Kompromiß zwischen der Sozialisation des reifen Erwachsenen und einem rachsüch-

tigen, selbstzerstörerischen Leben. Eine derartige Gruppe von Gleichaltrigen, als deren Urbild die erbärmlichen Gemeinschaften auf den ersten Gefangenentransportern anzusehen sind, die Kurs auf Port Jackson nahmen, verkörpert keineswegs die wahrhaft brüderliche Gesellschaft, von der Rousseau und die späteren utopischen Sozialisten des 19. Jahrhunderts träumten. Sie bot eher die mißgünstige, gleichmütige Kameraderie von Menschen, die eine unleidliche Obrigkeit zusammengewürfelt hatte. Das vereinende Moment in der Wertorientierung dieser Gruppe lag mehr darin, was man ablehnte, als darin, was man anzunehmen bereit war. Ihre Grundstimmung war eher zynisch gereizt als zuversichtlich – ich habe sie als fraternalistisch-anarchisch bezeichnet. Ihre glanzvolle Apotheose fand sie in einer bestimmten Art der Männerfreundschaft («mateship»), die von Lawson, Stephens und dem *Bulletin*-Kreis der neunziger Jahre gefeiert und verewigt wurde. Die Mitglieder der alten fraternalistischen Gruppierungen vor 1950 waren draufgängerisch, schneidig, loyal, materiell großzügig, trunksüchtig, streitbar, unfähig zu Selbstanalyse sowie Introspektion und unverblümt verlogen; sie ließen ihre Frauen sitzen und sträubten sich hartnäckig gegen jede Art von Obrigkeit.

Das Patriarchat kennt zwei Varianten. Die negative, aber häufigere davon ist der autoritäre Patriarch, der leicht angetrunken in die siebziger Jahre schwankte; der Typus ist verkörpert in leistungsbesessenen Vätern voller ohnmächtiger Gehässigkeit, zwanghaften Managern, randalierenden Gewerkschaftern, verschiedenen Arten von Arbeitssüchtigen und den wenigen überlebenden streng bibelgläubigen Pfarrern. Die psychischen Ahnherren dieser patriarchalisch-autoritären Haltung waren der Gefängniskommandant, der Prediger, der mit dem Höllenfeuer drohte, der Richter, der die Delinquenten kurzerhand aufhängen ließ, der selbstherrliche Polizeibeamte des 19. Jahrhunderts, der brutale

Ehemann, der begeisterte Boxkampf-Besucher, der leicht wahnsinnige Fußballtrainer und der bierselige Haustyrann. Linke Demagogen versuchen regelmäßig, der Bevölkerung durch Panikmache einzureden, daß dieser Typus wieder politisch aktiv wird. Das Gegenteil ist wahr. Die patriarchalische Persönlichkeit befindet sich seit dem Ende der dreißiger Jahre auf dem Rückzug. Außerhalb von einigen Inseln grimmiger Reaktionäre in den bevölkerungsarmen Staaten wie Westaustralien und Queensland ist dieser Typ eher als Geschenk des Himmels an die Kartoonisten denn als Grund für politische Unkerei anzusehen.

Inzwischen wurden die Gebildeten Australiens von der matriarchalisch-nachsichtigen, libertären Mentalität so stark hypnotisiert und eingenommen, daß sie zur fast unangefochtenen allgemeingültigen Lehre werden konnte. Ihren öffentlichen Ausdruck findet sie im Wohlfahrtsstaat. Der Staat, unser aller Mutter, wird ebenso glühend umworben wie in den mittelalterlichen Legenden die heilige Jungfrau Maria, nur daß seine Anbeter von Frömmigkeit weit entfernt sind und seine Bittsteller alles andere als demütig. Alle Forderungen müssen gewährt werden, sonst droht man mit sofortiger Lahmlegung der Industrie. Sogar die hartgesottenen multinationalen Konzerne gewähren zynisch jene Sondervergütungen, Privilegien und großzügigen Urlaubsregelungen, die man für selbstverständlich hält in einer Gesellschaft, die hundertprozentige wirtschaftliche und soziale Absicherungen sogar gegen jede private Dummheit verlangt, gegen jede Pflichtvergessenheit oder jeden Vertragsbruch. Laxe Gesetze führten dazu, daß der matriarchalische Staat oft genauso nachsichtig gegen Wirtschaftsbetrüger und Grundstückshaie zu sein scheint wie gegen Pornoproduzenten, Zuhälter, Arbeitsscheue und verträumte Studenten – letztere verlangen einen Lebensunterhalt dafür, daß sie nichts genauer Definiertes tun. Im neuen «permissiven» Klima Au-

straliens ist das «mütterliche» Prinzip in der Regel gerade schwanger und plant seine nächste ideologische Abtreibung. Umhegt und umpflegt, bewegt sich Australien auf völlige Sterilität zu – sowohl was den Bevölkerungszuwachs betrifft als auch in der allgemeinen Lebensführung. Australiens matriarchalische Gesellschaft, wie sie seit etwa 1965 besteht, weist immer stärkere selbstzerstörerische Tendenzen auf. Sie nährt verstiegene Wünsche im Bereich Bildung und Beruf, die sich nie verwirklichen lassen, und einen Lebensstil, der motorisierte Freiheit und Zerstreuung verspricht, aber zum Drogenkonsum oder Nervenzusammenbruch führt; sie bietet Luxusgüter auf Ratenkauf, die als Wegwerfprodukte von einem endlosen Fließband rollen, verspricht Visionen vom Himmel auf Erden inmitten eines «garantiert importierten» stroboskop-erleuchteten stereophonen Getöses, das Dante für die Hölle gehalten hätte. Unter dem Banner edler Beteuerungen erstickt die moderne matriarchalische Gesellschaft ihre Kinder schließlich unter dem Wildwuchs einer Bürokratie, die den Bezug zur Wirklichkeit verloren hat. Man kann sich allein dadurch zur Wehr setzen, indem man mit einer Art gelangweilter Gehässigkeit reagiert, die zur Gewalt führt – gegen andere oder gegen sich selbst.

Sobald das matriarchalische System alles zu ersticken droht oder in den mit Hypotheken gepflasterten Überfluß ausartet, der in Australien zum steilen Anstieg der Arbeitslosigkeit geführt hat, taucht der fraternalistisch-anarchische Archetyp wieder auf. Soziale Konfrontationen, destruktive Politik, ein Anstieg der von Gruppen verübten Gewalttaten gegen Personen und Eigentum, höhnische Angriffe auf traditionelle soziale, religiöse und politische Symbole, der Rückzug der Intellektuellen auf radikale Posen und kindische Kämpfe zwischen Splittergruppen – all diese Dinge sind Anzeichen eines fraternalistisch-anarchischen Klimas. Im Deutschland nach der Weimarer Republik und Rußland nach dem kurzen liberalen Zwischenspiel unter Kerensky wurde einem solchen Aufleben der Anarchie mit nacktem Despotismus begegnet, der die anarchischen Kräfte schließlich vernichtete. In Australien besteht weder die Möglichkeit solcher innenpolitischer Repressalien, noch könnte die Nation sie durchsetzen. Die Situation könnte sich allmählich wie in Italien entwickeln, dem ständig die Revolution droht, wo aber die inkompetente, disziplinlose Haltung der verschiedenen politischen Lager es verhindert, daß irgendeine charismatische Persönlichkeit wirkliche Macht erlangt.

Inzwischen scheint der positive patriarchalisch-konservative Lebensstil in Australien zunehmend auf einige ruhige Inseln beschränkt, wo weder utopische Programme aufgestellt, noch schrille politische Glaubensbekenntnisse abgegeben werden. Hier herrscht nur die feste Überzeugung, daß das allgemeine Wohl bei jedem zu Hause beginnt und gesellschaftliche Reform bei der kritischen Prüfung des eigenen Lebens anzusetzen hat. Meiner Meinung nach ist der patriarchalische Konservatismus die einzige Lebensform, die einer zur vollen Reife gelangten Gesellschaft entspricht. Ironischerweise ist diese Lebensform in einem Land, in dem sich das männliche Verhalten oft irgendwo zwischen Paul Hogan, John Singleton und Norma Everage bewegt, häufiger bei gewissen intelligenten, anmutigen Frauen anzutreffen. Der «Konservatismus» bedient sich in Australien vieler unausgegorener ökonomischer Theorien und kommt daher in der Presse schlecht weg, weil er nicht richtig identifiziert wird. Echte Konservative zeichnen sich gewöhnlich durch unabhängiges Denken aus. Als Parteileute können sie höchstens richtungsweisende Impulse geben. Sie sind nicht gegen Wohlstand, verachten jedoch Habgier und die Pervertierung der Freizeit. Verwirrende Heuchelei, Zweideutigkeiten und «Newspeak» Orwellscher Prägung, welche die pseudo-egalitäre gesellschaftliche Schickeria so stark beherrschen, liegen ihnen fern. Da sie sich selbst und ihre Herkunft genau kennen, fällt es ihnen schwer, sich Selbsttäuschungen hinzugeben oder mehr als höfliche Toleranz für die kostspielige Selbsttäuschung anderer aufzubringen. Sie bemühen sich um den einzelnen und haben keinen großen Respekt vor dem Mob. Sie sind jene Vaterfiguren, die Australien dringend nötig hat.

Der ewige Streit über Willensfreiheit oder Determinismus muß unfruchtbar bleiben. Patriarchat, Matriarchat und Fraternalismus sind nur Kürzel für tiefgreifende Bezugssysteme, die uns unsere unmittelbaren Vorfahren mitgegeben haben. Je klarer wir die Bedeutung unserer persönlichen Geschichte erfassen, desto besser sind wir gerüstet, uns über unsere zeitgenössische Realität und unser künftiges Geschick zu orientieren. Wir können zum Teil über unsere unreflektierten Denkmuster hinausgelangen, wenn wir sie verstehen und bewußt benutzen, anstatt uns passiv von ihnen beherrschen zu lassen. Den mutigen Worten der amerikanischen Verfassung zum Trotz ist die Freiheit der Selbstbestimmung ein menschliches Potential, kein bequemes ererbtes Geschenk. Echte Freiheit, die so häufig fälschlicherweise rein politisch und gesellschaftlich definiert wird, ist keine Sache, die einem umsonst in den Schoß fällt, sondern die erkämpft und verdient werden muß. Gesellschaften erlangen ebenso wie Individuen Freiheit und Urteilskraft nur durch Anstrengungen, die sich auf Selbsterkenntnis gründen. Der Menschheit ist es in die Hand gegeben, ob sie ein Meisterwerk oder ein Zerrbild aus sich macht.

Im übrigen bemerkte ein Bekannter aus Florenz, daß etwa vier Jahrhunderte derartiger Bemühungen nötig sind, um eine echte Zivilisation aufzubauen. Wenn man diese Zeitspanne zugrunde legt, hat Australien immer noch zwei problematische Jahrhunderte vor sich. Es ist höchst unwahrscheinlich, daß die Welt uns eine so lange Gnadenfrist gewähren wird.

Enzyklopädischer Teil

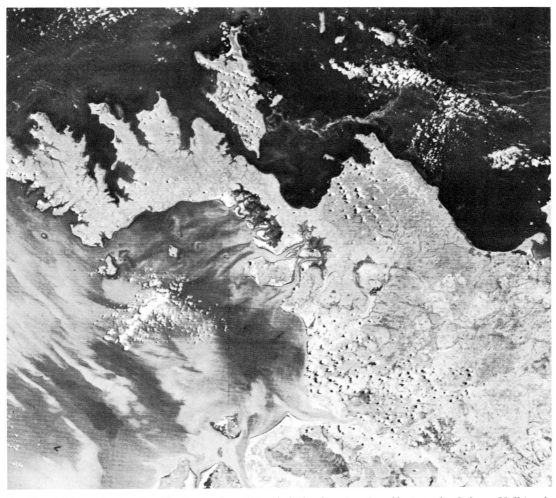

Satellitenbild von Arnhemland im September 1972: als fächerförmiger Landfortsatz die Coburg-Halbinsel, nördlich davon die Arafurasee. Geschiebereiche Flußmündungen deuten auf das feuchte Klima hin. Mangrovensümpfe (dunkle Streifen im Bild) säumen diese Ästuare.

Der Naturraum

Australien, der fünfte Kontinent, reicht vom tropischen Bereich – 11 Grad Süd (Arnhemland, Cape York) – bis in die gemäßigten Breiten – 44 Grad (Südspitze Tasmanien). Überträgt man Australiens Umrisse auf Europa, indem man Südwestecke auf Südwestecke setzt – Perth auf Lissabon –, dann deckt sich Sydney mit Istanbul, die Ostküste verläuft durch Moskau, Darwin liegt nördlich der Hebriden und Alice Springs in der Nähe von Köln. Dabei würde Australiens Landfläche aber noch die Ostsee, die Nordsee und schließlich ein Stück des Atlantiks bedecken, das größer als Spanien ist.

Australien umfaßt drei Groß-

Satellitenbild von Südwestaustralien, rund 700 Kilometer östlich von Perth. Der Mallee-Scrub mußte zum Teil Weizenfeldern weichen. Die scharfe Grenze zum ungenutzten Land markiert ein kaninchensicherer Zaun.

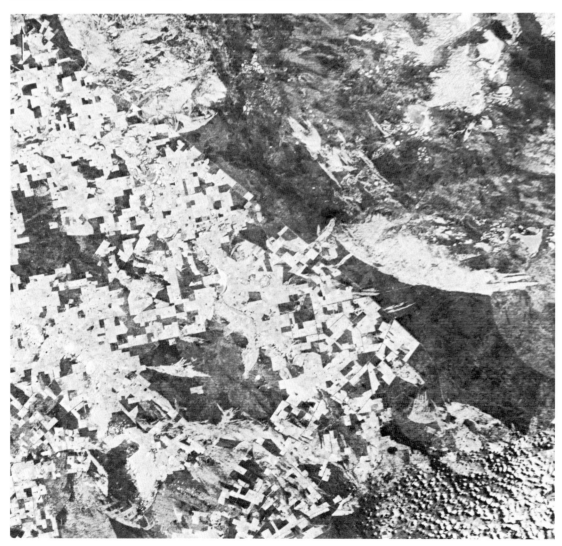

regionen: das Westaustralische Plateau, das rund die Hälfte der Landesfläche einnimmt, die mittelaustralische Senke, die sich vom Carpentariagolf in wechselnder Breite zum Spencergolf im Süden hinzieht, sowie das ostaustralische Randgebirge.

Sowohl die Küstenlinie als auch das Relief sind wenig differenziert und gleichen darin dem größten Südkontinent, Afrika.

Die Oberflächenformen des Landes werden den klimatischen Verhältnissen entsprechend vorwiegend vom Wind geprägt. Flüsse spielen gesamthaft eine untergeordnete Rolle; nur im tropischen Norden und im regenreicheren Südwesten und Osten gibt es ganzjährige Wasserläufe. Auf diese konzentriert sich denn auch die Besiedlung.

Über die Hälfte der Landes-

Die Macdonnellketten auf einem Satellitenbild von Juli 1973, ein verwittertes Faltengebirge aus dem Erdaltertum mit Erhebungen bis zu 1500 Meter. Zwischen den beiden nördlichen Kettensystemen ist in der Bildmitte ein Doppelkreis sichtbar: Gosses Bluff, ein Meteoritenkrater mit etwa 24 Kilometer Durchmesser.

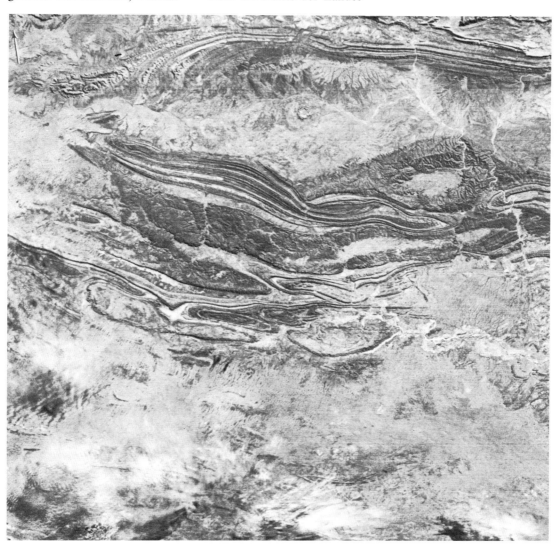

fläche ist ohne Abfluß zum Meer. Breite Täler, Creeks, die nur alle paar Jahre für kurze Zeit Wasser führen, und die abflußlosen Salzseen kennzeichnen dieses Trockengebiet. Wasserstand und Uferlinie dieser Seen variieren je nach Niederschlagsverhältnissen extrem. Der Eyresee zum Beispiel, der größte und bekannteste unter ihnen, nimmt normalerweise nur einen geringen Bruchteil der in allen Karten verzeichneten Fläche ein.

Es mag paradox scheinen, daß Australien dafür sehr reich an Grundwasservorkommen ist. Undurchlässige Gesteinsschichten fassen riesige artesische Becken, die vermutlich in regenreicheren Klimaperioden vor etlichen Jahrtausenden gespeist worden sind. Sie sind buchstäblich der Lebensquell des Landes – Tausende von Brunnen gewährleisten allein die Existenz von Menschen und Vieh im Landesinneren.

Dieses Wasser ist allerdings recht salzhaltig (um 3 Promille), so daß es weder für die Bewässerung empfindlicher Kulturpflanzen noch für die städtische Trinkwasserversorgung genutzt wird. Die entsprechende Versorgung gewährleisten neben den Dauerflüssen große Stauseen – vor allem in den Australischen Alpen – sowie unzählige subartesische Brunnen, die salzarmes Wasser aus tiefen Bodenschichten heraufpumpen.

Es ist für Australien selbstverständlich von elementarer Bedeutung, daß diese natürlichen unterirdischen Reservoire nicht versiegen. An manchen Orten läßt der Druck der artesischen Brunnen nach, und man schätzt, daß ihre Leistung jährlich um fast zwei Prozent zurückgeht. Deshalb bestehen strenge Schutz- und Nutzungsvorschriften, und immer ist man bestrebt, möglichst wenig Wasser durch Verdunstung zu verlieren.

Bei dem unbestreitbaren Reiz mancher australischer Landschaften und den faszinierenden Besonderheiten ihrer Flora und Fauna ist nicht zu übersehen, daß hier die Natur dem Menschen deutliche Grenzen setzt. Zwischen dem Angebot an Boden, Mineralien und Wasser besteht ein Mißverhältnis, das vorläufig – zum Glück – diesen Kontinent vor der totalen wirtschaftlichen Nutzung bewahrt.

Klima

Herausragendes Merkmal des fünften Kontinents ist seine Trockenheit. Die klimatischen Bedingungen dafür entsprechen durchaus dem globalen Zirkulationssystem: Sowohl auf der Nord- wie auf der Südhalbkugel bewirken aus dem Äquatorgürtel stammende Luftmassen durch ihr Absinken aus oberen Schichten im Bereich der Wendekreise ausgedehnte Hochdruckgebiete. Wenig Regen und hohe Sonneneinstrahlung sind die Folge; sie bewirken Wüsten und Steppen. Dem australischen Trockengebiet entsprechen auf der Südhemisphäre die Kalahariwüste im Süden Afrikas oder die Atacama Chiles, im Norden die Sahara oder der zentralasiatische Trockengürtel.

Wie die Niederschlagskarte zeigt, reicht jedoch Australien im Norden in den tropischen, im Süden in den gemäßigten Klimabereich. In Arnhemland und auf der Halbinsel York sind es die sommerlichen Zenitalregen (zur Zeit des höchsten Sonnenstandes), an der Südwestküste, im Südosten, auf Tasmanien wie auch Neuseeland vor allem die feuchten Westwinde, die eine üppige Pflanzendecke ermöglichen.

Diese großräumige Zirkulation wird in Australien nur wenig differenziert, da mit Ausnahme der Alpen größere Gebirgsketten fehlen. Der Gebirgszug ist besonders im Sommer wirksam, indem er die Südostpassatströmungen zum Aufsteigen und Ausregnen zwingt.

Das Klima ist kontinental – die kompakte Form Australiens läßt dem mildernden Einfluß des Meeres – im Gegensatz etwa zu Europa – nur eine geringe Wirkung.

Die Klimatabelle verdeutlicht einige Besonderheiten. *Darwin* unterscheidet sich von allen anderen Stationen durch seinen gleichmäßigen Temperaturgang über das Jahr – ein Kennzeichen für die Tropen. Klar kommen hier auch die Niederschläge zur Zeit des höchsten Sonnenstandes, im Südsommer, zum Ausdruck. Im Gegensatz dazu fällt die Regenzeit von *Perth* auf den Winter. Südwestaustralien liegt zu dieser Jahreszeit voll im Bereich der feuchten Westwinde, während es im Sommer vom Hochdruckgürtel erfaßt wird. Ähnliches gilt, wenn auch abgeschwächt, für die südaustralische Metropole *Adelaide*. *Brisbane* verdankt seinen Regenreichtum vor allem dem Nordostpassat – ein bodennaher, feuchter Ausgleichswind, der hier auf das Neuenglandgebirge trifft und beim Aufsteigen ergiebige Niederschläge verursacht. Die Stadt hält unter den größeren Klimastationen Rekorde für Regenmengen, die innerhalb von sechs, zwölf und vierundzwanzig Stunden fielen. Die Metropolen *Sydney* und *Melbourne* sowie *Canberra* und *Hobart* zeigen Werte gemäßigter Breiten. Die relativ niedrigen Temperaturen

Durchschnittliche Temperaturen (T, in Grad Celsius) und Niederschläge (N, in mm) australischer Städte

Monat		Perth	Darwin	Adelaide	Brisbane	Sydney	Canberra	Melbourne	Hobart
Januar	T	23,5	28,6	23,0	25,0	22,0	20,2	19,9	16,5
	N	8	391	20	167	100	61	48	49
Februar	T	23,7	28,4	23,0	24,7	21,9	19,6	19,9	16,7
	N	11	330	21	161	115	59	50	42
März	T	22,2	28,6	21,0	23,5	20,9	17,3	18,3	15,3
	N	20	260	24	144	131	51	54	47
April	T	19,2	28,7	17,7	21,2	18,3	13,1	15,3	12,9
	N	46	103	44	88	126	50	59	55
Mai	T	16,1	27,4	14,5	18,0	15,2	8,9	12,4	10,5
	N	125	14	69	69	123	51	57	49
Juni	T	14,1	25,7	12,1	15,7	12,8	6,4	10,3	8,5
	N	185	3	72	69	133	39	50	59
Juli	T	13,2	25,1	11,1	14,9	11,8	5,4	9,5	7,9
	N	175	1	67	54	104	38	49	54
August	T	13,5	26,1	12,1	15,9	13,1	6,7	10,6	8,9
	N	138	2	62	48	81	47	50	49
September	T	14,8	27,9	14,0	18,3	15,2	9,3	12,4	10,6
	N	81	13	51	48	69	50	59	52
Oktober	T	16,3	29,3	16,5	20,9	17,6	12,4	14,4	12,1
	N	55	50	44	74	76	73	68	64
November	T	19,2	29,6	19,1	22,9	19,4	15,1	16,3	13,8
	N	21	126	31	95	78	64	59	56
Dezember	T	21,7	29,3	21,4	24,5	21,1	18,6	18,4	15,4
	N	14	243	26	129	79	56	58	57
Jahr	T	18,2	27,9	17,1	20,5	17,4	12,7	14,8	12,4
	N	879	1536	531	1157	1215	639	661	633

der Bundeshauptstadt sind der Höhe (rund 600 Meter über dem Meer) zuzuschreiben.

Die Tabelle enthält nur langjährige Durchschnittswerte. Tatsächlich weichen die meteorologischen Daten oft erheblich davon ab. Die Monatstemperaturmittel können etwa in Sydney bis um vier Grad variieren. Gefährlich unberechenbar sind die Niederschlagsverhältnisse im Landesinnern; hier entscheiden unerwartete Dürren oder Überschwemmungen über viele Farmerschicksale und das Überleben von Hunderttausenden Nutztieren.

Für unliebsame Überraschungen sorgen auch tropische Wirbelstürme – «Hurricanes» oder «Willy-willies» –, die vor allem im Sommer Nord-, West- und Ostküste heimsuchen.

Weniger gefährlich, aber unangenehm sind gelegentliche

Abgestorbene Eukalypten am Mount Perisher.

Einbrüche polarer Kaltluft aus dem Süden.

Günstigste Reisezeiten sind vom Klima her für den ganzen Süden September bis April, für den Norden, das Landesinnere und das nördliche Queensland April bis Oktober. Beim Kofferpacken ist zu berücksichtigen, daß in Zentralaustralien im Winter Nachtfröste auftreten können.

che Afrikas, Madagaskar, das brasilianische Hochland, Vorderindien und eben Australien sind Reste dieser riesigen Landscholle.

Das Westaustralische Plateau besteht aus präkambrischen, archaischen Graniten, Gneisen, Schiefern. Darüber liegen zum Teil jüngere, aber noch immer vorwiegend paläozoische Schichten. Alle diese Tafeln und

und Kreideschichten enthalten auch die weiten artesischen Becken, die so wichtig für die Wasserversorgung sind.

Einen ganz anderen geologischen Charakter besitzt Ostaustralien. Hier wurde im Karbon eine Gebirgskette aufgefaltet, deren Reste im Tertiär – im Zusammenhang mit der weltumspannenden alpidischen Gebirgsbildung – erneut zusammenge-

Die spärlich bewachsene Macdonnellkette im Luftbild.

Geologie

Das junge Image, das Australien als spät kolonisiertes Land genießt, gilt nicht für seine geologische Struktur: Es ist überwiegend aus alten Landmassen aufgebaut, ein Teil Gondwanalands, des südlichen Urkontinents, der vor rund zweihundert Millionen Jahren auseinanderzubrechen begann. Weite Berei-

Gebirgsrümpfe wurden seit der Erdurzeit nicht mehr von Gebirgsbildungen erfaßt, wohl aber teilweise vom Meer überflutet. Davon zeugen entsprechende Sedimentablagerungen in der Nullarborebene (Tertiär), in der Großen Sandwüste, vor allem aber im östlichen Landesinneren, das im Mesozoikum ein riesiges Senkungsfeld und Ablagerungsbecken war. Diese Jura-

schoben und gehoben wurde.

Abgesehen von der letzten Eiszeit, welche die Australischen Alpen ebenso erfaßte wie die europäischen, wurden in verschiedenen Teilen des Landes Spuren früherer Vereisungen – im Karbon und Perm – gefunden. Sie deuten darauf hin, daß Australien zu jener Zeit – vor 250 beziehungsweise 300 Millionen Jahren – eine andere Lage auf dem Erdball einnahm als in geologisch jüngerer Zeit.

Australiens Trockengebiete sind von mechanischer Verwitterung gestaltet worden: vor allem durch den Wind, doch auch durch die zwar seltenen, aber heftigen Regengüsse. Diese sind etwa für die scharf eingeschnittenen Schluchten (Gorges) der zentralen Bergketten verantwortlich. Die Winderosion wirkt

herauspräpariert wurde. Ähnliche Inselberge sind die Olgas oder The Granites (beide aus Granit und darum auch speziell geformt).

In der Großen Sandwüste, der Simpson- und der Victoriawüste hat der Wind auch Dünen aufgehäuft. Dieses Urbild von Wüste nimmt jedoch einen verhältnismäßig geringen Teil der australischen Trockengebiete ein.

Die umfangreichen Bauxitvorkommen im Norden des Landes entspringen tropischen Klimabedingungen.

Die Küsten

Rund 37 700 Kilometer Küstenlinie entfallen auf Australien. Da die alten Tafelländer wie Schüsseln am Rand aufgewölbt sind, fallen sie über weite Strecken steil zum Meer oder zu den Küstenebenen ab. Diese sind relativ schmal: an der Westküste bei Perth etwa 65, an der Ostküste bei Sydney etwa 40 Kilometer.

Im Süden und Westen des Kontinents stößt die Wüste unmittelbar an die Ozeane. Die Küste ist insgesamt wenig gegliedert. Buchtenreich sind vor allem das Kimberley-Gebiet und Arnhemland; im Mündungsbereich des Murray in Südaustralien wurden Lagunen aufgeschwemmt. Die Mangroven- und Sumpfküsten im Norden, die vegetationslosen Sandküsten Westaustraliens, die steilen Abstürze im Süden sind seit jeher ausgesprochen verkehrsfeindlich. Auch in dieser Beziehung erwies sich der Südosten als Eingangstor zum fünften Kontinent.

Ein besonders gefährliches Hindernis für die Schiffahrt und gleichzeitig eines der eindrucksvollsten Naturwunder des Landes ist das Große Barriereriff, das sich von der Torresstraße der Ostküste entlang über 2000 Kilometer bis zum südlichen Wendekreis zieht. Das Riff besteht aus Tausenden von Koralleninseln und -bänken, von denen viele bei Flut unter Wasser sind. Die Kalkstöcke wurden von unzähligen Generationen der Weichtiere in Jahrmillionen aufgebaut. Da die Lebewesen sehr empfindlich auf Störungen ihres Ökotopes reagieren, befürchtet man

Schichtrippen aus Arkosesandstein am Ayers Rock.

abschleifend, wie die «Devils Marbles» oder der Ayers Rock zeigen. Der letztere ist kein Monolith, wie immer wieder behauptet wird, sondern ein steilgestelltes Sedimentpaket von Arkosesandstein, das, von einer verfärbten Silikatschicht überzogen, der Erosion von Jahrmillionen besonders gut standhielt und sozusagen aus der weniger widerstandsfähigen Umgebung

Die reichen Minerallagerstätten entfallen hauptsächlich auf die präkambrischen Landmassen des Westaustralischen Schildes: das Gold von Kalgoorlie in anstehenden Algonkiumserien, die großen Eisenvorkommen der Hamersleyberge, aber auch Blei, Zinn und Uran in Arnhemland. Metalle und Kohle entstanden im Osten des Landes bei der paläozoischen Gebirgsbildung.

Die «Zwölf Apostel» südwestlich von Melbourne.

Meerwassertemperaturen

Monat	Perth	Darwin	Adelaide	Brisbane	Sydney	Melbourne	Hobart
Januar	20	29	19	25	22	18	15
Februar	20	29	20	25	22	18	15
März	21	29	20	25	22	17	15
April	21	28	18	24	21	16	14
Mai	20	28	16	22	19	15	13
Juni	19	26	15	20	17	14	12
Juli	18	26	14	20	16	13	12
August	18	24	14	19	16	13	11
September	18	27	14	20	16	13	11
Oktober	18	27	15	21	17	14	12
November	19	29	16	22	19	15	12
Dezember	20	29	17	24	20	16	13

verhängnisvolle Auswirkungen geplanter Ölbohrungen im Schelfbereich. Das massierte Auftreten des Starfish vor einigen Jahren hat die Korallenbestände schon beeinträchtigt.

Einige Dutzend der Koralleninseln sind für den Tourismus erschlossen (Green Island, Fitzroy, Magnetic, Heron Island).

Vegetation und Tierwelt

Australien bildet, da es seit dem Tertiär von anderen Erdteilen durch das Meer getrennt war, eine eigene Fauna- und Florenprovinz. Über vier Fünftel der Pflanzen- und Tierarten kommen ausschließlich hier vor, sind also endemisch.

Nur wenige Teile des Landes sind eigentliche Vollwüste. In den übrigen Gebieten mit weniger als 250 Millimeter Niederschlag im Jahr gedeiht entweder eine dürftige Salzbuschvegetation, deren Hauptvertreter Atriplex – ein bläulicher, ungefähr meterhoher Strauch – jahrelang Feuchtigkeit speichert, oder Stachelschweingras (Spinifex) – spitzhalmige große Büschel, zwischen denen der nackte rote Wüstenboden durchscheint.

Niederschlagsmengen zwischen 250 und 350 Millimeter lassen eine Dornbuschsteppe zu, den Scrub, ein schwer zugängliches Buschwerk, das in wechselnder Zusammensetzung einige hundert Pflanzenarten enthält, darunter Eukalypten, Akazien, Kasuarinen. Der berüchtigte «Mulga-Scrub» besteht vor allem aus eng ineinander verwachsenen Dornakazien. Stellenweise versucht man die Dornbuschsteppen in Kulturland umzuwandeln, wozu allerdings besondere Rodungsmethoden angewendet werden müssen.

Unmittelbar westlich der Australischen Alpen, im Kimberley-Gebiet und in Arnhemland herrscht Savannenwald vor. Vor allem bilden Eukalyptusbäume schöne Parklandschaften. Dazu gehören auch die sehr langsam wachsenden Grasbäume (Black boys) mit ihren mächtigen Schöpfen sowie der Flaschenbaum, der in seinem mächtigen Stamm Wasser speichert.

Subtropischer Regenwald bedeckt die Hänge der östlichen Gebirgsketten. Auch hier dominieren Eukalypten (es gibt mehrere hundert Arten), im Süden kommen die Baumfarne und Araukarien hinzu.

Tropischer Regenwald ist auf die Küstenabschnitte Nordost-queenslands und Arnhemland beschränkt.

In Australien haben sich mehr Arten von Beuteltieren erhalten als in der ganzen übrigen Welt. Die primitive Säugetierordnung hat sich dem Steppenleben perfekt angepaßt: Känguruhs, von denen es etwa 50 Arten gibt, können sogar das stark zellulosehaltige Spinifexgras verdauen, sind glänzende Schwimmer, verstehen auf Bäume zu klettern, um an das begehrte Laub zu gelangen, können bei überraschend geringem Energieverbrauch sehr rasch die Futterplätze wechseln. Um die 40 Millionen dieser Herdentiere sollen derzeit die Trockengebiete bevölkern – zu viele nach der Meinung der Schafzüchter, deren Weideplätze natürlich auch heimgesucht werden. Jedes Jahr

Eukalypten und Grasbäume (Black boys).

71

Jagd auf den Leierschwanz unter Farnbäumen um 1870.

werden deshalb Millionen von Känguruhs abgeschossen und zu Konservenfleisch verarbeitet.

Eine urtümliche Form von Säugern sind die Schnabeltiere in den tropischen Sumpfgebieten. Sie sind mit Schwimmhäuten und entenähnlichem Schnabel versehen und legen Eier, aus denen dann milchsaugende Junge schlüpfen.

Ebenfalls ein Beuteltier ist der berühmte Koalabär. Sehr wählerisch in der Ernährung – er verzehrt nur bestimmte Blätter weniger Eukalyptusarten –, ist er sehr schwer in Zoos zu halten.

Überaus reich ist die Vogelwelt Australiens. Wappentier neben dem Känguruh ist der

Känguruhs.

Koalabär.

straußenähnliche Emu, ein Laufvogel wie auch der in tropischen Landesteilen lebende farbenprächtige Kasuar. Typisch sind auch die schwarzen Schwäne der Westküste, der Keilschwanzadler der Australischen Alpen oder der Lachvogel.

Unter den mehr als 200 Echsenarten gibt es solche, die bis zu drei Meter lang werden.

In den Savannen West- und Nordaustraliens fallen die Termitenbauten auf. Allgegenwärtig und eine Plage für Mensch und Tier sind die Fliegen.

Über die verhängnisvolle Einfuhr europäischer Tiere und Pflanzen wird im Landesporträt berichtet.

Die folgende Zusammenstellung gibt einen Überblick über einige besonders repräsentative Schutzgebiete der mehr als 1200 Nationalparks und Naturreservate. Diese hohe Zahl täuscht allerdings ein zu positives Naturverhältnis vor: Gemessen an der Landesfläche und verglichen mit anderen Ländern, sind diese Reservate recht bescheiden.

Salzwasserkrokodil an der Nordküste.

Nationalparks in Australien

Park	Lage	Besondere Merkmale
Kosciusko National Park	Australische Alpen, Neusüdwales.	Umfaßt die Hochgebirgslandschaft um den höchsten Gipfel des Landes mit Gletscherseen, dichten Eukalyptuswäldern. Winterskigebiet. Er ist ganzjährig besuchenswert.
Myall Lakes National Park	Küste 300 km nördlich von Sydney.	Sanddünen und Lagunen, der Myall River und üppige Föhren-, Eukalyptus- und Palmenwälder. Garnelenfischer halten ihre Fänge feil. Graue Känguruhs, Sumpfwallabies, Seeadler und zahlreiche Wasservögel. Günstigste Besuchszeit: Juni bis September.
Kinchega National Park	Am Darling River, Neusüdwales.	Stauseen und Flußmäander des Darling. Brutgebiet für Enten, Kormorane, Reiher, Ibisse, Schwäne. Rote Riesenkänguruhs und Emus im Grasland. Nationalpark seit 1967. Günstigste Besuchszeit: August, September.
Sturt National Park	Dreiländereck Neusüdwales/Queensland/Südaustralien.	Wüstenpark (seit 1975) mit roten Sanddünen, «Billabongs» (Wasserlöcher), Trockentälern. Salz- und Dornbuschvegetation. Rote Riesenkänguruhs. Günstigste Besuchszeit: November bis März.
Warrumbungle National Park	Dividing Range. Neusüdwales.	Bewaldete Gebirgsfußlandschaft mit zahlreichen bizarren Felskuppen — freierodierte Vulkanschlote aus dem späten Tertiär. Ideale Kletterberge. Günstigste Besuchszeit: Juni bis März.
Port Campbell National Park	Südküste, 240 km westlich von Melbourne, Victoria.	Kliffküste aus gewaltigen verschiedenfarbigen Sandsteinbänken, die von Wind und Wellen teilweise zu bizarren Felstoren und -nadeln zurechtgeschliffen wurden. Darunter die «zwölf Apostel». Günstigste Besuchszeit: September bis Mai.
Wyperfeld National Park	450 km nordwestlich von Melbourne.	Mallee-Steppe mit den typischen Eukalypten, Teebäumen, Kasuarinen, Kiefern. Trockentäler und Seen, die nach Regenfällen unzählige Wasservögel anziehen. Papageien, Kakadus, Mallee-Känguruhs, Mallee-Hühner (mit komplizierter Brutpflege). Günstigste Besuchszeit: Juni bis November.
The Lakes National Park	Südküste, 300 km östlich von Melbourne.	Von Dünen gesäumte Lagunenkette an der Bass-Straße. Mischwald (mit Akazien, Teebäumen, Orchideen). Graue Känguruhs, Sumpfwallabies, Wombats, Schnabeltiere und zahlreiche Wasservögel. Ganzes Jahr besuchenswert.
Fern Tree Gully National Park	35 km östlich von Melbourne.	Schlucht in den Dandenongbergen mit sehr schönen Baumfarnen und Gummibäumen. Leier- und Peitschenvögel, Schnabeltiere, Koalas sowie andere Kleinbeuteltiere. Ganzes Jahr besuchenswert.
Wilsons Promontory National Park	Südspitze des Kontinents.	Altes Granitmassiv, Teil der ehemaligen Landbrücke zu Tasmanien. Sanddünen und -strände, Salzmarschen, mit Farnbäumen bestandene Schluchten. Koalas. Günstigste Besuchszeit: Oktober bis April.
Bunya Mountains National Park	Bunya Mountains, 250 km nordwestlich von Brisbane, Queensland.	Bergregenwald mit den mächtigen, säulengeraden Bunya-Kiefern, deren Nüsse von den Aborigines gegessen wurden und Anlaß zu ausgedehnten Feiern waren. Wasserfälle. Große Populationen von Königspapageien. Günstigste Besuchszeit: Dezember bis Februar.
Carnarvon National Park	Great Dividing Range, 750 km nordöstlich von Brisbane.	Schluchtsystem, das der Carnarvon Creek und seine Seitenflüsse bis zu 200 Meter tief in ein Sandsteinplateau eingeschnitten haben. Üppige, reichhaltige Flora, darunter Palmfarne, Palmen, Orchideen, Farne. Wallabies, Echsen, Kakadus. Sehr schöne Felsmalereien der Ureinwohner. Günstigste Besuchszeit: Mai bis November.
Chillagoe Caves National Park	Atherton-Tafelland, Nordqueensland.	Höhlensysteme in dunkelgrauem Kalkstein. Stalaktiten und Stalagmiten in verschiedensten Farben. Bizarre Kalkfelsnadeln und -pyramiden. Mesozoische Fossilien, vor allem Echinodermen. Günstigste Besuchszeit: Mai bis Oktober.
Heron Island National Park	Großes Barriereriff, Queensland.	Koralleninsel mit Forschungsstation. Dichter Pisonia-Wald. Kasuarinen. Geschützter Legeplatz der grünen Suppenschildkröte; Seeschwalben nisten in den Bäumen. Vielfältige Meeresfauna um die Korallenbänke. Günstigste Besuchszeit: Mai bis November.
Hinchinbrook National Park	Großes Barriereriff.	Insel vor der Nordostküste zwischen Townsville und Cairns. Regenwaldüberwucherte Berge (bis 1095 Meter), Wasserfälle. Mangrovendickicht (mit Forschungsstationen), in dem Reiher, diverse Wasservögel und grüne Baumschlangen leben. Sehr schöner Strand. Günstigste Besuchszeit: Mai bis November.

Park	Lage	Besondere Merkmale
Lizard Island National Park	Großes Barriereriff.	Von Cook besuchte und benannte Koralleninsel. Mit Glasbodenbooten oder tauchend erschließt sich eine großartige Unterwasserlebewelt. Günstigste Besuchszeit: Mai bis November.
Cradle Mountain-Lake — Saint Clair National Park	Tasmanien.	Bewaldetes Vulkangebiet mit mehreren Krater- und Gletscherseen und Wasserfällen. Föhren, Kiefern, Birken. Viele zum Teil endemische Säugetiere: Benett's Wallabies, Opossums, Tigerkatzen und Beutelwölfe. Der Überlandpfad (85 km) führt von Waldheim durch Hochebenen, lichte Eukalyptus- und Birkenwälder. Günstigste Besuchszeit: Oktober bis März.
South West National Park	Tasmanien.	Bergwildnis mit über 50 Gletscherseen, Wasserfällen, weiten Birkenwäldern und Heiden. Bis 100 Meter hohe Südbuchen, Eschen, Lederholz-Eukalypten; Heidekraut und überall Moose, Flechten, Pilze. Günstigste Besuchszeit: November bis Februar.
Flinders Range National Park	150 km nordöstlich von Port Augusta, Südaustralien.	Wüstengebirge aus stark gefalteten präkambrischen Sedimentschichten. Tiefe, zerrissene Schluchten, von hohen Zuckereukalypten bestandene Mulden, rote, orange und ockerfarbene Felslabyrinthe, Salzbusch. Rote Riesen- und graue Hügelkänguruhs, Gelbfuß-Felswallabies, Papageien, Zaunkönige, Bachstelzen und diverse Singvögel. Günstigste Besuchszeit: Juni bis November.
Flinders Chase National Park	Kangaroo Island, Südaustralien.	Mallee-Steppe mit kleinen Eukalyptusarten, im feuchteren Westen hingegen Creeks mit stattlichen, von Farnen und Moos durchwachsenen Bäumen. Graue Känguruhs, Schnabeltiere, Emus, Cape-Barren-Gänse, Papageien und — eingeführt — Koalas. Eindrucksvolle Kalkfelsen am Kap du Couedic. Etwas vorgelagert kleine Insel mit Seehunden und Vögeln. Günstigste Besuchszeit: Oktober bis März.
Nambung National Park	200 km nordöstlich von Perth, Westaustralien.	Wüstenpark inmitten einer vorrückenden Steppenvegetation. Pinnacles Desert besteht aus Tausenden von merkwürdigen Kalksteinsäulen, deren geologischer Ursprung noch immer unklar und umstritten ist. Ganzes Jahr besuchenswert.
Walpole — Nornalup National Park	Südwestecke von Westaustralien.	Küstenlandschaft mit schiffbaren Flüssen, der Nornalupbucht, bewachsenen Sanddünen und üppigem Feuchtwald. Hauptattraktion sind die Karris, eine über 100 Meter Höhe erreichende Eukalyptusart, dazwischen Farne und Akazien. Auf Sand zahlreiche seltene Pflanzen, darunter Orchideen. Wattvögel, Pelikane, schwarze Schwäne. Günstigste Besuchszeit: Oktober bis März.
Hamersley Range National Park	1500 km nördlich von Perth, Westaustralien.	Uralter Gebirgsrumpf aus präkambrischen Sedimentschichten. Zerklüftete Schluchten, deren Wände in verschiedensten Farben leuchten, mit vereinzelten Palmen, Geistereukalypten, Farnen. Günstigste Besuchszeit: Frühjahr und Herbst.
Cape Range National Park	Am Exmouth Golf, Westaustralien.	Halbinsel mit Sanddünen und Kliffs. Steppenvegetation mit Teebäumen. Gelbfußwallabies, Kakadus, Kraniche, Falken. Ganzes Jahr besuchenswert.
Geikie Gorge National Park	Kimberley-Berge, Westaustralien.	Paläozoisches Rumpfgebirge. Der Fitzroyfluß hat fossile (durch tektonische Vorgänge gehobene) Korallenriffe zu spektakulären Formen erodiert und teilweise untertunnelt. In Wasserlöchern Meerfische! Johnstone-Krokodile, Flugfüchse, Reiher, Kormorane, Kakadus, Papageien. Günstigste Besuchszeit: Mai bis August.
Uluru National Park	Im Süden des Nordterritoriums.	Ayers Rock und Mount Olga sind Inselberge, die in Jahrmillionen aus ihrer Umgebung aus weicherem Gestein herauserodiert wurden. Beide galten bei den Eingeborenenstämmen als heilig. Am Ayers Rock Felsmalereien. In der Umgebung Spinifex- und Mulgasteppe. Günstigste Besuchszeit: April bis November.
West-Macdonnell Ranges National Parks	Westlich von Alice Springs, Nordterritorium.	Mehrere Schluchten in der Macdonnellkette — einem Gebirgszug des Erdaltertums. Fische in Wasserlöchern, welche die Trockenzeit nur zum Teil überdauern. Den Creeks entlang Palmen, Eukalypten und kleine Blütenpflanzen. Günstigste Besuchszeit: April bis November.
Katherine Gorge National Park	Bei Katherine, Arnhemland, Nordterritorium.	Schlucht des Katherine River in einem Sandsteinplateau von Arnhemland. Prachtvolle Felsmalereien der Eingeborenen; Känguruhs, Schnabeltiere, Echsen — Tiere, die heute noch in diesem Gebiet anzutreffen sind. Daneben Johnstone-Krokodile, Kakadus, Rotschulter-Papageien, Regenbogenvögel. Steppenvegetation mit Akazien, Orchideen, Lilien. Günstigste Besuchszeit: Mai bis Oktober.
Kakadu National Park	Arnhemland, Nordterritorium.	Flußebenen des Alligatorsystems und Arnhembruchzone. Lagunen und Teiche mit unzähligen Wasservögeln: Ibisse, Enten, Schwäne, Reiher, Pelikane, Elstergänse und anderen. Seeadler, Geier, Wasserbüffel. Felsmalereien der Eingeborenen in den typischen Erdfarben. Wegen Uranvorkommen Interessenkonflikte mit Minengesellschaften. Günstigste Besuchszeit: Mai bis Oktober.

Staatsform

Der Commonwealth of Australia (offizielle Bezeichnung) ist eine parlamentarisch-demokratische Monarchie und Mitglied des Commonwealth of Nations. Die Föderation besteht aus sechs Bundesstaaten – Neusüdwales, Victoria, Queensland, Tasmanien, Südaustralien und Westaustralien – sowie dem Nord- und dem Hauptstadtterritorium. Hinzu kommen einige kleine Außenbesitzungen im pazifischen Raum, außerdem erhebt Australien Anspruch auf einen Sektor in der Antarktis.

Staatsoberhaupt ist seit 1952 Königin Elisabeth II. von England. Sie wird durch einen Bundesgouverneur sowie Repräsentanten in den einzelnen Gliedstaaten vertreten. Sie besitzen Befugnisse wie Begnadigungsrecht, Einspruch gegen Verfassungsverletzungen, Ernennung von Diplomaten, Festlegung der Parlamentstermine. Formell ist der Generalgouverneur auch Oberkommandierender der Streitkräfte. Seit 1982 bekleidet Sir Ninian Martin Stephen dieses Amt. In Oxford geboren, kam er 1940 nach Australien.

Das Bundesparlament besteht aus zwei Kammern: dem Senat (Oberhaus), die Abordnung der Gliedstaaten, und dem Repräsentantenhaus (Unterhaus), das deren Bevölkerungszahl widerspiegelt. Seit 1948 stellt jedes Bundesland zehn Senatoren; 1973 sitzen auch je zwei Abgeordnete der beiden Territorien im Oberhaus. Den 64 Senatoren standen 1979 122 Unterhausmitglieder gegenüber: 43 aus Neusüdwales, 33 aus Victoria, 19 aus Queensland, je 11 aus West- und Südaustralien und 5 aus Tasmanien. Seit 1967 beziehungsweise

1968 sind auch Nord- und Hauptstadtterritorium gemäß ihren Einwohnerzahlen im Repräsentantenhaus vertreten.

Australien besitzt im Gegensatz zu Großbritannien eine geschriebene Verfassung. Die Föderation der früheren australischen Kolonien wurde 1901 geschlossen. Bis 1927 war Melbourne Bundeshauptstadt (zum

Verwaltungsgliederung, Bevölkerung 1981

Staat, Territorium	Fläche (km²)	Einwohner
Neusüdwales	802 000	5 222 000
Victoria	228 000	3 932 000
Queensland	1 727 000	2 312 000
Südaustralien	984 000	1 308 000
Westaustralien	2 526 000	1 292 000
Tasmanien	68 000	427 000
Nordterritorium	1 346 000	130 000
Hauptstadtterritorium	2 000	234 000
Australischer Bund	7 682 000	14 856 000

steten Ärger der Bewohner Sydneys), seither das neugegründete Canberra. Das entsprechende Bundesterritorium wurde allerdings erst 1909 bestimmt.

Verfassungsänderungen sind nur durch Volksentscheide möglich; dabei sind Mehrheiten im Bund sowie in vier der sechs Vollmitgliedsstaaten erforderlich.

Die einzelnen Bundesländer haben wiederum Parlamente und Regierungen. Queensland ist insofern eine Ausnahme, als es 1922 das Oberhaus abschaffte, alle anderen Staaten erarbeiten ihre Gesetze in zwei Kammern. Unter anderem fallen Landwirtschaft, Verkehr, Erziehung, Gesundheitswesen und der Gesetzesvollzug unter die Zuständigkeit der Bundesländer.

Das Zweikammernsystem ist allerdings in dem Sinn fragwürdig, als die Vertreter weniger persönliche oder lokale Interessen vertreten als diejenigen der Partei. So hat der Senat kaum Wiedererwägungsfunktion, da die Fraktionen in der Regel die im Repräsentantenhaus geäußerte Linie ihrer Parteikollegen unterstützen. Abgesehen von Finanzvorlagen, für die das Unterhaus allein zuständig ist, sind die beiden Kammern im übrigen gleichwertig. Tendenziell ist das Oberhaus, dessen Mitglieder nach dem Proporzsystem gewählt werden, eher konservativer als das Unterhaus.

Die dritte Verwaltungsebene betrifft schließlich die einzelnen Gemeinden, die über eigene Legislativen und Exekutiven verfügen.

Regierungschef des Bundes ist seit März 1983 der Labourpolitiker Robert James Lee Hawke, der damit Malcolm Fraser ablöste. Das Kabinett umfaßt folgende Ministerien:
- Handel und Ressourcen
- Industrie und Gewerbe
- Kommunikation
- Nationale Entwicklung und Energie
- Außenpolitik
- Grundindustrie
- Industrielle Beziehungen
- Verteidigung
- Finanzen
- Beschäftigung und Jugendfragen

Commonwealth of Australia

«Wir beginnen mit einer Mitgift des Friedens. Weit hinweggerückt von den aufeinanderprallenden Interessen der Alten Welt, ist unser Volk mit überdurchschnittlicher Schulung ausgestattet, einem größeren Maß von politischem Privileg und einem großzügigeren Anteil individueller und öffentlicher Freiheit als unsere Vorgänger. Ohne Einschränkung übernehmen wir das Erbe jener stolzen Traditionen, welche die Staatskunst und Politik Britanniens zur Bewunderung der Geschichtsphilosophen und zum Modell der Verfassungsarchitekten werden ließen. Wir teilen das nationale Leben und Denken eines Imperiums, dessen Einigkeit sich noch bemerkbar machen soll. In unserer Isolation werden wir beschützt durch den eisernen Wall einer Flotte, die zugegebenermaßen unvergleichlich ist, und durch ein militärisches Prestige aufgrund einer Bilanz, der eine vollständige Niederlage fehlt. Wir besitzen […] alle materiellen Garantien für Wohlstand und Größe. Wir treten als vereinte australische Nation in ein neues Jahr, ein neues Jahrhundert ein.»

Sydney Morning Herald, 1. Januar 1901.

– Soziale Sicherheit
– Innenpolitik und Umwelt
– Transport
– Gesundheit
– Erziehung
– Einwanderung und ethnische Fragen
– Wissenschaft und Technologie
– Administrative Dienste
– Wirtschafts- und Konsumentenfragen
– Hauptstadtterritorium
– Fragen der Veteranen
– Eingeborenenangelegenheiten
– Haus- und Wohnungsbau
– Schatzkanzlei

Alle diese Ministerien befinden sich wie das Parlament und die Regierung in der Bundeshauptstadt Canberra.

Außenpolitik

Bei einer Bevölkerung, die zu 95 Prozent britischer Abstammung ist, prägen die traditionellen Bindungen noch heute die Grundzüge der australischen Außenpolitik. Das Land ist Mitglied des Commonwealth of Nations, der «Erbengemeinschaft» des British Empire, die zur Zeit 43 Nationen mit einer Gesamtbevölkerung von über einer Milliarde umfaßt. Sie wird in Australien noch immer als «Vereinigung ganz besonders und außergewöhnlicher Art» verstanden (Australian Information Service Reference Paper).

Als zweite Konstante besteht seit einigen Jahrzehnten eine enge Beziehung zu den Vereinigten Staaten. Diese allein hatten Australien im Zweiten Weltkrieg vor den drohenden japanischen Übergriffen schützen können – damals war den «Aussies» klargeworden, daß Großbritannien, das einstige Mutterland, nicht mehr in der Lage war, noch irgendwelche globalen Verpflichtungen zu erfüllen.

Civic Centre in Canberra.

Die (konservative) Liberale Partei hatte ihre Wahl 1949 nicht zuletzt dank ihrer farbigen Schilderungen der kommunistischen Gefahr für Australien gewonnen. Robert Gordon Menzies, der damit (nach einem Intermezzo 1939 bis 1941) wieder an die Regierung kam, lehnte sich im Zuge des kalten Krieges eng an die USA. Man spricht deshalb von der Nachkriegszeit nicht

ko in Indochina abzuzeichnen begann und Großbritannien der Europäischen Gemeinschaft beitrat, setzte eine Neuorientierung der australischen Außenpolitik ein.

Schon lange war das Land sich seiner geopolitischen Lage bewußt – der einer leeren, weißen Insel am Rande der dichtbevölkerten südostasiatischen Landmasse. Die Furcht, von «farbi-

80 Millionen und 60 Milliarden. (!) – in Wirklichkeit lag sie um 750 Millionen. Ebenso unsicher zeigten sich die Befragten in bezug auf die geographische Lage des ominösen Landes und die Regierung der «gelben Gefahr».

Aber auch Indonesien wurde in den frühen sechziger Jahren mit Mißtrauen beobachtet. Ein Parlamentarier berichtete nach einem Besuch:

1948: Lebensmittel für Europa.

bloß von der «Ära Menzies» (der Premier regierte bis 1966), sondern auch vom «Age of U.S. Control» – dem Zeitalter amerikanischer Aufsicht –, und manche sahen Australien als einundfünfzigsten Staat Amerikas. Aus dieser engen Bindung ergab sich denn auch die im nachhinein sehr unterschiedlich bewertete Konsequenz, daß australische Truppen in Vietnam kämpften. Als sich das amerikanische Fias-

gen Völkerhorden» überrannt zu werden, geht bis zur Jahrhundertwende zurück. Nach Japan hieß der Angstgegner China. Bei einer Umfrage in Melbourne 1969 wurden dazu Meinungen geäußert wie: «Ich wollte, sie würden ihre Babys in den Jangtse werfen wie früher; dann wären sie nicht so übervölkert.» Die Schätzungen der chinesischen Bevölkerung bewegten sich bei dieser Umfrage zwischen

«Wir Australier schauen nie auf Asiaten herab, wir behandeln sie nie als Minderwertige. Aber es ist erstaunlich, diese Leute zu sehen. Ihre Asiatenköpfe reichten nur bis zu meinem stattlichen Bauch, und ihre schmalen Handgelenke sind nicht größer als mein Finger. Australien muß diesen Völkern helfen. (...) Wir sind das Volk, das dazu berufen ist, Asien zu führen, und wir können ihnen helfen.» (McQueen: Social sketches of Australia. 1888-1975)

Heute ist die australische Beurteilung des südostasiatischen Raumes und der eigenen Rolle darin wesentlich realistischer. Der fünfte Kontinent ist nicht nur Mitglied des Commonwealth, der UNO und des ANZUS-Pakts (Militärbündnis zwischen Australien, Neuseeland und den Vereinigten Staaten), sondern auch (allerdings mit Einschränkungen) der ASEAN, dem Verband südostasiatischer Nationen, dessen Gründungsmitglieder Indonesien, Malaysia, die Philippinen, Singapur und Thailand sind, oder des Südseeforums. Das spiegelt den Willen der Regierung wider, von den früheren Phobien weg zu einer Integration im überaus heterogenen südostasiatischen und pazifischen Raum zu gelangen.

Manche der pazifischen Inselstaaten orientieren sich heute vermehrt an Australien – vor allem, nachdem sich Frankreich im Zusammenhang mit seinen Atomtests auf Mururoa recht unsensibel verhalten hat. Etwa die Hälfte seiner Entwicklungshilfe leistet Australien an diese Nachbarnationen, und zwar zu großzügigen Bedingungen.

Obwohl Japan heute der wichtigste Handelspartner des Landes ist, sind die Kenntnisse über Nippon bei der Durchschnittsbevölkerung bescheiden. Noch immer steht für viele Europa im Zentrum des Interesses, wird die asiatische Nachbarschaft als der «Ferne Osten» bezeichnet.

Eine Interessengemeinschaft besteht natürlich mit dem historisch ähnlich gewachsenen Neuseeland. Zuweilen werden sogar Stimmen laut, die einen Zusammenschluß der beiden Nationen befürworten. Aber das bleibt vorläufig Utopie.

Parteien

Zwar gibt es mehrere Parteien in Australien, doch bestimmen im wesentlichen nur zwei das politische Leben des Landes: die Australische Arbeiterpartei (Australian Labour Party) und die Liberale Partei (Liberal Party).

Obwohl diese beiden Lager traditionellerweise grundsätzlich verschiedene Interessengruppen

Provisorische Sitzverteilung im Bundesparlament März 1983

Partei	Unterhaus	Oberhaus
Liberale	33	24
Labour	75	30
National Country	17	3
Demokraten	–	6
Unabhängige	–	1

repräsentieren, sind die Differenzen zwischen ihnen geringer, als man annehmen würde. Pragmatismus kommt in Australien vor Ideologie, und da ökonomische Fragen stets im Vordergrund stehen, muß sich jeder Anspruch an den gegebenen Verhältnissen orientieren. In den australischen Parteien ist wenig Platz für Utopien; es gibt deshalb auch kaum interne Ausschüsse, die sich mit langfristigen Perspektiven befassen.

Ein weiterer grundsätzlicher Unterschied zu europäischen Demokratien besteht in der relativ straffen Parteidisziplin, die durchaus auch in den liberalen Gruppierungen geübt wird, welche sonst gerne für die Selbstverantwortung des Bürgers plädieren. Abweichungen von der Parteilinie sind selbst in parlamentarischen Ausschüssen nicht üblich. Das macht Gesetzesdebatten nicht besonders attraktiv und Abstimmungen leicht voraussehbar. Eine weitere Folge ist, daß manche Intellektuelle und

Nonkonformisten vor dem Engagement in einer Partei zurückschrecken. Andererseits besteht unter diesen Verhältnissen dauernd die Gefahr der Sezession. Zu den Parteien im einzelnen:

Die *Australische Arbeiterpartei* stützt sich in erster Linie auf die Gewerkschaften, die großen Einfluß auf die Parteipolitik nehmen. Ende des letzten Jahrhunderts als Arbeitnehmerpartei gegründet, genoß sie so starken Rückhalt in der Wählerschaft, daß sie 1910 den Zusammenschluß der bürgerlichen Parteien bewirkte. Radikale Kräfte mit Forderungen wie Verstaatlichung der Produktionsmittel scheiterten allemal am Desinteresse der Basis, der Parteibürokratie und den politischen Verhältnissen im Land überhaupt. Dennoch gehört ein aktiver, regulierender und kontrollierender Staat zu den Grundvorstellungen der Labourpolitik. Der Neigung zum Zentralismus entsprechen etwa Erwägungen zur Abschaffung der einzelnen Staatsparlamente, ein Projekt, das bei den eifersüchtig gehüteten staatlichen Kompetenzen wenig Chancen hat, in absehbarer Zeit ernsthaft diskutiert zu werden.

Labour-Wähler sind vor allem die Industriearbeiter der Großstädte sowie katholische Kreise.

Die heute in der Opposition stehende *Liberale Partei* profilierte sich seit Jahrzehnten als Verfechterin der freien Marktwirtschaft, der Initiative des einzelnen überhaupt. Vor allem seit dem Zweiten Weltkrieg vertrat sie einen entschiedenen Antikommunismus und unterhielt enge Beziehungen zu den Vereinigten Staaten. Paradoxerweise stieg der Einfluß der Zentralregierung gerade unter der liberalen (konservativen) Regierung im Zuge der wirtschaftlichen Entwicklung und der Erschließung großer Rohstoffvorkommen beträchtlich. Auch wurden manche soziale Postulate oft gegen den Widerstand eigener «Hinterbänkler»-Abgeordneter verwirklicht.

Die *National Country Party* entstand in den zwanziger Jahren als Interessenvertretung der Farmer. Rechts der Liberalen eingestuft, gab sie sich stets streng antisozialistisch und freiheitlich, sah sich andererseits immer wieder dazu gezwungen, staatliche Interventionen, Beihilfen und Schutzmaßnahmen im landwirtschaftlichen Sektor zu verlangen. Sie ging verschiedentlich Koalitionen mit der Liberalen Partei ein, vereinzelt sogar (auf kommunaler und staatlicher Ebene) mit der Arbeiterpartei. Allerdings ist sie nicht in allen Staaten des Bundes organisiert.

Von den kleineren Gruppierungen besitzt nur die Kommunistische Partei eine gewisse Tradition. Wie in anderen Ländern teilte auch sie sich in einen prochinesischen und einen prosowjetischen Flügel, wobei die Differenzen heute eine geringere Rolle spielen als noch in den siebziger Jahren. In den vierziger Jahren vermochten die Kommunisten in Queensland einen Abgeordneten zu stellen.

Gewerkschaften

Mehr als die Hälfte der australischen Arbeitnehmer sind gewerkschaftlich organisiert: 55 Prozent gegenüber 40 in der Bundesrepublik, 60 in Österreich, 17 in der Schweiz.

Es gibt über 300 Einzelgewerkschaften, die sich in folgenden Dachverbänden zusammengeschlossen haben:

Der *Australian Council of Trade Unions* vereinigt etwa drei Viertel aller Gewerkschafter, vor allem Arbeiter. Der *Australian Council of Salaried and Professional Associations* und der wesentlich kleinere *Council of Professional Associations* sind Zusammenschlüsse von Angestelltenverbänden, die in den fünfziger Jahren entstanden sind. Sie alle sind vor allem auf der Ebene der einzelnen Gliedstaaten organisiert.

Die australischen Gewerkschaften gelten im allgemeinen als streikfreudig. Bei über der Hälfte aller verlorenen Streikta-

ge waren die Löhne das auslösende Motiv, gefolgt von Protesten gegen die Unternehmensführung. Die Gewerkschaftspolitik ist jedoch durch ein dichtes Netz von Gesetzen und Verordnungen eingeschränkt. Dazu gehört auch, daß die Arbeitnehmerverbände durch die Arbeitsgerichte zu hohen Bußen für ungerechtfertigt erscheinende Streiks verurteilt werden kön-

Arbeitstagverluste durch Streiks

Branche	1975	1977	1979
Bergbau	433 000	274 000	516 000
Industrie	1 743 000	660 000	1 679 000
Bauindustrie	497 000	215 000	360 000
Transportwesen	193 000	213 000	550 000
Insgesamt	3 510 000	1 655 000	3 964 000

Art der Beilegung von Streiks, Streiktage 1979

Verhandlungen	644 000
Vermittlung	28 000
Staatliche Gerichtsentscheide	180 000
Bundesgerichtsentscheide	277 000
Entlassungen, Ausschließungen	—
Geschäftsaufgabe	5 000
Arbeitsaufnahme ohne Verhandlungen	2 754 000

nen, was sie bei ihren bescheidenen Finanzmitteln (aufgrund niedriger Mitgliederbeiträge) unter Umständen empfindlich trifft. Das begünstigt die vielen kurzen Protest- und Warnstreiks, von denen man immer wieder hört.

Eigentliche politische Streiks sind selten. Zwar sind in den Statuten der meisten traditionellen Gewerkschaften noch Bekenntnisse zu sozialistischen Ideen zu finden, doch beschränkt sich die Politik im wesentlichen auf alltägliche Sachprobleme. Besonders effektiv konnten die Arbeitnehmerorganisationen ihre Anliegen unter Regierungen der Australian Labour Party vertreten und durchsetzen, in deren Machtapparat sie Schlüsselpositionen einnehmen.

Im Zeichen von Rezession und Inflation haben sich die Fronten zwischen Arbeitgebern und Gewerkschaften verhärtet. Nachdem etwa der automatische Teuerungsausgleich unter dem

Streik

«Gestern begann der Kohlenstreik in grimmigem Ernst, und zehn- oder zwölftausend Kumpel mit der dreifachen Anzahl von Frauen und Kindern sind vom Nichts für ihr tägliches Brot abhängig.»

Sydney Morning Herald,
9. November 1909.

«Wir nehmen nicht Partei zwischen den Herren und den Bergleuten. Manches kann auf beide Arten gesagt werden, und vielleicht könnte eine leidenschaftslose Untersuchung zeigen, daß es Minenbesitzer wie ihre Angestellten versäumt haben, fair zu handeln. Das steht jetzt nicht zur Debatte. Der entscheidende Punkt ist, daß die Kumpel von Newcastle der Gemeinschaft sozusagen an die Gurgel gingen, und die Herausforderung des Gesetzes wird – welche Ironie! – vom Appell an jedermann begleitet, die Polizei zur Aufrechterhaltung der Ordnung zu unterstützen. Wir sind damit an einer der schwersten Krisen in der Geschichte von Neusüdwales angelangt. [...]»

Sydney Morning Herald,
10. November 1909.

wirtschaftlichen Druck fallengelassen werden mußte (1981), wurden neue Tarifverhandlungen teilweise mit massiver Ellbogentaktik geführt. Gehäufte Kurzstreiks um Bagatellen belasteten nicht nur den Goodwill bei der Bevölkerung, sondern auch das Vertrauen von Investoren und Handelspartnern im Ausland. Erst recht hat die monatelange Bestreikung der lebensnotwendigen Häfen 1981, die sogar zur Ablehnung entsprechender künftiger Versicherungsleistungen an Reedereien führte, Australiens Wirtschaft und Image sehr geschadet.

Bevölkerungsentwicklung

Das Bevölkerungswachstum Australiens spiegelt besonders deutlich die Rolle als Einwanderungsland wider. Aus der Tabelle sind eigentliche Immigrationswellen für die Zeiträume von 1850 bis 1860, 1880 bis 1890 sowie 1950 bis 1970 ersichtlich.

Die Zahl der Ureinwohner für die Zeit der ersten Besiedlung wird auf rund 300 000 geschätzt. Ihren Tiefststand erreichte sie 1933 mit noch 67 000 Menschen. Heute soll es wieder um 160 000 Aborigines geben.

Die Bevölkerungsprognosen für die nächsten Jahrzehnte hängen wesentlich von der Einschätzung zukünftiger Einwanderung ab. Grundsätzlich rechnet man mit etwas tieferen Geburts- und Sterberaten als heute und kommt damit auf eine geschätzte Bevölkerung von 16,7 Millionen im Jahr 2000 ohne weitere Einwanderung. Bei einer von manchen politisch für vertretbar gehaltenen jährlichen Zulassung von 50 000 Immigranten würde Australien dann 18,1 Millionen Einwohner zählen.

Bevölkerungsstruktur

Im Gegensatz zu manchen europäischen Ländern besitzt Australien eine nahezu ideale Bevölkerungsstruktur. Die Alterspyramide weist die typische Form und die übliche Asymmetrie auf: mehr alte Frauen als Männer – das Zeichen für höhere Lebenserwartung. Deutlich tritt jedoch ein Nachkriegs-Ba-

Bevölkerungsentwicklung

Jahr	Einwohner (Mio.)
1860	1,1
1870	1,6
1880	2,2
1890	3,2
1900	3,8
1910	4,4
1920	5,4
1930	6,5
1940	7,1
1950	8,3
1960	10,4
1970	12,7
1980	14,8

Durchschnittliche Lebenserwartung

Jahr	Männer	Frauen
1910	55	59
1920	59	63
1930	64	67
1950	67	72
1960	68	74
1970	68	75
1978	70	77

byboom hervor sowie die sinkenden Geburtenziffern der letzten Jahre.

Seit den fünfziger Jahren ist die Geburtenrate stetig, die Sterberate mit geringfügigen Sprüngen zurückgegangen – klare Anzeichen für bessere medizinische Versorgung, Ausbau des sozialen Sicherungsnetzes, steigenden Lebensstandard wie in den meisten Staaten Westeuropas. Die jährliche natürliche Zuwachsrate der Bevölkerung (also ohne Einwanderung) betrug 1979 0,8 Prozent (BRD 1981: − 1,6 Prozent). Von einer (statistischen) Zweieinhalbkinderehe Mitte der fünfziger Jahre sind die Australier inzwischen bei der Anderthalbkinderehe angelangt.

Den sozialen und wirtschaftlichen Verhältnissen entsprechend, ist auch die Lebenserwartung seit der Jahrhundertwende

stetig gestiegen, wie die Tabelle zeigt. Die auffallende Steigerung seit Anfang der siebziger Jahre beruht in erster Linie auf Fortschritten in Geburtshilfe und Säuglingspflege.

Alle diese «zivilisierten» Werte gelten allerdings nur für die weiße Bevölkerung. Die Lebenserwartung der Ureinwohner wird gegenwärtig auf lediglich 50 Jahre geschätzt.

Die Ureinwohner

160000 Aborigines wurden 1976 ermittelt, wobei die Definition für die Erfassung allerdings Mischlinge miteinschließt.

Die Kultur der Ureinwohner – so ärmlich in ihrem materiellen Gehalt wie reich an ethischen, mythischen und sozialen Bezügen – läßt sich bei der massiven Veränderung ihres Umfeldes

Zum Tanz geschmückte Eingeborene in Queensland.

nur schwer am Leben erhalten.

Erst seit 1967 hat die Bundesregierung Einfluß auf die entsprechende Gesetzgebung in den Gliedstaaten. Kurz darauf wurde ein Bundesministerium für Angelegenheiten der Ureinwohner eingerichtet. Der Maßnahmenkatalog der Regierung zu einer gerechten Politik gegenüber den Aborigines ist lang und zeugt von gutem Willen. Ziel ist

---

Gegen die Wilden

«Wir sind altmodisch genug, unsere europäischen Mitbürger wilden Barbaren – in welchem Teil der Erde auch immer – vorzuziehen. Schützt zuerst die Siedler vor Gewalt und Räuberei; und dann mögen sie Zeit finden, sich mit der Zivilisation der Wilden Neuhollands abzugeben – eine hoffnungslose Mühe!»

Sydney Herald,
8. Oktober 1838.

---

die Anerkennung auf Selbstbestimmung, die den traditionellen wie den europäischen Lebensstil beinhalten kann. Diverse Förderungsprogramme bezwecken die Stärkung kultureller Identität, wirtschaftliche Unabhängigkeit, besseres gegenseitiges Verständnis zwischen den Bevölkerungsteilen. 1977 wurde ein Landrechtgesetz verabschiedet, das wenigstens im Nordterritorium den Ureinwohnern ein Reservat von 250 000 Quadratkilometern einräumt. Erlöse aus etwaigem Bergbau in solchen Gebieten sollen zweckgebundenen Fonds zufließen.

Wenn der «Australian Information Service» in einer Publikation über die Situation der Ur-

einwohner 1980 schreibt: «Es bestehen noch zahllose Schwierigkeiten und Probleme für die Ureinwohner und mit ihnen. Nach fast zwei Jahrhunderten voller Mißverständnisse lassen sich diese Probleme nicht einfach innerhalb von verhältnismäßig wenigen Jahren lösen» – dann zeugt das von einer bemerkenswerten Ehrlichkeit und Selbstkritik. Unter diesem Vorzeichen darf man auch die Versicherung der Regierung glauben: «Aber man widmet ihnen (diesen Problemen) mehr Aufmerksamkeit als jemals zuvor in der australischen Geschichte.»

Ob es gelingt, bei einer so expansiven Zivilisation wie der europäisch-westlichen eine so extrem immaterielle Kultur wie die der Aborigines lebendig zu erhalten, ist allerdings sehr fraglich.

Einwanderung

Ein Fünftel der australischen Bevölkerung – fast drei Millionen Menschen – wurde außerhalb

des Kontinents geboren. Vor allem nach dem Zweiten Weltkrieg galt Australien als klassisches Einwandererland, und die Regierung förderte den Trend aus einer Schreckensvision der «gelben Gefahr» heraus mit gezielter Werbung im übervölkerten Europa.

Eingewöhnungsschwierigkeiten mancher Neuankömmlinge, Konjunktureinbrüche und eine Neuorientierung der australischen Politik gegenüber den südostasiatischen Nachbarn führten auch zu einer Änderung der Zulassungspraktiken. Von 185 000 Einwanderern 1970, der höchsten Jahresquote der Nachkriegszeit, sackte die Immigrantenzahl auf 54 000 im Jahre 1975 ab. 1979 erhielten wieder 72 000 Einreisende die Niederlassungsbewilligung.

Die Tabelle über die Herkunft der Immigranten zeigt aber auch den qualitativen Wandel der Bewilligungspraxis. Stammte jahrzehntelang die Mehrzahl aus Europa – vorwiegend von den Britischen Inseln –, reisten 1979 erst-

Herkunft der Einwanderer 1970 und 1979

Land	1970	1979
Südafrika	1 751	2 921
Kanada	2 080	949
USA	4 909	1 467
Indien, Pakistan	3 500	700
Libanon	3 974	1 032
Malaysia, Singapur	1 501	10 047
Türkei	4 399	687
Großbritannien, Irland	77 522	12 284
Österreich	12 790	742
Bundesrepublik Deutschland	5 106	1 072
Griechenland	10 098	891
Italien	8 843	2 405
Jugoslawien	15 717	1 138
Neuseeland	5 532	15 489
Total Afrika	5 550	4 006
Total Amerika	11 251	4 511
Total Asien	18 000	24 703
Total Europa	144 178	22 090
Total Ozeanien	6 339	16 908
Total	185 325	72 236

mals mehr Asiaten als Europäer zur Gründung einer neuen Existenz in den fünften Kontinent.

Die Zulassungspraxis wird zur Zeit in erster Linie von volkswirtschaftlichen Überlegungen geleitet. Oberste Priorität genießen seit April 1982:
- Einwanderer mit Familienangehörigen in Australien,
- Einwanderer mit besonders gefragten Berufskenntnissen

Heimat – haben auch Ausländer, die nach längerer Abwesenheit nach Australien zurückkehren möchten, relativ gute Chancen, eine Niederlassungsbewilligung zu erhalten.

Bevölkerungsverteilung

Die Bevölkerungsdichte Australiens wird weitgehend vom Klima beeinflußt: Größere Siedlun-

ten – weiten, praktisch menschenleeren Flächen stehen die voneinander ebenfalls weit entfernten städtischen Agglomerationen gegenüber. Obwohl auch in Australien eine gewisse Abwanderung von der City in die Vorstädte stattfand, lebten 1979 mehr als 70 Prozent der Einwohner in Großstädten, also Gemeinden mit über 100 000 Einwohnern.

Griechische Einwanderer in einem Eingliederungslager um 1960.

oder beschäftigungspolitisch erwünschten Betrieben.
Neben Flüchtlingen – seit 1945 fanden hier 400 000 eine neue

Großstädte 1979 in (1000 Einw.)

Sydney	3 193
Melbourne	2 740
Brisbane	1 015
Adelaide	933
Perth	844
Newcastle	380
Canberra	241
Wollongong	224
Hobart	169
Gold Coast	143
Geelong	141

gen entwickelten sich fast ausschließlich an der Südwest- und der Ostküste, die genügend Niederschläge zur landwirtschaftlichen Nutzung bieten. Die höchste Einwohnerdichte haben deshalb bei weitem die «Tore» Australiens, Neusüdwales und Victoria (6,3 beziehungsweise 16,9 Einwohner pro Quadratkilometer) mit den beiden Dreimillionenmetropolen des Kontinents, Melbourne und Sydney.

Die großen Distanzen und die geringe Bevölkerungszahl hatten zur Folge, daß sich die Siedlungsräume inselartig entwickel-

Gesellschaft

Die australische Gesellschaft ist «westlich» im Sinn von industrialisiert, kapitalistisch, wohlhabend, konsumorientiert. Dabei muß man sich stets vergegenwärtigen, daß dieses «leere» Land einen außerordentlich hohen Urbanisierungsgrad aufweist (zwei Drittel der Bevölkerung leben in Großstädten) und seine Bevölkerung relativ jung ist. Dem Klischee nach lebt der Australier in einem Vorortbungalow mit Garten, Schwimmbecken, Farbfernseher. Er hat zwei, drei Kinder, fährt lange mit dem Wagen zur Arbeit in die City; sein Wochenende gehört dem Sport, der Familie und der Pflege des Heims. Es sind die Werte des Mittelstands.

Man spricht jedoch ungern von Klassen, und es gibt manche Autoren, die sie schlichtweg verneinen. So etwa David Herbert Lawrence, der 1923 schrieb: «Es gab tatsächlich keine Klassenunterscheidung. Es gab Unterschiede in bezug auf Geld und Eleganz, aber niemand fühlte sich besser oder höher als irgend jemand anders; nur ‹besser dran›, und zwischen ‹sich besser fühlen› und bloß ‹besser dran sein› klafft eine ganze Welt.»

Dem steht das Selbstverständnis gegenüber, das Australier bei verschiedenen Befragungen zeigten. Sprechweise und Akzent, Wohnviertel und Lebensstil werden schon als Grenzen empfunden. Dennoch sind die Unterschiede merkwürdig verwischt. Das Stereotyp des «Aussies» ist ein Arbeiter – Hut im Nacken, Bierglas in der Hand, Zigarette lässig im Mundwinkel. Diesen Australier sieht man natürlich kaum. Auch hat sich das Gefühl der Schichtzugehörigkeit in den vergangenen Jahrzehnten verändert: Bezeichneten sich 1949 noch 37 Prozent der Männer als Vertreter der Arbeiterklasse, waren es 1962 nur noch 11 Prozent. Das spiegelt gewiß eine negative Befrachtung des Klassenbegriffs unter dem Zeichen des kalten Krieges, vielmehr aber den Aufschwung des Dienstleistungssektors auf Kosten der Industrie sowie eine Verstärkung bürgerlicher Werte wider. Die Unterschiede im Lebensstil von Arbeitern, Angestellten, Managern sind heute nicht groß; es besteht eine relativ

hohe soziale Mobilität, wenn auch nicht in dem Maße, wie es sich manche vorstellen. Kaum jemand spricht von Aristokratie oder Oberschicht – die Fünfprozentelite bezeichnet sich als obere Mittelklasse. Geld, wirtschaftliche und politische Macht durchdringen sich dabei so, daß einige Beobachter darin eine Gefahr für die australische Demokratie erblicken.

Erwerbstätige 1980 (in Tausend)

Berufszweig	Männer	Frauen
Höhere und technische Berufe	474	397
Administration, Management	350	60
Büro	316	740
Verkauf	267	306
Landwirtschaft, Fischerei	356	89
Verkehr, Kommunikation	277	50
Industrie, Gewerbe, Bergbau	1 713	234
Soziales, Freizeit	228	381

Die Einwanderungswellen der Nachkriegszeit haben das böse Wort WASP (Wespe für «White Anglo Saxon Protestant») weitgehend zum Verstummen gebracht. Die australische Gesellschaft hat sich als erstaunlich aufnahmefähig für die zweieinhalb Millionen Immigranten seit dem Zweiten Weltkrieg erwiesen. Gewiß gibt es auch hier Gettos, die nicht immer auf Freiwilligkeit beruhen, klaffen Erwartungen und Realität manchmal für Eingesessene wie Zugezogene auseinander, aber die Behörden haben aus Fehlern der Vergangenheit gelernt.

Eine Bevölkerungsgruppe, deren Benachteiligung bei allen Bemühungen zur Integration der Einwanderer und Rehabilitation der Aborigines weitgehend übersehen wurde, sind die Frauen. Seit Anfang des Jahrhunderts zwar wahlberechtigt, blieben sie in manchen Belangen rechtlich wie wirtschaftlich gegenüber den Männern diskrimi-

niert. So sind sie auch heute noch bei der Berufsausbildung, in gehobenen Positionen des Berufslebens, in Ämtern und Behörden deutlich untervertreten. Seit 1972 vertritt die «Womens' Electoral Lobby» die Interessen der Frauen im Hinblick auf Wahlen, und 1977 wurde unter der Labourregierung Gough Whitlams ein Büro für Frauenfragen eingerichtet. Bis jedoch die vielen

Einkommensverteilung 1978/79

Einkommen (AUS$)	Männer	Frauen
		(Tausend)
1 – 500	47	658
500 – 1 000	47	354
1 000 – 2 000	125	369
2 000 – 3 000	447	812
3 000 – 4 000	292	513
4 000 – 5 000	201	325
5 000 – 6 000	226	253
6 000 – 7 000	193	246
7 000 – 8 000	248	234
8 000 – 9 000	319	263
9 000 – 10 000	344	209
10 000 – 12 000	707	268
12 000 – 14 000	562	123
14 000 – 16 000	375	73
16 000 – 18 000	248	34
18 000 – 20 000	141	17
20 000 – 25 000	165	16
über 25 000	122	14

Durchschnittliche Stundenlöhne (AUS$)

Jahr	Männer	Frauen
1974	2,64	2,31
1975	2,94	2,74
1976	3,38	3,17
1977	3,72	3,50
1978	4,02	3,75
1979	4,21	3,89

Kriminaldelikte 1976 bis 1979

Delikt	1976/77	1977/78	1978/79
Mord, Tötung	765	670	784
Überfälle	3 538	4 154	4 923
Raub	3 070	3 577	3 683
Vergewaltigung	928	983	998
Einbruch	128 290	147 156	161 996
Motorfahrzeugdiebstahl	53 708	62 295	67 738
Betrug, Fälschung	51 771	57 629	64 647

Vorurteile – nicht zuletzt bei den Frauen selbst – abgebaut sind und Gleichberechtigung in allen wichtigen Bereichen verwirklicht sein wird, dürfte gerade in einem wirtschaftlich unfreundlicheren Klima noch etliche Zeit verstreichen.

Die wirtschaftlichen und technologischen Umwälzungen der jüngsten Zeit bringen ohnehin neue Spannungen in das soziale Gefüge des Landes. Wo Ressourcenboom und rasche Gewinne mit zunehmender Arbeitslosigkeit kontrastieren, kommt das Egalitätsgefühl der Bevölkerung, das bisher Stabilität garantierte, langsam ins Wanken. Die Kluft zwischen arm und reich wird augenfälliger. Soziale Konflikte könnten auch in Australien häufiger werden.

Karriere

«Unter Australiens Mittelklasse ist die puritanische Arbeitsethik bei weitem nicht ausgestorben. In Zeiten der wie Pilze aus dem Boden schießenden Zweigfirmen und konstanten Mobilität ehrgeiziger Kader ist es die Familie, die als bloßes Gepäck im Dienst der Karriere mitgeschleppt wird.»

Ronald Conway: *Land of the Long Weekend*. 1978.

Freizeit und Sport

Bei einer wöchentlichen Arbeitszeit von durchschnittlich knapp vierzig Stunden spielt die Freizeit im Leben der Australier eine wichtige Rolle. Allerdings nimmt der übliche lange Arbeitsweg schon etliche Stunden pro Woche in Anspruch.

Freizeit bedeutet hier, auf einen einfachen Nenner gebracht: Haus und Garten, Fernsehen, Ausflüge, Sport. Kultur im engeren Sinn ist kein Massenanliegen, so urban die australische Gesellschaft auch ist.

Landesnatur und Klima begünstigen Aktivitäten im Freien. Wochenendausflüge an die Küsten oder in den Busch sind im Automobilzeitalter eine Selbstverständlichkeit.

Äußerst populär ist Sport. Schätzungsweise ein Drittel der Bevölkerung soll in entsprechenden Vereinen organisiert sein. Wer erinnert sich nicht auch an Spitzensportler des fünften Kontinents: die Tennisspieler und -spielerinnen Rod Laver, John Newcombe, Margaret Court, Evonne Cawley-Goolagong; die Schwimmerin Dawn Fraser; an Läufer wie Herb Elliot? Doch neben diesen international beachteten Sportarten erregen vor allem «Footie» (eine australische, bedeutend härtere Abart des American Football), Kricket und Rennsport die Gemüter. In der Zeit der Hochkonjunktur

sind Einrichtungen gebaut worden, die auch Großveranstaltungen wie die Olympischen Spiele von 1956 in Melbourne oder Commonwealth-Spiele (1938, 1962, 1982) ermöglichten.

Die Entwicklung weist jedoch auch Schattenseiten auf. Der Aufschwung des Fernsehens hat die bloße Konsumhaltung gefördert, und die Entdeckung der Sportler als Werbeträger hat den Sportplatz zur Arena, den Spaß zum Busineß gemacht. Private Sponsoren haben die Preisgelder in den publikumswirksamen Sportarten in den letzten Jahren enorm gesteigert.

Seit Untersuchungen von städtischen Jugendlichen deutliche Anzeichen von Fehlernährung und Bewegungsmangel ergeben haben und der Drogenkonsum erschreckend zugenommen hat, setzt sich die Regierung mehr für Freizeitbelange ein. Mit «Life, Be in it» (etwa: Leben – mach mit!) wird seit 1977 auf Bundesebene ein aktiverer Lebensstil als Ausgleich zu Arbeit, Fernsehen und Bier propagiert. Nach Umfragen haben sich ein Drittel der Befragten das Motto zu Herzen genommen.

Automobilkultur

«Die Hälfte der Zeit wird das Auto eher als Mittel zur Flucht gebraucht, als um einander zu treffen. [...] Zu verkünden (wie ich es öfters tat), daß man gerade keinen Wagen besäße, und zwar seit mehreren Jahren, stieß jeweils auf verblüfftes Schweigen...»

Ronald Conway: *Land of the Long Weekend*. 1978.

In seinem 1978 erschienenen Buch *Land of the Long Weekend* sieht der Psychologe Ronald Conway solche Probleme zusammen mit Alkoholismus, hohen Selbstmordraten, exzessivem Auto- und Fernsehgebrauch als Symptome einer körperfeindlichen Lebenshaltung und eigentlichen Wohlstandsverwahrlosung, eine Diagnose, die offensichtlich auch bei den Behörden – zumindest teilweise – Zustimmung findet.

Massenmedien

Die australische *Presse* besitzt ihren Urahn in der 1803 erstmals erschienenen *Sydney Gazette*, herausgegeben von einem Sträfling. Die ersten Blätter kollidierten öfters mit der Staatsgewalt. Doch schon von den dreißiger Jahren des letzten Jahrhunderts an wagten es die Gouverneure nur selten, sich mit den oft unbequemen und aggressiven Schreibern ernsthaft anzulegen.

Von diesen Pionierblättern überlebte nur eins: der *Sydney Morning Herald*, der unter diesem Namen seit 1842 besteht; die meisten Neuerscheinungen waren kurzlebig.

Heute gibt es rund fünfhundert Zeitungen in Australien. Die meisten wahren hartnäckig ihre politische Unabhängigkeit, auch wenn technologische Umwälzungen (Foto- statt Bleisatz) und ökonomische Zwänge (die Werbung bringt durchschnittlich zwei Drittel des Ertrags) manchen kleineren Blättern Schwierigkeiten bereiten.

Trotz einem Gesetz, das den Privatbesitz von größeren Zeitungen verwehrt, beherrschen zu Gesellschaften erweiterte Familienkonzerne einen beachtlichen Teil der australischen Presse. Die «Herald and Weekly Times

Limited» besitzt neben zwei der drei Melbourner Tageszeitungen mehrere Provinzblätter, Magazine, den Fernsehkanal HSV 7 und zwei Radiostationen. Ähnliches Gewicht hat die «John Fairfax» in Sydney. Neben dem angesehenen *Sydney Morning Herald* gehören ihr *The Sun, The Sun Herald, The Australian Financial Review*, die *National Times*, ein Wochenblatt, sowie verschiedene Provinzzeitungen, Magazine, Fernsehkanal ATN 7 und mehrere Radiostationen.

In Europa am bekanntesten ist Rupert Murdochs Imperium, dem neben Zeitungen wie der legendären Londoner *The Times* acht große australische Tageszeitungen, Magazine sowie zwei Fernsehkanäle angehören. Beteiligungen bestehen auch in medienfremden Branchen.

Ein viertes Medienkonglomerat ist die Consolidated Press in Sydney, deren Paradepferd das Frauenmagazin *The Australian Women's Weekly* darstellt.

Vom Inhalt her überwiegend konservativ, waren die führenden Zeitungen recht aufgeschlossen gegenüber technischen Neuerungen. 1915 führte die Wochenzeitung *Mirror of Australia* den Bildjournalismus ein; zur ruhmreichen Fortsetzung wurde dann das 1922 in Melbourne gegründete *Sun-News-Pictorial*. Sonntagsblätter erschienen gegen den heftigen Widerstand puritanischer Kreise in den neunziger Jahren des letzten Jahrhunderts. Inzwischen sind die großen Zeitungen mit allen Reportage-, Kommentar-, Spezial- und natürlich umfangreichen Inserateteilen zu manchmal monströsen «Büchern» von über 200 Seiten angeschwollen.

Manche ethnischen Gruppen verbreiten Nachrichten in der jeweiligen Muttersprache. In Sydney erscheinen dreimal wöchentlich zwei griechische Zeitungen mit Auflagen von immerhin um 30 000 Exemplaren. Auflagenstärkstes Immigrantenorgan ist die italienische Wochenzeitung *Il Globo* mit 40 000 Stück. Die deutschsprachige *Neue Welt* erreicht um die 20 000 Leser.

Wichtigste Nachrichtenagentur ist die Australian Associated

Auflagenstärkste Zeitungen und Magazine 1981

Titel	Erscheinungsort	Auflage
The Sun News-Pictorial	Melbourne	628 000
The Herald	Melbourne	383 000
Daily Mirror	Sydney	346 000
The Sun	Sydney	342 000
Daily Telegraph	Sydney	307 000
The Courier-Mail	Brisbane	270 000
Sydney Morning Herald	Sydney	260 000
The West Australian	Perth	253 000
The Age	Melbourne	244 000
The Advertiser	Adelaide	230 000
The News	Adelaide	163 000
The Telegraph	Brisbane	154 000
The Australian Women's Weekly		879 000
TV Week		635 000
New Idea		572 000
Reader's Digest		545 000
Woman's Day		450 000
Australian Family Circle		386 000
Better Homes and Gardens		198 000

Press (AAP), Partner von Reuter und getragen von den großen australischen Blättern.

Ein Vergleich der Auflagen von 1968 und 1981 zeigt, daß die Mehrzahl der Zeitungen in ihrer Entwicklung stagniert, manche in ihrer Verbreitung schrumpfen. Das geschieht zweifellos zugunsten der elektronischen Medien, die vor allem im Outback heute unentbehrlich sind.

of Australian Radio Broadcasters» und sind verpflichtet, ein Fünftel ihrer Sendezeit mit australischen Kompositionen zu bestreiten.

In den letzten Jahren sind zudem öffentliche Stationen entstanden, die Programme für Minderheiten und lokale Zielgruppen – etwa zur Erwachsenenbildung – fremdsprachliche Nachrichten ausstrahlen.

Im Jahr 1979 waren 97 Prozent aller australischen Haushaltungen mit Fernsehern ausgerüstet, 78 Prozent mit Farbempfängern. 1975 hatte man das PAL-System eingeführt.

Schulen

Das Erziehungswesen fällt in die Kompetenz der einzelnen Gliedstaaten. Obligatorische und ko-

Holzhackwettbewerb – noch heute ein Volksfest.

Die Anfänge des australischen *Radios* gehen in die zwanziger Jahre zurück, als den Abonnenten Geräte angeboten wurden, die nur die jeweils gewählte Station empfangen konnten, während Frequenzen, für welche der Hörer keine Konzessionsgebühren bezahlte, versiegelt waren. 1932 entstand die Australian Broadcasting Commission (ABC), die heute über hundert Stationen betreibt. Daneben bestehen gegenwärtig 128 kommerzielle Sender. Alle unterliegen dem Kodex der «Federation

Das *Fernsehen* nahm den Betrieb 1956 mit dem Sender TCN 9 in Sydney auf. Heute gibt es über 80 öffentliche und 50 kommerzielle Anstalten, dazu Video- und Lokalstationen. Programmdiskussionen drehen sich immer wieder um den Anteil australischer Produktionen. Aus Kostengründen sind die Anstalten gezwungen, britische und vor allem amerikanische Serien zu senden. Bei zur Hälfte einheimischem Stoff sehen manche Kritiker jedoch weniger ein Problem der Quantität als der Qualität.

stenlose Schulpflicht besteht für alle Kinder zwischen sechs und fünfzehn Jahren. Immerhin ein Fünftel der Schüler besucht nicht die staatlichen, sondern konfessionelle (vor allem katholische) oder private Lehranstalten, die allerdings bestimmte Rahmenbedingungen einhalten müssen.

Die Primarschule dauert sechs bis sieben, die Sekundarschule drei bis sechs Jahre. Differenzen zu mitteleuropäischen Schulsystemen zeigen sich vor allem auf dieser zweiten Stufe, die – zumindest vom dritten Jahr an –

**Berufsschulprogramme,
Studenten 1979 (in Tausend)**

Studienrichtung	Studenten
Angewandte Wissenschaften ..	10
Graphik und Design	79
Baugewerbe	72
Handel	159
Technik	180
Landwirtschaft, Gartenbau	28
Krankenpflege	5
Dienstleistungen	143
Allgemeinbildung	205

**Fachhochschulprogramme,
Studenten 1979**

Studienrichtung	Frauen	Männer
Landwirtschaft	473	1 474
Angewandte Wissenschaften	4 806	9 670
Kunst und Design	5 868	4 712
Bautechnik, Architektur	803	4 339
Wirtschaft	8 223	25 817
Ingenieurwesen	177	10 156
Geisteswissenschaften	14 260	8 323
Musik	1 101	674
Paramedizin	7 260	2 570
Lehrerbildung	32 896	12 065
Total	75 867	79 800

**Universitätsprogramme,
Studenten 1979**

Studienrichtung	Frauen	Männer
Humanwissenschaften	27 559	18 197
Kunst	617	445
Sozialwissenschaften	6 338	3 896
Recht	2 926	6 553
Erziehungswissenschaften	7 391	6 150
Wirtschaft, Verwaltung	4 550	15 902
Medizin	4 469	7 156
Zahnmedizin	364	1 357
Naturwissenschaften	8 538	17 573
Ingenieurwissenschaften	515	11 474
Architektur, Bauwesen	722	2 755
Land- und Forstwirtschaft	616	2 326
Veterinärmedizin	528	939
Total	65 556	95 254

eine breite Palette von Wahlfächern anbietet. Dazu gehören nicht nur Maschineschreiben oder Stenographie, sondern etwa auch Konsumentenfragen oder Verkehrssicherheit. Die einzelnen Schulen sind in diesen Bereichen verhältnismäßig frei.

Für den Übertritt in die meisten berufsbildenden Schulen sind mindestens zehn Grundschuljahre erforderlich. Die bei-

Schulunterricht im Outback – per Funk.

den letzten Jahre der Sekundarschule (11 und 12) entscheiden über die Zulassung an die Hochschulen.

Die Berufsschulen bereiten nicht nur auf den Eintritt ins Erwerbsleben vor, sondern bieten verschiedenste Fortbildungskurse. Nur wenige Prozent der Kursteilnehmer belegen ein volles Pensum. Die «Technical and further education» (TAFE) vermag auch Lücken im früheren Bildungsweg zu schließen.

Colleges sind eine Mischung von Fach-Mittel- und Hochschu-

le. 1979 gab es in Australien einundsiebzig solcher Lehranstalten. Der Unterrichtsbetrieb entspricht weitgehend demjenigen an den Universitäten, die Programme sind jedoch in der Regel stärker praxisbezogen. Ein Dreijahreskurs führt zum Bachelorgrad. Nur rund zehn Prozent der Studenten streben hier ein höheres Diplom an.

Australien verfügt gegenwär-

tig über neunzehn Universitäten. Sie sind die Zentren der Forschung und bieten die entsprechende akademische Ausbildung. In den meisten Studienrichtungen beschränkt ein Quotensystem die Zahl der Studienanfänger. Die Grundkurse dauern normalerweise drei bis vier Jahre (Bachelor degree), ein bis zwei weitere Jahre führen zum Master-, drei bis fünf Jahre zum Doktorgrad.

Die große Zahl von Einwanderern mit sehr unterschiedlichem kulturellen Hintergrund

89

Schüler und Studenten 1979 (in Tausend, ohne Universitäten)

Staat	Öffentliche Schulen	Katholische Schulen	Übrige Privat-schulen	Total
Neusüdwales	808	188	37	1 033
Victoria	614	158	53	826
Queensland	349	78	17	444
Südaustralien	225	27	13	264
Westaustralien	207	35	11	253
Tasmanien	73	10	4	87
Nordterritorium	21	3	0,3	25
Hauptstadt	39	13	2	55
Total	2 337	512	138	2 987

sowie die weite Streuung der Bevölkerung im Landesinneren haben in Australien schon früh zu besonderen Unterrichtsformen und -programmen geführt. Fernkurse über Radio, Fernsehen und auf dem Korrespondenzweg bieten auch den Bewohnern des Outback eine Fülle von Möglichkeiten.

Die Kinder von Einwanderern genießen heute am Anfang zweisprachigen Unterricht – in ihrer jeweiligen Muttersprache und Englisch. Man möchte damit die Tradition der verschiedenen Herkunftsländer respektieren und bewußt als andersartig in die australische Gesellschaft integrieren. Ähnliche Programme bestehen auch für erwachsene nichtenglischsprachige Immigranten. Sie unterstehen dem Bundesministerium für Einwanderung und ethnische Angelegenheiten.

Unter dem Druck zunehmender Arbeitslosigkeit widmet vor allem die Bundesregierung in letzter Zeit ihre Aufmerksamkeit vermehrt den Möglichkeiten zur effektiveren Eingliederung der Schulabgänger ins Berufsleben. Sie finanziert zum Beispiel Kurse für jugendliche Arbeitslose, die unter anderem Bewerbungstechniken und ein besseres Verständnis des Arbeitsmarktes vermitteln.

Kultur

Das australische Kulturleben ist stark von der Bindung an das einstige britische Mutterland geprägt. London blieb bis in die Gegenwart hinein der Maßstab für jegliche Kunst außer vielleicht Film. In einem Land der Siedler und Goldgräber war sie ohnehin lange nur ein Anliegen wohlhabender Bürger in den Großstädten. Nur allmählich findet Australien zu kultureller Eigenständigkeit, wird die Szene auch durch die Einflüsse nichtbritischer Einwanderer farbiger und vielfältiger.

Literatur

Die Literatur erlebte in der zweiten Hälfte des 19. Jahrhunderts einen Aufschwung mit dem erwachenden Nationalbewußtsein. Die damals entstandenen Legenden und Balladen über Verrat oder das Leben im Busch werden heute wieder mehr gefragt als mancher Lyrikband. Bold Jack Bonalue oder Bold Ben Hall – eine australische Version von Robin Hood – leben im Volksmund weiter.

Die spätere Prosa war lange im herrschenden puritanischen Geist moralisierend. Gute Prosa entstand im wesentlichen erst in

diesem Jahrhundert mit Martin Boyd, ein Kosmopolit, der nicht zuletzt die Spannungen zwischen britischem Erbe und australischer Realität aufzeigt; Christina Stead, die in brillantem Stil differenzierte Charaktere zeichnet; Xavier Herbert, der in epischer Breite den prägenden Einfluß und die herbe Schönheit des nördlichen Outback schildert; Hal Porter, ein feiner Stilist; und schließlich der Nobelpreisträger

Bundesbeiträge für Kultur 1980/1981 (Millionen AUS$)

Australische Ballettstiftung	1,5
Australische Oper	3,0
Elizabethan Theatre Trust Orchester	2,5
Arts Council Programme	1,2
Eingeborenenkunstkommission .	1,7
Gemeinschaftskunstkommission .	2,0
Kunsthandwerkskommission . . .	1,2
Literaturkommission	1,6
Musikkommission	1,6
Theaterkommission	6,5
Filmkommission	1,4

(1973) Patrick White, welcher Grundkonflikte menschlicher Existenz in der australischen Provinz ansiedelt.

Kürzlich ist übrigens ein Wörterbuch des australischen Dialekts erschienen: Macquarie Dictionary, Macquarie University, Sydney 1982.

Malerei

Bis zu Beginn des 20. Jahrhunderts kam die australische Malerei kaum über Epigonentum und Akademismus – die bloße Auseinandersetzung mit europäischen Stilen und Formen – hinaus. Noch im Jahr 1938 stieß die Gründung der Contemporary Art Society weithin auf Opposition.

1956 bis Mitte der sechziger Jahre war die Zeit des Action Painting; seither findet eine zunehmende Aufsplitterung der verschiedenen Richtungen statt. Australien ist überdies kein goldener Boden für die Künstler – nicht umsonst leben manche im Londoner Exil.

Bekannteste Namen sind etwa: Arthur Boyd, Sidney Nolan, Albert Tucker (Expressionisten); Russell Drysdale, Lloyd Rees (Väter der australischen Landschaftsmalerei); Roy de Maistre (Kubismus); Dick Watkins, Syd Ball (neue abstrakte Malerei).

In allen Hauptstädten der volkreichen Bundesländer gibt es Gemäldesammlungen. 1973 wurde der Grundstein gelegt zur Australian National Gallery. Dieses erste große Bundesmuseum in Canberra soll eine repräsentative Sammlung australischer Kunst aus allen Epochen, eingeschlossen das Schaffen der Aborigines, enthalten.

Theater

Das australische Theater wurzelt in den improvisierten Schaubühnen, die seit den Anfängen der Strafkolonie bestanden.

Entscheidende Anstöße erhielt es Mitte des 19. Jahrhunderts durch George Coppin – Wanderschauspieler, Impresario und schließlich Parlamentarier in Melbourne. Er verpflichtete etwa 1863/1864 berühmte englische Altstars zu Shakespeare-Darbietungen – zum großen Stolz der australischen guten Gesellschaft, die sich gerne britischer als die Briten gab. Neben dem klassischen Repertoire wurden in dieser Zeit Sensationsstücke und Melodramen mit australischem Hintergrund vor einem breiteren Publikum aufgeführt. In den Boomjahren schossen Theaterhäuser sogar in manchen Provinzstädten aus

dem Boden, und fette Gagen lockten vor der Jahrhundertwende europäische Bühnengrößen wie Sarah Bernhardt oder Adelaide Ristori zu Vorstellungen nach Australien.

Die Weltwirtschaftskrise anfangs der dreißiger Jahre sollte sich als größerer Feind für das Theater erweisen als das Kino. Das Publikum blieb aus. Während deshalb die meisten Häuser

geschlossen werden mußten, entstanden jedoch zahlreiche Amateurspielgruppen.

Neue Impulse erhielt das offizielle Theater erst wieder nach dem Zweiten Weltkrieg, als die Londoner Old Vic Company mit Laurence Olivier und Vivien Leigh 1948 eine Australientournee absolvierte. Der Besuch der englischen Königin 1954 führte schließlich zum Elizabethan

Innenraum der Oper von Sydney.

Theatre Trust und damit einer Trägerschaft, die Schauspiel, Oper, Ballett erstmals in nationalem Rahmen fördern konnte. Obwohl Rückschläge nicht ausblieben, erlebte das Drama eine Blüte, indem es Probleme wie Urbanisierung und Vorstadtmief, Einwanderung, den «heiligen» Anzac-Gedenktag (zu Ehren der hunderttausend in den Weltkriegen gefallenen Australier) oder Sportfanatismus zu reflektieren begann.

Im Zeitalter des Fernsehens ist die Situation des Theaters wieder schwieriger. Während die großen Bühnen noch immer vor allem ein gesellschaftliches Forum bilden, müssen kleine Theater Experimente oft mit finanziellen Opfern bezahlen, obwohl der Arts Council of Australia, die zuständige Bundesbehörde, sowie staatliche, kommunale und private Geldgeber an manche von ihnen Unterstützungsbeiträge ausrichten.

Das prestigereiche Opernhaus von Sydney ist Sitz der Nationaloper, die auch Gastspiele in anderen größeren Städten des Landes gibt. Gerade solche Tourneen verschlingen jedoch bei den riesigen Distanzen Australiens sehr viel Geld.

Australisches Nationalballett mit Rudolf Nurejew.

Sarah Bernhardt in Sydney

«Der erste Auftritt von Madame Bernhardt auf den Brettern eines unserer Theater heute abend ist ein Ereignis in unseren künstlerischen Annalen. Die eminente Schauspielerin ist so groß in ihrem eigenen Stil, ihre darstellerische Reputation so hoch und ihr Ruhm so weltweit, daß die Verpflanzung dieses einzigartigen Stars der europäischen Bühne in diesen Teil der Welt als epochal gelten muß. […]

Die Tatsache, daß Madame Bernhardt ihren Weg an unsere Gestade fand, ist eine Anerkennung des Geschmacks und der Diskrimination des australischen Publikums und ein Zeichen, daß die öffentliche Meinung in Europa zu genauerer Kenntnis und gerechterer Einschätzung der intellektuellen Bedingungen hier erwacht.»

Sydney Morning Herald, 22. Juli 1891.

Film

Australiens lange Tradition in den Filmbereichen Berichterstattung, Dokumentation und Ethnographie begann bereits 1896, als ein Kameramann der Lumières die Segelregatta in Melbourne filmte. Im darauffolgenden Jahr wurde ein Dokumentarfilm über die Ureinwohner Australiens gedreht. Sir William Baldwin Spencer begann dann 1901 die Eingeborenen Zentralaustraliens zu filmen. Den 66 Minuten langen Film *The Story of the Kelly Gang*, der 1906 zu Weihnachten im Rathaus von Melbourne uraufgeführt wurde, hält man für den ersten abendfüllenden Film der Welt.

Während des Ersten Weltkriegs vom europäischen Filmgeschehen abgeschnitten, entfaltete sich der australische Film im eigenen Land. Raymond Longford, der bekannteste Filmregisseur dieser Zeit, hatte bis 1920 bereits 19 Spielfilme inszeniert, als er den Film *The Sentimental Bloke* drehte, der in den internationalen Filmverleih kam und in England ein bemerkenswerter künstlerischer und finanzieller Erfolg wurde. Charles Chauvel begann seine dreißigjährige Karriere als Regisseur mit dem Film *Moth of Mombi* (1926). Australien wurde jedoch ebenso wie andere Länder ab Mitte der zwanziger Jahre ein Absatzgebiet für Hollywoodfilme, und die eigene Produktion ging zurück. Unter den Filmen, die von Zeit zu Zeit noch hergestellt wurden, war auch *Out of the Shadows* (1930), der gleichzeitig Australiens erster Tonfilm war. Der Todesstoß für praktisch jede eigenständige Produktion kam in den späten vierziger Jahren, als die zwei bestehenden australischen Filmgesellschaften von den amerikanischen Unternehmen American Hoyt's und Rank's Greater Union aufgekauft wurden. Die beiden Gesellschaften vertrieben danach fast ausschließlich amerikanische und englische Filme. Chauvel konnte zwar mit dem Film *The Rats of Tobruk* (1948) über die in dieser Stadt besiegten Australier einigen Erfolg verzeichnen, hatte jedoch mit *Jedda* (1953), der das Eingeborenenproblem behandelte, keinen Erfolg beim australischen Publikum. Es gab eine vorübergehende Mode, englische und amerikanische Filme in Austra-

lien zu drehen; die besten davon waren *The Overlanders* (1946) und *Eureka Stockade* (1948), beide von Harry Watt für Ealing Studios inszeniert, *Bush Christmas* (1947), inszeniert von Ralf Smart für Rank, und *The Shiralee* (1957), inszeniert von Leslie Norman für Ealing. 1970 wurde in Australien eine weitere Version von *Ned Kelly* gedreht, die Tony Richardson inszenierte und in der Mick Jagger von den Rolling Stones die Hauptrolle spielte.

1945 wurde das National Film Board ins Leben gerufen, das die Aufgabe hatte, Dokumentarfilme über Australien zu produzieren und Lehrfilme für den australischen Verleih zu importieren. Diese Institution entscheidet über die Aktivitäten des Commonwealth Film Unit, das die Filme produziert, und wird ausschließlich von der Regierung durch das Nachrichten- und Informationsbüro finanziert. Die Möglichkeiten, kreativ Filme zu machen, waren sehr begrenzt, so daß manchmal pro Jahr nur drei oder vier Spielfilme entstanden. In jüngster Zeit haben sich jedoch neue Ideen durchsetzen können, und zu Ian Dunlop, dem renommierten Ethnographen, stieß mit Filmemachern wie Stefan Sargent und Rhonda Small eine Gruppe von experimentierfreudigen Filmfachleuten, die im Rahmen des Commonwealth Film Unit arbeiten. Die Vergabe von Auslandsstipendien haben für Filmemacher die Voraussetzung geschaffen, mit Kollegen in anderen Ländern Kontakt aufzunehmen.

In den späten sechziger Jahren gab es Anzeichen eines neuen Aufschwungs, aber nur wenige australische Spielfilme wurden auch in anderen Ländern gezeigt. Eine Ausnahme war der

von Bruce Beresford 1972 inszenierte Film *The Adventures of Barry McKenzie*, der auf einer Glosse aus der satirischen Zeitschrift *Private Eye* basiert und nach seinem enormen Erfolg bei den australischen Zuschauern auch in den internationalen Verleih kam.

(Aus: Buchers Enzyklopädie des Films, Luzern und Frankfurt/M. 1977.)

Felsmalerei der Aborigines.

Aboriginalkultur

Die Kultur der Australstämme verblüfft durch ihre Komplexität und Intensität: Die Legenden, Mythen, Tänze, Malereien der «Steinzeitmenschen» erweisen sich als – so merkwürdig das klingt – hoch vergeistigt. Grundlage war ein totemistisches Verhältnis zur Natur, die als beseelt empfunden, verehrt und genutzt wurde. Obwohl das Leben der Jäger und Sammler vom täglichen Existenzkampf bestimmt war, tritt die materielle Kultur völlig hinter die soziale und gei-

Aboriginalkünstler im Westaustralischen Museum in Perth.

leicht von wenigen Äußerungen tiefverborgener Ahnungen, Visionen.

Gewiß gibt es andere, ökonomische Aspekte, die den Kauf eines Aboriginalsouvenirs durchaus rechtfertigen. Die Erlöse können vielleicht zu einem neuen Selbstwertgefühl von Ureinwohnern beitragen, das allerdings sehr europäisch ist und den traditionellen Kosmos nicht zu ersetzen vermag.

Filme von Handwerkstechniken und Ritualen sowie Bandaufnahmen des reichen, über Jahrtausende tradierten Legendenschatzes konservieren wenigstens Teilbereiche dieser faszinierenden Kultur.

Wirtschaft

«Boomstimmung in Australien» titelte die *Neue Zürcher Zeitung* vom 4. Juni 1981 – «Der fünfte Kontinent vor schwierigen Jahren» dagegen nur ein Jahr später (8. Juni 1982). Während erst noch kühne Projekte zur Erschließung gewaltiger Rohstoffvorkommen ausländische Investitionen in Milliardenhöhe angezogen hatten, herrscht gegenwärtig Katzenjammer über eine zweistellige Teuerungsrate, Betriebsschließungen, steigende Arbeitslosenziffern (März 1983: 10,1 Prozent), zunehmendes Zahlungsdefizit.

Offensichtlich haben die negativen Auswirkungen der Weltwirtschaftsflaute mit einiger Verzögerung auch Australien erreicht. Doch zeigt sich bei genauerem Hinsehen, daß der Boom auf tönernen Füßen stand und die Grundstrukturen der australischen Wirtschaft keinen Gigantismus vertragen.

Kurz wie die Geschichte des Landes überhaupt ist auch seine

stig-religiösen zurück. Wohl sind die wenigen verwendeten Geräte – Waffen, Taschen, Töpfe – sorgfältig gearbeitet und zuweilen auch verziert, doch der überwiegende Teil der schöpferischen Energien floß in brotlose, sakrale Kunst: zum Beispiel symbolische Gegenstände wie die Schwirrhölzer oder die großartigen Felsbilder.

Diese Kulturäußerungen sind untrennbar mit Ritualen verbunden: Magische Steine und Hölzer wurden bei Kultfeiern nach strengen Regeln ausgelegt; Malereien berührt, um etwa in Kontakt mit den mythischen Ahnen der Traumzeit zu treten oder um Fruchtbarkeit, reiche Jagdbeute

zu erwünschen. Genauso kreisten Sprache und Tanz um magische Verrichtungen und die zu Stein, Bäumen oder Tieren gewordenen Götter der Vorzeit.

Obwohl heute die Regierung und wohlmeinende Institutionen die Aboriginalkultur unterstützen und fördern oder die entsprechende Bundeskommission bemerkenswerterweise ausschließlich mit Ureinwohnern besetzt wurde, kann niemand erwarten, daß damit diese Kultur gerettet würde. Sie ist mit der Ausbreitung der europäischen Denkweise und Technik gestorben. Was immer heute als Aboriginalkunst geschaffen und vertrieben wird, muß hohl sein, abgesehen viel-

Beschäftigte nach Wirtschaftszweigen 1980 (in Tausend)

Wirtschaftszweig	Männer	Frauen	Total
Landwirtschaft	294	88	382
Forstwirtschaft, Jagd, Fischerei	22	3	25
Bergbau	74	6	80
Nahrungsmittelindustrie	140	51	191
Metall- und Maschinenindustrie	180	20	200
Übrige Industrien	629	238	867
Baugewerbe	430	46	476
Groß- und Detailhandel	736	551	1 287
Lagerhaltung, Transport	280	49	329
Finanzwesen, Dienstleistungen	283	229	512
Öffentliche Verwaltung	353	615	968
Freizeit, Fürsorgewesen	166	221	387
Verschiedenes	394	139	533
Total	3 981	2 256	6 237

Auslandsinvestitionen 1973 bis 1978 (Mio. AUS$)

Länder	1973/74	1974/75	1975/76	1976/77	1977/78	1978/79
Großbritannien	104	123	278	365	412	838
Übrige EG	83	159	20	267	66	97
USA	189	372	380	626	607	762
Kanada	16	14	14	71	−14	−6
Japan	77	67	98	138	197	269
Andere Staaten	20	218	20	73	46	31
Total	490	953	810	1 540	1 314	1 992

Bruttosozialprodukt pro Kopf einiger ausgewählter Länder 1980 (US$)

Australien	9 820
Neuseeland	7 090
Schweiz	16 440
Bundesrepublik	13 590
Frankreich	11 730
USA	11 360
Österreich	10 230
Japan	9 890
Großbritannien	7 920
DDR	7 180
Malaysia	1 670

Nach Fischer Weltalmanach '83

wirtschaftliche Entwicklung. Bis zur Jahrhundertwende war es ein reiner Agrarstaat. Denn selbst der Goldrausch von 1850 stimulierte über die Einwandererwelle vor allem die Landwirtschaft. Neue Möglichkeiten der Bewässerung und der Konservierung von Lebensmitteln sowie das Aufkommen von Landmaschinen ließen Australien zu einem Großexporteur für landwirtschaftliche Produkte werden. Als gefährlich und unberechenbar erwiesen sich jedoch schon damals die stark schwankenden Rohstoffpreise auf dem Weltmarkt sowie die Dürren und Überschwemmungen als klimatische Risiken.

Trotzdem profitierte Australien während beider Weltkriege vom erhöhten Importbedarf der kriegführenden, geschwächten Staaten für Nahrungsmittel. Gleichzeitig spürte man auf dem fünften Kontinent die Abhängigkeit von europäischen Fertigwaren. Deshalb wurde seit den zwanziger Jahren in eine breitgefächerte Industrieproduktion investiert, die allerdings weitgehend durch Schutzzölle gegen billigere Importprodukte vor allem aus dem asiatischen Raum geschützt werden mußte.

Denn die grundsätzliche und immer noch aktuelle Schwäche der australischen Wirtschaft ist der kleine Binnenmarkt. Die Produktionskapazitäten zur Versorgung der heute knapp fünfzehn Millionen Einwohner sind verhältnismäßig bald erreicht und betriebswirtschaftlich nicht immer optimal. Exporte von Industrieerzeugnissen nach den Vereinigten Staaten und Europa werden zudem durch den langen Transportweg verteuert, und im südostasiatischen und pazifischen Raum stoßen die australischen Unternehmer auf die billigere Konkurrenz aus Singapur, Malaysia, Hongkong, Taiwan, Südkorea und vor allem Japan. In diesem Zusammenhang ist auch die Gefahr hoher Teuerungsraten zu sehen: sie verschlechtern die Absatzchancen.

Wenn die großen Mineralienfunde der letzten zwei Jahrzehnte euphorisch als Schatzkammer und Wachstumsmotor gefeiert wurden – nicht nur in Australien selbst –, so wurde ein weiteres grundsätzliches Handicap des Landes unterschätzt: die großen Entfernungen der Lager von Häfen, Arbeitsmarkt, Zentren der verarbeitenden Industrie. Die Erschließung der Vorkommen durch Straßen, Wasserleitungen, Häfen, Verschiffungseinrichtungen, Aufbereitungsanlagen, Wohnsiedlungen für die Bergleute usw. erfordern Vorleistungen von Milliardenbeträgen. Damit ist die Regierung einer Fünfzehnmillionennation zwangsläufig überfordert. Wohl stand der internationale Kapitalmarkt zur Verfügung und zeigten sich ausländische Konzerne investitionswillig, doch bremsten sinkende Nachfrage und Weltmarktpreise, Kosteninflation, zum Teil auch Regierungseinschränkungen und überzoge-

Import und Export ausgewählter Produkte 1979/80 (Mio. AUS$)

Produkt	Export	Import
Fleisch, Fleischkonserven	1 740	9
Getreide, Getreideprodukte	2 893	17
Zucker	700	10
Kaffee, Tee, Kakao	22	243
Felle und Häute	378	3
Textilfasern	1 607	90
Erze, Bergbauprodukte	3 244	32
Kohle, Koks	1 690	4
Erdölprodukte	427	2 092
Chemikalien	46	486
Kunststoffe	59	372
Gummiwaren	12	200
Papier	51	420
Textilien	109	954
Eisen und Stahl	607	337
Nichteisenmetalle	1 251	96
Metallfabrikate	159	436
Maschinen (ohne elektrische)	39	504
Elektroapparate	243	1 597
Produktionsmaschinen	105	785
Büromaschinen, EDV	41	499
Elektronik	21	417
Motorfahrzeuge	160	1 409
Kleider, Strickwaren	23	291
Fotoartikel, Optik, Uhren	83	311

Wichtigste Außenhandelspartner 1979/80, Import- und Exportvolumen (Mio. AUS$)

Staat	Export	Import
Japan	5 072	2 527
USA	2 056	3 576
Großbritannien	952	1 648
Bundesrepublik Deutschland	495	1 021
Neuseeland	865	547
VR China	845	200
Sowjetunion	979	66
Italien	427	420
Saudiarabien	221	626
Singapur	393	442
Kanada	339	446
Taiwan	323	441
Hongkong	279	381
Frankreich	338	307
Malaysia	428	186
Südkorea	406	138
Indonesien	293	242
Schweiz	14	160
Österreich	4	44

ne Lohnforderungen der Gewerkschaften den Boom.

Einmal mehr kriegt also Australien die Grenzen seiner Möglichkeiten und seine Exportabhängigkeit zu spüren. Trotzdem müssen die längerfristigen Wirtschaftsperspektiven des Landes als positiv beurteilt werden – Rohstoffreserven und landwirtschaftliche Erzeugung sind weiterhin Grundpfeiler der Ökonomie. Die Förderung von Großprojekten wird jedoch nicht zuletzt im Hinblick auf Zinslasten

Binnenhandel nach Warengruppen 1978/79 (Mio. AUS$)

Kolonialwaren	4 808
Fleisch	1 662
Übrige Lebensmittel	2 647
Bier, Wein, Spirituosen	3 560
Kleider, Tuche	3 876
Schuhe	636
Keramik, Porzellan	1 105
Elektroartikel	1 888
Möbel und Bodenbeläge	1 365
Chemische Produkte	1 359
Zeitungen, Bücher, Schreibwaren	961

Konsumentenpreisindex der wichtigsten Städte (1966/67 = 100)

Stadt	1974/75	1979/80
Sydney	176,1	292,4
Melbourne	167,9	282,5
Brisbane	168,7	283,0
Adelaide	169,7	285,8
Perth	166,1	287,4
Hobart	166,7	284,0
Canberra	164,9	278,0
Mittel	171,0	287,0

Konsumentenpreisindex einiger Warengruppen (1966/67 = 100)

Warengruppe	1974/75	1979/80
Nahrungsmittel	164,0	283,6
Kleidung	173,0	295,1
Wohnen	187,4	314,3
Haushalt	153,8	244,2
Verkehr	173,0	296,5
Tabak, Alkohol	170,4	300,5

und Inflationseffekt in Zukunft behutsamer vorangetrieben werden müssen.

Ein Strukturwandel steht zweifellos auch der Industrie bevor. Umgeben von volkreichen Billiglohnländern, wird sie sich vermehrt auf Spitzentechnologie stützen müssen, was bei relativ hohem Kapital- und niedrigem Personalbedarf soziale Probleme nach sich ziehen kann. Wachsen dürfte weiter der Dienstleistungssektor. Schon heute beschäftigt er mehr als die Hälfte der Erwerbstätigen (Industrie 33, Land- und Forstwirtschaft 6 Prozent).

Rohstoffe und Energie

Australiens natürlicher Reichtum liegt in seinen mineralischen Rohstoffen. Sowohl die Australischen Alpen als auch die paläozoischen Rumpfgebirge und Schichtserien Westaustraliens enthalten eine Vielzahl von Metallerzen.

Eine der frühesten Entdekkungen war das *Gold* in Victoria und Neusüdwales, das 1851 einen Goldrausch auslöste, durch den sich die Bevölkerung innerhalb eines Jahrzehnts verdoppelte. Goldklumpen von legendärer Größe verstärkten die Hysterie.

Ein zweiter Sturm erfolgte 1891 zur «Goldenen Meile» von Coolgardie nach Kalgoorlie. Auch in Westaustralien verdreifachte sich die Bevölkerung innerhalb weniger Jahre.

Von diesem frühen Boom zeugen heute noch einige Geisterstädte. Die Nuggets waren bald aus der Erde gesiebt; der Abbau der im Fels verlaufenen Goldadern erforderte Maschinen und Kapital. Die Fördermenge des Edelmetalls ging über die Jahrzehnte zurück und beträgt heute

Blick in die Zukunft

«Zusammenfassend lautet unsere grundsätzliche Prognose für eine Zukunft mit liberalem Handel, daß die gegenwärtige Stagflation sich wohl in die achtziger Jahre fortsetzen mag. Obwohl ein schwacher Ressourcenboom oder kleinere Reformen die Situation verbessern können, werden diese Verbesserungen kaum einen größeren Effekt haben. Verschärfte Spannungen, etwa durch stark ansteigende Arbeitslosigkeit, sind möglich, werden aber ebenfalls kaum einschneidende Folgen haben. Die Gesellschaft würde mit entsprechenden Gegenmaßnahmen darauf reagieren, um sich die Situation nicht entgleiten zu lassen.»

Herman Kahn, Thomas Pepper: *Will She be Right? The Future of Australia*. 1980.

Förderung ausgewählter Bodenschätze 1901 bis 1979 (in 1000 t)

Jahr	Blei	Eisen	Gold (t)	Kupfer	Kohle
1901	?	?	103	30	7 000
1911	225	50	77	46	11 000
1921	82	700	24	11	13 000
1931	151	?	19	14	11 000
1941	296	2 500	47	23	19 000
1951	215	2 500	28	18	26 000
1961	274	5 400	33	97	41 000
1971	416	57 100	19	173	73 000
1979	424	84 600	20	239	113 000

Opalgräberhütte in Andamooka, Zentralaustralien.

noch etwa ein Fünftel derjenigen um 1900.

Vom Produktionswert weitaus am wichtigsten ist *Eisenerz*. Als besonders umfangreich haben sich die Vorkommen in den Hamersleybergen Westaustraliens erwiesen. In der Pilbara-Region wird hochwertiges Erz gefördert, und Australien besitzt damit Reserven, die zu den größten zählen: Mit 97 Millionen Tonnen war es 1980 nach der Sowjetunion (246) und vor den USA (70) der zweitwichtigste Eisenproduzent der Welt. Hauptabnehmer zur Stahlherstellung ist das rohstoffarme Japan, mit dem langfristige Lieferverträge bestehen.

Noch höhere Ausfuhrerlöse liefert *Bauxit*. Australien möchte jedoch seine Stellung als führendes Abbauland dieser tropischen Erde noch vermehrt durch eigene Aluminiumhütten nützen. Ein Problem ist vor allem der hohe Energiebedarf für die Gewinnung des Metalls.

Australien steht daneben an dritter Stelle unter den Blei-, an vierter unter den Nickel- und Zink- sowie an fünfter unter den Manganproduzenten.

Dabei sind noch immer Überraschungen möglich. 1980 etwa wurden in Westaustralien (Smoke Creek und Argyle) *Diamanten* entdeckt, die das Land auch auf diesem Sektor zu einem der wichtigsten Produzenten der Welt machen können.

Australien ist (nach den USA) der zweitgrößte Exporteur für *Steinkohle*, und dieser Energieträger bringt dem Land fast doppelt so viele Devisen wie Eisen oder Aluminium. Noch immer übertrifft er an Bedeutung die durchaus beachtlichen Vorkommen von Erdöl und Erdgas im nordwestlichen Schelfbereich, auch wenn diese zusammen mit den relativ nahen Minengebieten eine ideale Voraussetzung zur Erweiterung der Hüttenindustrie sind.

Wichtigster Energieträger für den Eigenbedarf ist *Erdöl*. Australien kann zur Zeit rund 70 Prozent seines Verbrauchs decken, doch dürften diese bekannten Felder bald verarmen. Eine längerfristige Energieversorgung garantieren jedenfalls Steinkohle, Braunkohle und *Uran*. Obwohl es etwa 17 Prozent der leicht zugänglichen westlichen Uranreserven besitzt, plant Australien vorläufig keine Kernkraftwerke.

Zur Versorgung des städtischen Energiebedarfs wird vor allem die *Wasserkraft* eingesetzt. Die Flüsse und Stauseen der Australischen Alpen befinden

Produktionswert einiger Bodenschätze 1978/79 (Mio. AUS$)

Mineralien	Wert
Bauxit	?
Blei	339
Braunkohle	80
Edelsteine (ohne Korallen)	67
Eisen	802
Erdöl, Erdgas	920
Gold	102
Kupfer	260
Mangan	61
Nickel	?
Steinkohle	1 671
Uran	48
Wolfram	43
Zink	138
Zinn	135

sich – im Gegensatz zu Öl und Gas – in der Nähe der Verbrauchszentren.

Unausgeschöpfte Kapazitäten gibt es im wesentlichen jedoch nur noch in Tasmanien und im Norden Queenslands.

Pläne für Gezeitenkraftwerke wurden fallengelassen, da die günstigsten Standorte – die Buchten der Kimberley-Region und Arnhemlands – Tausende von Kilometern von den Ballungsräumen entfernt sind.

Die Nutzung von Sonne, Wind, Geothermik usw., für die Pilotprojekte laufen, wird bei den gegenwärtigen Ressourcen und Bedarfsperspektiven Australiens höchstens lokale Bedeutung erlangen.

Landwirtschaft

Auch wenn nur noch sechs Prozent der Erwerbstätigen in der Landwirtschaft arbeiten, ist sie nach wie vor ein Grundpfeiler der australischen Wirtschaft. Mit über 40 Prozent des gesamten Exportwerts übertrifft sie sogar den Bergbau (24 Prozent) bei weitem. Ackerbau und Weidewirtschaft halten sich dabei als

Devisenbringer ungefähr die Waage.

Nur 2,3 Prozent der Landesfläche werden für den Ackerbau genutzt. Die Voraussetzungen sind bekanntlich ungünstig: Weite Teile des Landes sind zu trocken, außerdem sind die Böden mehrheitlich nährstoffarm. Klima, Geschichte und Bevölkerungsverteilung ließen einen Agrargürtel westlich der Austra-

Tumutstausee – Bestandteil des Snowy-Mountains-Projekts.

Gold!

«Übertreibung wäre so grausam wie unnötig. Aber es wird die Pflicht jedes nüchtern denkenden Mannes in der Gemeinschaft, der Gefahr ruhig aber voll entgegenzusehen. Daß Gold in der Erde unseres westlichen Landesinnern ruht, ist eine Tatsache, die nicht bezweifelt werden kann. Aber laßt uns hoffen [...], daß der Schatz nicht in großen Mengen vorhanden sei; daß die Kosten der Prospektion und des Transports zum Markt die Spekulation als nur mäßig lohnend erscheinen lasse und Erfahrung die Massen von Leuten bald davon überzeuge, daß schließlich die gewöhnlichen Verrichtungen des Gewerbes die besten und sichersten sind.»

Sydney Morning Herald, 17. Mai 1851.

lischen Alpen, an den Ebenen der Ostküste sowie in den feuchteren Zonen Süd- und Westaustraliens entstehen. Die Weite des Landes und die mageren Hektarerträge begünstigen große Betriebsflächen, extensive Bewirtschaftung und weitgehende Mechanisierung. Australische Jahrbücher berichten deshalb unsentimental über «Agricultural Industries». Die meisten

Ackerbaufläche des Landes stehen für den Weizenanbau zur Verfügung. Der Exportanteil schwankt je nach Ertragslage und Weltmarktsituation zwischen drei und vier Fünfteln der Produktion.

Hafer und *Gerste* werden vor allem als Futtergetreide angepflanzt. Für beide ist Australien eines der wichtigsten Exportländer.

Noch wichtiger vom Produktionswert her ist *Zuckerrohr*. Es gedeiht in den feuchten subtropischen und tropischen Küstengebieten Queenslands. Nachdem die farbigen Plantagenarbeiter Anfang dieses Jahrhunderts repatriiert wurden, nahmen Weiße, vor allem Italiener, die ungewohnte, harte Arbeit auf. Heute ist sogar die Ernte weitgehend mechanisiert. Raffinerien in

Bewässerungsfeldbau am Murrayfluß bei Mildura.

Farmen sind jedoch Familienbetriebe. Wichtigste Produkte sind:

Weizen, das Hauptbrotgetreide, das mit verhältnismäßig geringen Niederschlägen (250 bis 600 Millimeter jährlich) auskommt. Entscheidend ist, daß der Regen in die Vegetationsperiode fällt. An der Trockengrenze werden in einem bestimmten Jahresrhythmus Kleesorten angepflanzt, welche die Bodenfeuchtigkeit zusammenhalten. Erntezeit ist im Frühsommer.

Zwei Drittel der gesamten

Entwicklung der Anbaufläche 1860 bis 1980

Jahr	Anbaufläche (km²)
1860	4 750
1870	8 680
1880	18 460
1890	21 970
1900	35 670
1910	48 130
1920	60 990
1930	101 840
1940	85 460
1950	84 240
1960	105 640
1970	157 280
1980	179 280

Hauptweizenproduzenten der Welt 1981

Land	Ernte (Mio. t)
Sowjetunion	90
USA	76
VR China	57
Indien	36
Kanada	24
Frankreich	23
Türkei	17
Australien	15
Pakistan	11
Italien	9
Bundesrepublik	8
Großbritannien	8

Aus Fischer Weltalmanach '83

Mackay oder Bundaberg verarbeiten den Rohzucker. Rund zwei Drittel des Ausstoßes gehen ins Ausland.

Auch *Obst* wird exportiert. Äpfel und Birnen wachsen hauptsächlich im relativ kühlen Südosten (Neusüdwales, Victoria, Tasmanien), Zitrusfrüchte und Trauben auch in Süd- und Westaustralien. Bekannt geworden ist der ausgezeichnete Wein ehemals deutscher Siedler im Barossatal.

Jedes Kind weiß: Neben den Känguruhs wimmelt es in Australien von *Schafen*. Auf 130 Millionen Tiere wurde der Bestand 1980 geschätzt. Entgegen der häufigen Vorstellung, die Schafe bevölkerten sozusagen den ganzen Kontinent, konzentriert sich die Hälfte der Herden auf die trockeneren Teile von

Nahrungsmittelkonsum pro Kopf (in kg)

Nahrungsmittel	1973/74	1978/79
Mehl	76,8	70,2
Reis	2,0	2,5
Frische Früchte ...	64,8	66,1
Rind- und Kalbfleisch	41,8	55,5
Schaffleisch	24,0	18,7
Schweinefleisch .	6,7	3,7
Geflügel	13,6	18,9
Kartoffeln	45,5	52,0
Tomaten	14,9	13,8
Grüngemüse	21,0	27,3
Fisch	3,8	3,1
Eier	12,4	12,5
Frischmilch	114,5	104,5
Käse	5,3	6,5
Butter	7,7	4,2
Zucker	54,4	53,8
Tee	1,9	1,7
Kaffee	1,4	1,7
Bier (Liter)	139,0	134,2
Wein (Liter)	11,0	16,5

Milchkühe in Queensland.

Ausgewählte Agrarprodukte — Anbauflächen und Erträge 1979/80

Anbauprodukt	Anbaufläche (1000 ha)	Ertrag (1000 t)	Ertragswert (Mio. AUS$)
Gerste	2 486	3 723	435
Hirse	518	?	100
Mais	56	?	16
Hafer	1 128	1 419	91
Reis	116	603	92
Weizen	11 159	15 968	2 179
Zuckerrohr	267	21 149	549
Tabak	8	?	56
Baumwolle	56	?	100
Erdnüsse	32	?	26
Raps	41	39	10
Sonnenblumen	225	?	40
Orangen	?	392	?
Weintrauben	70	?	199
Gemüse	109	?	423

Neusüdwales und Victoria. Rund ein weiteres Viertel entfällt auf Westaustralien. Pro Jahr werden um die 30 Millionen Tiere geschlachtet. Genauso wichtig ist natürlich die Wollgewinnung.

Bei der *Rinderzucht* steht die Fleischproduktion im Vordergrund. Die Herden werden vor allem in den feuchteren Weidegebieten von Queensland, Neusüdwales und Victoria gehalten; erfolgversprechend sind zudem neue Farmen in den Savannen des Nordwestens. Die Wirtschaftsform ist auch hier extensiv – unter Umständen teilen sich zwei, drei Rinder in einen Quadratkilometer Weidefläche. Das Transportproblem zu den Schlachthöfen wurde mit den «Roadtrains» – Lastwagen mit mehreren Anhängern – befriedigend gelöst. Früher hatten die Tiere durch oft wochenlanges Treiben viel Gewicht verloren.

Im Südosten des Landes und auf Tasmanien werden Kühe für eine leistungsfähige Milchwirtschaft gehalten.

Industrie

Grundlagen der industriellen Entwicklung in Australien sind die landwirtschaftlichen und mineralischen Produkte.

Bereits im letzten Jahrhundert entstanden in den Hauptstädten der australischen Staaten verarbeitende Betriebe wie Konservenfabriken, Mühlen, Brauereien, Zuckersiedereien, Möbel-

Nettoproduktionswert einiger Schlüsselindustrien 1942 bis 1979 (Mio. AUS$)

Jahr	Chemie	Textil	Metall	Lebens- mittel	Papier	Total
1942	60	89	240	106	34	633
1950	81	201	493	202	86	1 323
1955	196	354	1 066	373	181	2 731
1960	360	454	1 700	520	298	4 161
1965	505	582	2 486	757	427	5 897
1970	682	762	3 552	1 322	702	8 262
1975	1 172	1 106	6 636	2 651	1 279	15 246
1979	1 899	1 691	9 180	4 036	1 961	22 230

Fabrik in Viehzuchtgebiet, Neusüdwales.

und Papierfabriken. Die Schwerindustrie hingegen erhielt ihre entscheidenden Impulse während den Weltkriegen, als vor allem die Waffenherstellung in den Vordergrund rückte.

Alle Fertigungszweige konzentrierten sich auf die bestehenden Bevölkerungszentren. Hier verfügten sie über die notwendigen Arbeitskräfte, Geschäfts-

und Verkehrsbedingungen, Häfen, Energiequellen usw. Diese wirtschaftliche Ballung wird aus staatspolitischen und strategischen Gründen nicht immer positiv beurteilt.

Den weitaus größten Produktionswert erzielt die metallverarbeitende Industrie, gefolgt von Nahrungsmittel-, Papier- und chemischer Industrie.

Der Strukturwandel der letzten Jahre spiegelt sich in verändertem Arbeitskräftebedarf und der Einwanderungspolitik wider. Hatte die Industrie in den sechziger und frühen siebziger Jahren noch ungelernte Fließbandarbeiter angeworben – die vor allem aus südeuropäischen Ländern rekrutiert wurden –, hatten in den letzten Jahren gut

Beschäftigte nach Industriezweigen 1979 (in Tausend)

Industriezweig	Männer	Frauen	Total
Nahrungsmittel, Getränke, Tabak	139	51	190
Textilien	21	16	37
Kleider und Schuhe	19	62	81
Holz, Möbel	63	11	74
Papier, Druck, Verlag	72	26	98
Chemie	46	16	62
Nichtmetallverarbeitung	40	5	45
Metallverarbeitung	86	20	106
Transportmittel	121	16	137
Maschinen	121	40	161
Verschiedenes	43	22	65
Total	853	291	1 144

ausgebildete und erfahrene Facharbeiter die besten Anstellungschancen. Denn gerade die relativ einfachen Fertigungsabläufe in manchen Schlüsselindustrien wurden unter Kosten- und Konkurrenzdruck, teilweise auch um den öfters drohenden Streikausfällen zu begegnen, weitgehend automatisiert. Dieser Trend wird zweifellos anhalten (siehe allgemeine Ausführungen zur Wirtschaft).

Tourismus

Australien ist erst seit wenigen Jahren zu einem namhaften Touristenziel geworden. Die lange Flugzeit und hohe Reisekosten hatten nur Geschäftsleute und wenige gutbetuchte Weltenbummler auf den fünften Kontinent gelockt.

Discountflüge und der wachsende Wohlstand in Westeuropa haben den Australientourismus binnen zwanzig Jahren versechsfacht: Wurden 1961 noch 130 000 ausländische Besucher registriert, waren es 1979 793 000. Spitzenmonate sind November und Dezember, der australische Frühsommer. Über ein Viertel der Einreisenden besuchen Verwandte, was sich auch in einer längeren Aufent-

Australientouristen nach Herkunftsländern 1979 (in Tausend)

Neuseeland	274
Großbritannien, Irland	117
USA	97
Japan	42
Deutschland (BRD und DDR)	29
Papua	24
Kanada	23
Niederlande	16
Singapur	13
Hongkong	11
Italien	11

haltsdauer zeigt: Zwei Drittel von ihnen verweilen mehr als einen Monat im Land. Australien bietet allerdings auch soviel Sehenswertes, daß Kurzferien – auch im Hinblick auf die riesige Entfernung von Europa – sich nicht lohnen.

Verkehr

Australiens enormer wirtschaftlicher Aufschwung ist begleitet von einem entsprechenden Ausbau der Verkehrsmittel. Bei den großen Distanzen im Land selbst und seiner global isolierten Lage spielen sie eine überdurchschnittliche Rolle.

Am Anfang der australischen Geschichte steht die *Schiffahrt* – von portugiesischen und niederländischen Entdeckergaleonen über James Cooks «Endeavour»

bis zu den ersten Sträflingstransportern. Bis in unser Jahrhundert hinein blieb die britische Flotte sozusagen die Nabelschnur, über welche der fünfte Kontinent mit Gütern versorgt, aber auch ausgebeutet wurde. Genauso ist Australien heute auf seine eigene Handelsflotte – insgesamt rund hundert Einheiten mit einer Bruttotonnage von nahezu zwei Millionen Tonnen – sowie auf den internationalen Seeverkehr angewiesen. Für Massengüter wie Erze, Kohle, Weizen ist das Schiff bei weitem das billigste Transportmittel und bei den großen Entfernungen zwischen Förder- und Verarbeitungszentren auch innerhalb des Landes unentbehrlich. Die Lastkähne folgen natürlich den Küsten; eine eigentliche Binnenschiffahrt, wie etwa auf europäischen Flüssen, gibt es kaum.

Die *Eisenbahn*, die noch in der zweiten Hälfte des letzten Jahrhunderts angelegt wurde, krankt an einem historisch bedingten Mangel: den unterschiedlichen Spurweiten, die seinerzeit in den verschiedenen Staaten aus steter Rivalität gewählt wurden. Noch heute dominiert in Neusüdwales die Normalspur, in Victoria dagegen Breitspur. Queensland und Tasmanien sind auf Schmalspur festgelegt. Westaustralien besitzt Normal- und Schmalspur nebeneinander und Südaustralien sogar alle drei Spurweiten. Seit 1974 ist die Transkontinentalstrecke Melbourne – Adelaide – Perth durchgehend mit demselben Rollmaterial befahrbar. Und erst seit 1975 sind die Staatsbahnen der einzelnen Bundesländer unter der «Australian National Railway Commission» (ANRC) zusammengeschlossen.

Obwohl das Gesamtnetz große Lücken aufweist und weit von

Verkehrsstau auf Sydneys Cahill-Stadtautobahn.

einem nationalen Verbund entfernt ist, bestehen Ausbaupläne etwa für Autoreisezüge oder vollautomatisierte kilometerlange Erzbahnen (zwischen Paraburdoo und Dampier verkehren schon welche mit über zweihundert Wagen). Chancen hat die Eisenbahn allenfalls auch als umweltfreundliches Schnellverkehrsmittel in den Metropolen.

Die Gesamtstrecke ist jedenfalls im Abnehmen (heute knapp 40 000 Kilometer). Das bedeutet nicht unbedingt den Anfang vom Ende für das pro Einwohner immer noch längste Netz der Welt. Die Strukturveränderungen brauchen eben mehr als nur einige Jahre.

Das australische *Straßennetz* ist insgesamt etwa zwanzigmal länger als das Bahnnetz; allein die Hauptstraßen messen über 100 000 Kilometer. Auf jeden zweiten Einwohner (also Kinder miteingerechnet) entfällt heute statistisch ein Motorfahrzeug. Australien ist ein Land des Automobils, nicht erst seit der Gründung großer Montagewerke in Adelaide, Melbourne und Geelong. Sowohl den weitausufernden Vororten der Großstädte wie auch den weitverstreuten Siedlungen der Provinz ent-

Straßendistanz zwischen wichtigen Städten

	Adelaide	Albany	Alice Springs	Brisbane	Broken Hill	Cairns	Canberra	Darwin	Hobart	Mackay	Melbourne	Perth	Port Hedland
Albany	2 655												
Alice Springs	1 693	3 714											
Brisbane	2 127	4 369	3 064										
Broken Hill	510	2 752	1 790	1 617									
Cairns	2 845	4 669	2 435	1 826	1 971								
Canberra	1 212	3 867	2 905	1 331	1 108	3 157							
Darwin	3 225	4 690	1 532	3 582	3 322	2 953	4 233						
Hobart	1 007	3 662	2 700	1 927	1 095	3 753	903	4 232					
Mackay	2 845	5 033	2 473	1 044	2 335	786	2 365	2 991	2 971				
Melbourne	755	3 410	2 448	1 675	843	3 501	651	3 980	252	2 719			
Perth	2 713	407	3 772	4 427	2 810	4 727	3 925	4 283	3 720	5 091	3 468		
Port Hedland	4 531	2 225	3 289	5 339	4 628	4 710	5 743	2 465	5 338	4 748	5 286	1 818	
Sydney	1 422	3 922	2 960	1 027	1 170	2 853	304	4 095	1 145	2 061	893	4 135	5 953

Wichtigste Häfen, Umschlag 1978/79 (Mio. t)

Sydney	13,2
Dampier	12,3
Port Hedland	11,9
Fremantle	9,3
Melbourne	9,1
Newcastle	7,4
Brisbane	6,7
Hay Point	5,3
Port Walcott	4,6
Gladstone	4,2
Port Kembla	3,5
Adelaide	3,4
Geelong	2,0

Binnenluftverkehr 1978/79, Passagiere (in Tausend)

Sydney	5 539
Melbourne	4 744
Brisbane	2 283
Adelaide	1 801
Canberra	950
Perth	830
Coolangatta	458
Hobart	456
Launceston	387
Townsville	363
Cairns	345
Mackay	253
Darwin	249

spricht der Kraftwagen am besten. Als billigstes und schnellstes Verkehrsmittel für den Ferntransport von Massengütern (Weizen, Viehherden usw.) auf dem Landweg stehen die Roadtrains zur Verfügung – schwere Lastkraftwagen mit mehreren Anhängern, welche Strecken wie Adelaide–Darwin oder Brisbane–Perth in wenigen Tagen bewältigen.

Wo immer es jedoch besonders auf die Zeit ankommt, wie

im Personenverkehr oder Transport schnellverderblicher Güter, wird das Flugzeug benutzt. In diesem dünnbesiedelten Land von kontinentalem Ausmaß hat der *Luftverkehr* so etwas wie Taxifunktion erlangt: Leitende Manager, Ingenieure, Bauführer, Ärzte, Großfarmer sind auf das Flugzeug angewiesen. Australien besaß 1980 nicht weniger als 435 Flugplätze. Die Bedeutung seines Luftverkehrs geht etwa daraus hervor, daß 1978/79 allein auf Inlandsflügen über 18 Millionen Passagiere befördert wurden. Zum Vergleich: Die Bundesrepublik Deutschland hat 1980 mit der vierfachen Bevölkerung und den internationalen Verkehr miteingeschlossen 46 Millionen Flughafengäste verzeichnet.

Die beiden wichtigsten inländischen Fluggesellschaften sind Ansett Airlines und Transaustralia Airlines. Einzige internationale Gesellschaft ist Qantas Airways. Ihre Anschriften: *Deutschland:* Münchener Straße 7, 6000 Frankfurt/M. Telefon: 0611/23 00 41.
Österreich: Opernring 1, 1040 Wien. Telefon: 0222/57 77 71.
Schweiz: Waisenhausstraße 5, Zürich. Telefon: 01/211 44 11.

Sydney und Melbourne

Ist Australien geologisch gesehen auch ein uralter Kontinent, so ist seine «Geschichte» (die weiße Bevölkerung betreffend) doch kaum erst zweihundert Jahre jung. Das betrifft allerdings nur *Sydney,* denn die anderen Städte und Siedlungen sind alle noch wesentlich jünger.

Phillip, der Kommandant der ersten Sträflingsflotte und erster Gouverneur des damals noch vollkommen unüberschaubaren Neusüdwales, hätte keinen schöneren Platz für die Gründung seiner «Siedlung» finden können. Die Port Jackson Bay ist eine «ertrunkene» Flußmündung, eine tief ins Hinterland reichende, vielfach verzweigte Bucht, um die herum sich Sydney entwickelte. Was daraus werden sollte, konnte Phillip nicht ahnen: eine der schönsten Städte der Welt.

Für den Gast aus Europa sei vorausgeschickt: Ehe Sie Australien besuchen, schlucken Sie bitte zuvor die «Pille des Vergessens», nämlich dessen, was Sie im eigenen Kontinent als alt und ehrwürdig zu sehen gewohnt sind. Es wäre unsinnig, Australien mit den Augen derer anzusehen, die mit in Jahrhunderten oder Jahrtausenden gewachsenen Kulturlandschaften, Städten oder Burgen vertraut sind. Man muß sich hier über die unglaublich kurze Zeitspanne im klaren sein, die seit den ersten zaghaften Schritten zwangsweise hierhergebrachter Europäer bis heute vergangen ist. Hier ist «Gestern» Vergangenheit, hier ist «alt» und «antik», was wir höchstens als Omas Erbstück ansehen.

Wer sich aber in das Schicksal dieser ersten, zum Pionierdasein denkbar ungeeigneten Weißen hineindenken kann, in die verzweifelten Anfänge dieser frühen Siedlung am Ende der Welt, am Rand eines riesigen, fremdartigen Kontinents, der unter

Sydney 1829

«Sydney hatte etwa 15 000 Einwohner. Die Straßen waren breit, gut angelegt und sauber. [...] Die Häuser waren größtenteils in englischem Stil erbaut, die Läden gut gefüllt, und die Leute, die man in der Straße antraf, boten die ansehnliche Erscheinung einer wohlhabenden Gemeinschaft. Die Käfige mit Papageien und Kakadus, die vor jeder Ladentüre hingen, erinnerten mich als erstes daran, daß ich nicht mehr in England war. [...]

Der Boden war noch nicht so teuer, wie er kurz darauf wurde, und geräumige Häuser mit von englischen Rosen überwachsenen Veranden und großen Gärten waren über die Stadt verstreut. [...]

Wenn aber der Tag in Sydney anbrach, war der schöne Schein des Abends verwischt.

Früh am Morgen wurden die Tore des Gefängnisses aufgeworfen und mehrere hundert Sträflinge in Regimentskolonne herausgetrieben und über die öffentlichen Arbeitsplätze der Stadt verteilt. Wenn sie vorübergingen – die Ketten klirrten an ihren Fersen –, mit dem Muster ihrer groben grauen und gelben mit dem Regierungsstempel markierten Kleider, bot ihre ganze Erscheinung ein wirklich trauriges Bild. Dieses wurde tagsüber nicht besser, wenn man Gruppen zu zwanzig von ihnen antraf mit stein- und sandbeladenen Wagen, die sie durch die Straßen rollten; in dieser und anderer Hinsicht erfüllten sie alle Funktionen, die zu Hause den Tieren vorbehalten sind.»

Therry: *Reminiscences of Thirty Years in New South Wales and Victoria.* Um 1860.

Sydney und sein futuristisches Opernhaus.

großen Mühen erschlossen werden mußte, der kann mit Respekt und Verständnis in diesem jungen Land den Spuren der Vergangenheit nachgehen – und sie begann in Sydney.

Vieles der frühen Siedlung ist verschwunden, überwuchert und aufgesogen von der rasch wachsenden Metropole. Erst die heutige Generation begreift den Wert alter Relikte, bemüht sich um deren Erhaltung und Renovierung.

Kaum ein Besucher, der am Circular Quay ein Fährschiff zu den am Nordufer liegenden schönen Stadtteilen oder zum Zoo besteigt, ahnt, daß hier einst die ersten Strafgefangenen und ihre militärischen Bewacher an Land gingen. Circular Quay ist heute ein geschäftiger Platz vor der Kulisse der Hochhäuser von «Downtown Sydney». Nahebei zieht das exzentrische Opernhaus die Blicke an, das einem vor dem Wind gleitenden Schiff mit geblähten Segeln gleicht. Darüber spannt sich die riesige Hafenbrücke, deren Ausmaß man sich erst klar macht, wenn man erfährt, daß fünfzig Maler fünf Jahre brauchen, um die Brücke einmal ganz und gar zu streichen.

Die Basis der gigantischen Brücke, die ungeheuren Betonsockel, drängen sich in den ältesten Stadtteil Sydneys, «The Rocks» genannt, einst ein Felshügel, zu dessen Füßen sich die ersten Hütten scharten. Noch finden sich hier Reihenhäuser aus frühesten Tagen. Wohngebäude von Wachoffiziers- und Soldatenfamilien, die alte Garnisonskirche, einstige Hafenkneipen und Kramläden, die Bürgerinitiativen vor dem Bagger retteten und die renoviert und liebevoll aufgefrischt wurden, wie auch die einstigen Unterkünfte

der Chinesen, die während der Goldgräberzeit zu Tausenden ins Land kamen, in den vergangenen Jahren zu einer hübschen «Chinatown» ausgebaut wurden, wo sich Ateliers, Läden, Boutiquen und Restaurants finden.

Viele der frühesten Bauwerke, wie das Gouverneurshaus, wie Kirchen, Amtsgebäude und «Mansions» (herrschaftliche

Wohnhäuser), wurden von einem wegen Betrugs zur Deportation verurteilten Architekten gebaut, der dafür vorzeitig begnadigt wurde.

Die Stadtviertel des frühen 19. Jahrhunderts, doppelstöckige Häuser mit Wellblechdach und reizvollen schmiedeeisernen Balkonen, lange vernachlässigt, verrostet, vergessen und heruntergekommen zum Slum, wur-

Straßenszene in Sydney.

den ebenfalls neu entdeckt und zu besonders reizvollen (da ganz typisch australischen) Wohnvierteln ausgebaut.

Der nahe boheme Stadtteil Kings Cross mit seinen Schaschlikbuden, Stripteaseshows, Kinos, die ganze Nacht geöffneten griechischen, italienischen, spanischen, ungarischen Restaurants verdankt sein levantinisches Flair den in den vergangenen achtzig Jahren zahlreich eingewanderten Südeuropäern.

Die einst von Cook entdeckte, von Phillip für die Besiedlung als ungeeignet abgelehnte Botany Bay ist längst ein Teil der Dreimillionenstadt Sydney geworden. Hier liegt der Internationale Flughafen.

An der Bucht selbst befindet sich ein kleines Reservat für die letzten Nachkommen der einst hier beheimateten Eingeborenen; in einem kleinen Laden verkaufen sie Bumerangs und andere Souvenirs.

Auf der anderen Seite der Bucht, im Norden, reihen sich Straßen mit schönen Villen aneinander, ursprünglicher Busch bedeckt noch die Hügel. Gebiete wie Ku-ring-gai wurden Nationalparks, wo noch die stacheligen Grasbäume, die Büsche mit den dicken roten Warratahblüten zu finden sind und die großen in die Felsen geritzten Darstellungen magischer Tiere, die einst die Eingeborenen hier anbrachten. So wie diese urwüchsige Felslandschaft war einst das Gebiet beschaffen, das heute Australiens Metropole beherbergt.

Sydney kann von vielen großartigen Aussichtspunkten aus betrachtet werden, von der Hafenbrücke, die den Blick über die riesige Bucht bietet, von den Restaurants auf dem Dach der Wolkenkratzer oder von den Barkassen der Hafenrundfahr-

ten, ein lohnendes Erlebnis, das die zahllosen wunderbaren Strände, die vielen ans Wasser grenzenden Stadtteile, Sport- und Golfplätze und Yachthäfen zeigt.

Auch das Hinterland im Paramattadistrikt mit seinen rasch wachsenden Städten und Städtchen, mit den Zitrusplantagen, den Gärtnereien, den im Schatten der Eukalyptushaine versteckten alten Farmhäusern ist sehenswert. Durch dieses Gebiet verläuft die Straße ins Hinterland, zu den Blauen Bergen, nach Canberra und nach Melbourne.

Melbourne, Australiens zweitgrößte Stadt, ist anders geartet; ihre Entstehung ist viel weniger romantisch, ihre Entwicklung viel «bürgerlicher» als die Sydneys.

John Batman, ein bereits in Australien geborener Weißer, landete, von Tasmanien herkommend, an der schönen, sturmgeschützten Port Phillips Bay, sah sich um und fand: «Dies ist ein guter Ort für eine Niederlassung!» – Seine prophetischen Worte finden sich, ins Straßenpflaster eingelassen, an der Ecke William- und Flindersstreet in Melbourne. Batman setzte seinen Gedanken in die Tat um, indem er in einem Handelsvertrag von den hier lebenden Eingeborenen Land erwarb, wo diese neue Niederlassung gegründet werden sollte.

Die junge Siedlung mit dem schachbrettartigen Grundriß lockte viele Einwanderer des britischen Mittelstands an.

So entstand eine Stadt von Handwerksmeistern, Advokaten, Bankleuten, in der alles seine gut englische Ordnung hatte. Um 1850 lebten hier schon 70 000 Weiße, Melbourne war

zur Hauptstadt einer eigenen Kolonie namens Victoria avanciert. Ein halbes Jahrzehnt später war es eine Hafenstadt mit brodelnder Hektik, wo die schnellen Klipper täglich Hunderte von Abenteurern und Goldsuchern aus aller Welt entließen, denn inzwischen war in den südlichen Bergen Australiens Gold entdeckt worden. Von Melbourne aus strömten sie in die Berge zu den Goldfundstätten, ein nicht endenwollender Marsch von Menschen, denen sich auch die meisten Melbourner anschlossen, selbst höchste Löhne vermochten sie nicht zurückzuhalten.

Dafür aber kam das Gold aus den Bergen nach Melbourne, jede Woche wurde fast eine Tonne Gold gebracht. Die so rasch reich werdende Stadt entwickelte sich rasant: Neue Stadtteile, Avenuen, Parks, eine Universität, Theater, Konzerthallen wurden errichtet, man konnte es sich leisten, bekannte Sänger, Pianisten oder Geiger aus Europa kommen zu lassen. Als sich nach einem Jahrzehnt das Goldfieber legte, siedelten sich die meisten Goldgräber als Geschäftsleute oder Bankmanager in Melbourne an – noch heute ist es die Finanzmetropole Australiens.

Heute erstreckt sich die Stadt um die weite Bucht der Port Phillips Bay, sie wuchs von den herrlichen Stranddünen an der Südküste bis zu den reichen Obstbaugebieten am Murrayfluß im Norden, bis zu den Dandenongbergen am Fuß des Großen Wasserscheidengebirges im Osten. Das Zentrum wirkt aufgelockert durch die breiten, von Platanen gesäumten Avenuen; selbst die wuchtigen, viktorianischen Regierungs- und Amtsgebäude und großen Warenhäuser wirken nicht erdrückend auf den Be-

Melbourne 1836

«Die Stadt besteht gegenwärtig aus einem Gasthaus, einem Laden, einigen Holzhäusern, einer Schmiede und einigen Lehmhütten. Eine Holzkirche ist im Bau. Das neuerrichtete Camp aus Sydney gibt dem Ort ein lebhaftes und städtisches Aussehen, das er vorher nicht hatte. Kann jemand daran zweifeln, daß im Verlauf einiger Jahre die Lehmhütten durch hübsche Stein- und Backsteingebäude ersetzt sein werden, der einsame Laden durch elegante Geschäfte mit einer Auswahl von nützlichen und dekorativen Dingen, die bescheidene Holzkirche durch stattliche Bauten anderer Glaubensbekenntnisse; der Fluß, jetzt Element der Wasservögel, von menschlicher Geschäftigkeit erfüllt und die Bucht, in der gerade drei Schiffe als ungewöhnlicher und üppiger Anblick vertäut sind, von zahlreichen Schiffen befahren, die mit den Reichtümern der Welt beladen sein werden?»

Sydney Herald,
17. November 1836.

Pferderennbahn, auf der alljährlich das größte Pferderennen des Kontinents um den Melbourne Cup stattfindet, bei dem Vermögen verwettet oder gewonnen werden – der Anlaß ist hier ein Feiertag.

Auf den malerischen Inseln vor der Südküste, einst bewohnt von Wal- und Robbenfängern, die sich Eingeborenenfrauen genommen hatten, sind heute Tierparks, wo Seelöwen, Pinguine und Seevögel eine Zuflucht fanden. Zur Brutzeit wandern die kleinen Pinguine zu Hunderten zu ihren Nisthöhlen auf der Phillip-Insel, was Besucher von einer Tribüne aus beobachten können.

Melbourne hat noch immer das Fluidum einer gutbürgerlichen Stadt von vernunftbetontem Denken und Planen. Sie

Collins Street in Melbourne.

schauer. Melbourne hat ebenfalls viele der hübschen zweistöckigen Häuser mit den zierlichen Balkonen aus dem vorigen Jahrhundert renoviert, und durch die Straßen der Stadt tuckert noch eine Straßenbahn. Es ist einerseits eine Industriemetropole, andererseits aber auch eine Stadt mit Kultur, mit herrlichen Parks und Museen, mit Galerien und Konzertsälen. Allerdings ist Melbournes «Clou» die zeigt keine himmelstürmenden oder gigantischen Züge, sie bietet Geborgenheit und Zufriedenheit, eine schöne Stadt in schöner Lage, wie es John Batman voraussah.

Reisen in Australien

Dem Reisenden stehen in Australien Hotels aller Güteklassen zur Verfügung sowie Motels, Campingplätze, Jugendherbergen.

Man kann per Eisenbahn reisen oder per Flugzeug, mit dem Leihwagen oder dem Bus, man kann aber auch organisierte Busreisen buchen, die es von allen großen Städten aus gibt, überall finden sich Informationsbüros, die darüber Auskunft geben.

Obwohl Australien mit seiner unendlichen Weite noch Abenteuer und Erlebnis bietet, wie etwa Tauchen am Riff, Segeln zu unbewohnten Inseln, Drachen- oder Segelfliegen über die weite Steppe, Büffeljagd oder Bergwanderungen, Campingfahrten den Küsten entlang, ist doch jegliche touristische Aktivität von der Jahreszeit abhängig.

Im tropischen Norden herrscht die «Wet», die Regenzeit, von Oktober bis Mai; im nichttropischen Australien sind die Monate Juni bis September die niederschlagsreiche Wintersaison. In den Bergen Victorias und Neusüdwales' fällt Schnee, hier haben sich manche reizvolle Wintersportzentren entwickelt. Im Küstenland allerdings ist Schneefall eine große Ausnahme, hier regnet es dafür ausgiebig. Da die Luftfeuchtigkeit hoch ist und die meisten Häuser ungenügend geheizt sind, sind die Winterwochen ungemütlich, auch wenn sich ein Wintertag beispielsweise in Melbourne

höchstens mit einem verregneten Oktobertag bei uns vergleichen läßt.

Während des australischen Winters also, zwischen Mai und Oktober, sollte man den tropischen Norden bereisen, wo dann die «Dry», die Trockenzeit, wolkenlosen Himmel beschert. Da bieten sich die Strände und Inseln des Großen Barriereriffs an. Es muß nicht unbedingt das amerikanisch anmutende Surfers Paradise oder die Gold Coast sein – weiter nördlich bieten sich noch viele Strände für den, der Ruhe liebt, und Inseln, die selten besucht werden.

Auch für Sporttaucher und an der Meeresbiologie Interessierte ist hier vieles zu entdecken. Selbst der Nichttaucher kann in eigens hierfür eingerichteten Unterwasser - Beobachtungstürmen einen Blick ins Riff mit seinen vielfältigen Lebewesen werfen. Sporttauchern sei geraten, sich mit den Einheimischen in Verbindung zu setzen, um über die Gefahr durch Haie informiert zu werden.

Im tropischen Norden ist vie-

Australien mit der Bahn

«Bahnfahrten können Sie buchen bei: Australian Tours and Travel Service, Steinweg 2/ Ecke Hauptwache, D-6000 Frankfurt/M., Telefon: 06 11/ 28 56 65. Es wird empfohlen, Buchungen langfristig zu tätigen. Während der australischen Hauptreisezeiten (Ostern, Dezember bis Februar und Mitte Mai bis September) sind Plätze nur schwer zu bekommen.»

Australian Tourist Commission: *Australia – A Travel Guide.* 1982.

---

les zu sehen, beispielsweise die grandiosen Regenwälder des östlichen Abhangs der Great Dividing Range; die in den Wäldern versteckten zauberhaften, mit Seerosen bedeckten Seen oder das oftmals an die Schweiz erinnernde Asherton-Tafelland mit seinen grünen Weiden, Orchideenfarmen und Wäldern.

Wer weiter nach Westen fährt, kommt zum Minengebiet von Mount Isa, nach modernen Ideen erbaut und verwaltet. Hier leben viele Deutsche, auch der Bürgermeister des Ortes ist ein deutscher Einwanderer. Eine Besichtigungsfahrt in die Kupfer-, Silber-, Blei- und Zinnminen lohnt sich.

Weiter dem Inland zustrebend, kommt man nach Alice Springs, ein Unikum unter den Städten Australiens, im Herzen des Kontinents zu Füßen der Macdonnellberge gelegen. Von hier aus bieten sich Besuche auf Rinderfarmen im Hinterland oder bei Missionsstationen an (wie der berühmten deutschen lutherischen Hermannsburgmission) oder die Fahrt zum berühmten Ayers Rock sowie den nahen «Olgas». Sie alle sind Reststücke einst großer Gebirge. Hierher sollte man am Ende der «Wet», der Regenzeit, kommen, wenn die Steppe grünt und blüht und man selbst auf dem Ayers Rock in kleinen Pfützen baden kann.

Die gleiche Jahreszeit ist auch für die Opalfundstätten wie Andamooka oder Coober Pedy am günstigsten. Die mitten in der vegetationslosen Einöde liegenden Bretterhütten oder (wie in Coober Pedy) Erdhöhlen werden umrahmt von Tausenden von Erdkratern, in deren Inerem die Schürfer nach den Edelsteinen suchen. Hier empfindet auch der Besucher von heute noch etwas von der magischen Atmosphäre der Goldgräberzeit.

Erwähnt werden sollten hier auch die Dschungel an der Nordküste bei Darwin, wo Wasserbüffel, Reiher, Krokodile und zahlreiche herrliche Vögel zu sehen sind. Sie sind per Flugzeug erreichbar, Unterkünfte sind vorhanden.

Die Regenzeit fängt hier im Sommer an; bald liegen weite Gebiete unter Wasser. In dieser Zeit, September bis Mai, ist das nichttropische Australien zu besuchen. Liebhaber planen einen Skiurlaub in den Snowy Mountains. Die Kette der tatsächlich «blauen» Berge, ihre Steilkliffs und großen Tropfsteinhöhlen sind ein lohnendes Ziel.

Was die Skigebiete betrifft: Es gibt mehrere gut ausgebaute Wintersportzentren wie Thredbo, Perisher, Mount Buller, Falls Creek oder Mount Hotham mit Skihütten, Hotels und Skiliften. Die Entfernungen sind allerdings nicht mit europäischen Maßstäben zu sehen; bei uns würde es niemandem einfallen, etwa von Kopenhagen für ein einziges Wochenende per Auto etwa in den Schwarzwald zum Skilaufen zu fahren! Das aber ist für Australien eine normale Distanz von den Metropo-

Eisverkrustete Eukalyptusbäume in den Snowy Mountains.

len zu den Skizentren. Man kann auch bis Jindabine fliegen und von dort aus per Bus oder Motorschlitten zu den in der Nähe gelegenen Skigebieten weiterfahren.

Victoria zeigt deutlich, wie man sich in Australien Mühe gibt, die Vergangenheit lebendig zu erhalten. Nicht nur findet man in den Bergen nahe den ehemaligen Fundstätten eine komplett aufgebaute Goldgräberstadt mit den Zelten und Bretterbuden, Schächten und Trinkstuben, chinesischem Tempel und Saloon; die Besucher von Ballarat können sich selbst als Goldsucher fühlen. Aber auch Kapitän Cooks Geburtshaus wurde aus England geholt und in einem Park in Melbourne Stein auf Stein aufgebaut.

In Tasmanien hat man das letzte große Strafgefangenenlager, Port Arthur, zu einem Touristenzentrum umfunktioniert, die Ruinen der Wohnhäuser, von Gefängnis und Hospital, die Kirche im normannischen Stil sind heute Ziel vieler Besucher. Auch die heute fast verlassene Minenstadt Zehan im Westen ist zugänglich, ganz abgesehen von den herrlichen Stränden an der Ostküste, von den schönen Obstplantagen und der malerischen Seenplatte im Herzen der Insel, vor allem aber den Nationalparks von Cradle Mountain und Mount Field oder Lake Pedder.

Südaustralien bietet dem deutschen Reisenden etwas Besonderes: das von deutschen Einwanderern begründete Weinbaugebiet im Barossatal. Die Vorfahren der dort lebenden Australier waren so zutiefst überzeugte Lutheraner, daß sie die Auswanderung der Vereinigung mit der Reformierten Kirche Preußens vorzogen, was in Australien gerne und fälschlich als «religiöse Verfolgung» dargestellt wird. Es ist eine Landschaft mit einem unverwechselbar eigenen Gesicht, wo sich zwischen den ausgedehnten Rebflächen die kleinen Dörfer um die spitztürmigen lutherischen Kirchen scharen.

Die in gotischer Schrift und deutscher Sprache beschrifteten Grabsteine erzählen von den Auswanderern. Hier wird Kaiserstuhl-Wein angebaut (obgleich der südaustralische Kaiserstuhl ein grüner Hügel voller Grasbäumen ist, kein Rebberg), und es lohnt sich, einige der Weinkellereien zu besuchen. In manchen finden sich große Eichenfässer, in welche die Geschichte der Auswanderer geschnitzt wurde.

In den oft deutschnamigen Orten wird Streuselkuchen angeboten oder «Gugelhupf», finden auch Weinfeste nach deutschem Muster mit der Wahl einer Weinkönigin, Umzügen und Tänzen in deutschen Trachten statt.

Um von Südaustralien etwa nach Alice Springs oder nach Perth zu fahren, sollte man, sofern man mit dem Leihwagen unterwegs ist, zuerst die nötigen Informationen einholen, denn die weite Fahrt durch einsame Steppe und Wüste erfordert Ersatzteile, die nicht zur normalen Ausrüstung gehören.

Die neue Straße von Süd- nach Westaustralien führt durch die

«Deutsches» Siedlerhaus im Barossatal, Südaustralien.

Australien per Auto

«Wir fahren auf der linken Seite der Straße, aber das ist wirklich kein Problem für Sie. Nach ein paar Stunden haben Sie sich daran gewöhnt. Sicherheitsgurte müssen sie anlegen, wenn Sie keine Strafe riskieren wollen. Das bestimmt das Gesetz. [...]

Die Höchstgeschwindigkeit beträgt generell in den Städten und Ortschaften 60 Kilometer und außerhalb 100 Kilometer. Die Straßenschilder entsprechen internationalen Regeln.

Ausländische Führerscheine von Touristen werden in Australien anerkannt, gewöhnlich für ein Jahr und für dieselbe Fahrzeugklasse.

Ausländische Versicherungspolicen sind in Australien nicht gültig. Eine Haftpflichtversicherung ist zwingend vorgeschrieben. Sie wird automatisch bei jeder Wagenmiete zusätzlich berechnet. Wenn Sie einen Mietwagen benutzen, sind Sie also in dieser Hinsicht abgedeckt. Eine umfassende Personen- und Fahrzeugversicherung kann zusätzlich abgeschlossen werden – gegen Extragebühr.»

Australian Tourist Commission: *Australia – A Travel Guide*. 1982.

Nullarborsteppe, eine menschenleere Öde. Autofahrer werden oft von Luftspiegelungen getäuscht oder müssen mit über die Straße hüpfenden Beuteltieren rechnen. Die Route führt schließlich zur ehemaligen Goldenen Meile, deren Goldgräbernester heute meist Geisterstädte sind, aber sehenswert. Auch die herrlichen Wälder der Rieseneukalypten in Südwestaustralien sind ein lohnendes Ziel.

In Perth, Fremantle und Geraldton zeigen Museen die aus dem Meer geborgenen Relikte holländischer Galeonen, die vor dreihundert Jahren an der Westküste zerschellten. Es ist faszinierend, die alten Kanonen, Navigations- und Haushaltsgeräte zu sehen, die einst Rotterdam verließen, aber nie in Batavia ankamen.

In allen Bundesstaaten und um alle Städte, die diesen Namen verdienen, finden sich Sanctuaries, Tierschutzgebiete, in denen die interessante australische Fauna zu sehen ist, die vielen Arten von Beuteltieren, Vögeln und Küstenbewohnern. Die meisten Städte haben auch gut gepflegte botanische Gärten mit

ragender Künstler ist Albert Namatjira, der von einem europäischen Maler den Umgang mit Pinsel und Farbe lernte und die grandiosen Formen und Farben seiner zentralaustralischen Heimat eindrucksvoll wiederzugeben vermochte.

Es lohnt sich jedoch, gerade den kleineren Museen nachzugehen. Sie vermitteln oft überraschende Facetten der durchaus

Australien: New South Wales Government Travel Centre, 16 Spring Street, Sydney. Telefon: 02 231 4444.

Victorian Government Travel Centre, 230 Collins Street, Melbourne. Telefon: 03 602 9444.

A.C.T. Government Tourist Bureau, Corner London Circuit and West Row, Canberra. Telefon: 062 49 7555.

Queensland Government Tou-

Alice Springs im Herzen Australiens.

besonderer Betonung der einheimischen Flora.

Genauso zahlreich sind die Museen; manche davon einfach Sammlungen historischer Gegenstände, Aufzeichnungen oder Bilder der Entwicklung eines Ortes, die liebevoll zusammengestellt wurden. Die großen Städte besitzen ausgezeichnete Kunstsammlungen. In Melbourne sind nicht nur Kunstwerke aus aller Welt zu sehen, sondern auch Gemälde von Eingeborenen. Neben den magischen Zeichnungen von Tieren und Geisterwesen, mit denen sie die Schwarzen Felsen und Geräte seit Jahrtausenden zu bemalen pflegten, erstaunen die naturalistischen Darstellungen der australischen Landschaft. Heraus-

eigenständigen Orte und Bundesstaaten.

Genauere Hinweise sind unter folgenden Anschriften zu bekommen:
Bundesrepublik Deutschland:
Australian Embassy, Godesberger Allee 107, 5300 Bonn 2. Telefon: 02 28/37 69 41−7; sowie Migration Office, Hohenzollernring 103, 5000 Köln 1. Telefon: 02 21/51 10 71.
Australian Tourist Commission, Neue Mainzer Straße 22, 6000 Frankfurt/Main. Telefon: 06 11/23 50 71.
Österreich: Australian Embassy, Mattiellistraße 2−4, 1040 Wien. Telefon: 02 22/52 85 80.
Schweiz: Australian Embassy, Alpenstraße 29, 3006 Bern. Telefon: 031/43 01 43.

rist Bureau, Corner Adelaide and Edward Streets, Brisbane. Telefon: 07 31 2211.

Tasmanian Government Tourist Bureau, 80 Elizabeth Street, Hobart. Telefon: 002 34 6911.

South Australian Government Tourist Bureau, 18 King William Street, Adelaide. Telefon: 08 51 3281.

Western Australian Government Travel Centre, 772 Hay Street, Perth. Telefon: 09 321 2471.

Northern Territory Government Tourist Bureau, 27 Smith Street, Darwin. Telefon: 089 81 66 11.

Northern Territory Government Tourist Bureau, 9 Parsons Street, Alice Springs. Telefon: 089 52 1299.

Neuseeland – Relikt eines zerbrochenen Kontinents

Als vor rund zweihundert Millionen Jahren ein riesiger Südkontinent, der sich vom westlichen Südamerika über Afrika und Australien bis zum Westrand des Pazifiks erstreckte, auseinanderzubrechen begann und die Bruchstücke sich voneinander fortbewegten, um sich zu neuen Kontinenten zusammenzufügen, blieben Teile des zerbröckelnden Ostrands isoliert am pazifischen Schelf zurück – ein verlorener Archipel, zweitausend Kilometer von Australien entfernt, viermal so weit von Chile (mit dem es während der Eiszeit über die Antarktis durch eine Landbrücke verbunden war, worauf einige Gemeinsamkeiten in der Flora zurückzuführen sind).

Hebung und Senkung, Gebirgsbildung und Überflutung, Vulkanismus und Eiszeiten gaben dem Archipel seine heutige Gestalt: zwei große, eine kleinere und mehrere kleine Inseln. Die beiden größten haben zusammen die Form eines Stiefels, der aber an der «Wade» durch eine Wasserstraße unterbrochen ist.

Der Archipel ist ein souveräner britischer Staat mit holländischem Namen – Neuseeland, das Inselland unserer Antipoden.

Die Nordinsel wird vom Vulkanismus geprägt. Im Zentrum erheben sich drei aktive Feuerberge: der 2797 Meter hohe Ruapehu, der Tongariro (1869 Meter) und der unruhige Ngauruhoe mit einer Höhe von 2291 Metern. Ein vierter Vulkan liegt als rauchende Insel vor der Küste der Bay of Plenty, White Island genannt. Ein fünfter, der ruhende Mount Egmont, bildet die Westbastion der Nordinsel,

ein vollendeter Kegel. Auch der Tauposee im Herzen der Insel ist vulkanischen Ursprungs. Im Norden schließt sich ein ausgedehntes Gebiet thermischer Aktivität an, wo Geysire, Schlammvulkane, Sinterterrassen, dampfende Schlünde und siedende Tümpel der Landschaft ein dämonisches Gesicht geben. Der größte kochende See liegt dort, wo 1886 der Tarawera-Vulkan ausbrach.

Die langgestreckte Südinsel durchzieht eine gegen 4000 Meter Höhe ansteigende Alpenkette, das eigentliche Rückgrat Neuseelands. Wie eine Wehrmauer reckt sich das Gebirge dem regenbringenden Westwind entgegen. Tief greifen die Gletscherzungen in den dichten, immergrünen «Busch» der Westseite herab. Auch die majestätischen Fjorde der Südwestküste wurden von Glet-

Die heißen Quellen von Orakeikorako um 1860.

schern geformt, die während der Eiszeit entstanden. Das Meer, das nach dem Ende der Eiszeit anstieg, ertränkte die ehemaligen Gletschertäler.

Im Osten, im Windschatten der Berge, finden sich mit struppigem Tussockgras bewachsene, niederschlagsarme Hochtäler. Die Vegetation nimmt von Westen her ab. Deutlich erkennbar, da kein Wald sie bedeckt, reihen sich alte Flußterrassen übereinander. In zahl-

Ostseite hin wiederum aufgelockert ist. Diese südlichste größere Insel des Archipels hat ein durchweg feuchteres Klima und weist darum gleichmäßigere Vegetation auf.

Durch die Südinsel verläuft der 45. Breitengrad Süd; Neuseeland liegt also genau auf der Mittellinie zwischen Südpol und Äquator. Das Klima reicht vom subtropischen im Norden bis zum gemäßigten im Süden, von extrem feuchtem im Westen bis zu trockenem

Der Ashburtongletscher mit Mount Arrowsmith um 1860.

reiche Rinnsale aufgeteilt, winden sich Flüsse durch breite, geröllbedeckte Talsohlen dem Meer entgegen. Nur wenige Thermen gibt es auf der Südinsel, nur einzelne Reste von Vulkanismus wie die Banks-Halbinsel.

Die Stewart-Insel besteht aus bis zu 1000 Meter Höhe ansteigenden Granitbergen, die ebenfalls auf der Wetterseite, im Westen, dichte Buschvegetation bedeckt, welche zur

im Osten, ja bis zu wüstenhaft aridem in einigen zentral gelegenen Gebieten.

An der frühen naturwissenschaftlichen Erforschung Neuseelands waren deutsche Gelehrte beteiligt: Ernst von Dieffenbach, Julius von Haast und Ferdinand von Hochstetter. Dem Esslinger Geographen Hochstetter, der Neuseeland vor 120 Jahren bereiste, schien es, als habe der Schöpfer in Neuseeland ein Modell der Welt erstellt und alle Wunder der Geographie hier auf kleinstem Raum zusammengefügt. Erinnern die Vulkane an Sizilien, die Geysire an Island, die Fjorde an Norwegen, die Alpen an die Schweiz, die Bergseen an Österreich, so zeigt doch die vollkommene Andersartigkeit der Flora und Fauna von Neuseeland, daß es Europa ferner ist als irgendein anderes Land auf dem Globus.

Neuseelands Vegetation ist immergrün. Drei Viertel der Pflanzen sind endemisch und nirgendwo sonst zu finden. Der neuseeländische «Busch», wie sein Urwald genannt wird, mit seinen stolzen Kaurifichten und Südbuchen, seinen Myrtengewächsen, Epiphyten, Baumfarnen, Nikapalmen, Moosen und Flechten, seinen Fuchsien, Klematis, Ranunkeln, Dotterblumen, Orchideen und Edelweiß ist im wahrsten Sinn des Wortes einmalig. Uralte Pflanzenarten konnten sich in der Isolation dieser Inseln bis heute erhalten.

Noch merkwürdiger ist die Fauna. Sehr wenige Tiere sind Überbleibsel des einstigen Südkontinents: wie einige primitive Froscharten und die Brückenechse, ein lebendes Fossil, von den Eingeborenen Tuatara genannt (Sphenodon punctatus). Dieser Zwergsaurier trägt ein verkümmertes drittes Auge auf der Stirn und kann ein Alter von dreihundert Jahren erreichen. Die Brückenechse findet sich heute allerdings nur noch auf kleinen Inseln vor der Küste.

Von Walen, Robben und einer kleinen Fledermausart abgesehen, gab es keine anderen Säugetiere in Neuseeland, ehe der Mensch welche einführte. Um so ungestörter konnte sich die Vogelwelt entwickeln. Die Inseln waren ein Königreich der Vögel, die es in schier unglaublicher Vielfalt gab: vom kleinen, leichtbeschwingten Fächerschwanz, von Staren, Schnäppern, Schwalben, Honigfressern, Tauben und Käuzen bis zu Papageien, Kakadus, Enten, Gänsen, Stelzvögeln, Sturmvögeln und Pinguinen oder flugunfähigen Rallen und flügellosen Schnepfenstraußen wie Weka und Kiwi. Die alles überragenden Könige der gefiederten Bewohner dieser abgelegenen Inseln aber waren die Moas, die flügellosen Riesenstrauße, von denen es mindestens zwanzig Arten gab; Neuseeland besaß mehr solcher Giganten, als die gesamte übrige Welt zusammen. Der größte von ihnen, der bis zu dreieinhalb Meter hohe Dinornis maximus, konnte wohl mit einem Tritt einen Menschen töten. Dennoch machten die Men-

Kiwis und (1860 schon ausgestorben) Moa.

schen diesen Riesen den Garaus, die großen Moa-Arten waren schon vor der Ankunft der Maori von den als Moajäger oder Moriori bezeichneten Vorsiedlern ausgerottet worden. Kleinere Arten verschwanden erst vor rund zweihundert Jahren. Der Wappenvogel, der Kiwi, ist heute der letzte Vertreter der flügellosen Strauße, die einst Neuseelands Fauna dominierten.

Neuseeland war ein Paradies ohne Adam und Eva, ein Garten Eden, in dem Tiere und Pflanzen in einer gewissen friedlichen Koexistenz lebten. Da ihnen ein harter Existenzkampf unbekannt war, entwickelten sie auch keine Abwehrwaffen wie Gift oder Dornen. Um so verwundbarer und wehrloser waren sie den aus anderen Kontinenten eingeführten Konkurrenten gegenüber, welche die einheimischen Arten rasch verdrängten und vernichteten. Schon die Maori brachten fremde Lebewesen mit, bedeutend mehr aber die Europäer; und das meiste, was mit ihnen kam, hatte verheerende Wirkung. Was jedoch übrigblieb bis heute, ist faszinierend. Glücklicherweise fanden Adam und Eva dieses Paradies erst sehr spät...

Polynesische Entdeckung

In Europa schrieb man das Jahr 1150. Die Menschen in der Südsee kannten diese Zeitrechnung nicht, denn sie zählten die Jahrhunderte nach Generationen. Vor neun Generationen war Kupe, ein Häuptling der Insel Raiatea bei Tahiti, von einer langen Seereise zurückgekehrt und hatte von einer neuentdeckten, großen Insel im Süden berichtet, die nur von riesigen Vögeln bewohnt sei. Um diese Insel zu finden und zu besiedeln, brach nun ein großes Boot mit Männern und Frauen unter ihrem Häuptling Toi von Raiatea auf – mit Kurs nach Südwesten. Der Nordostpassat trieb das große Auslegerboot mit dem riesigen Dreieckssegel stetig vorwärts. Zweitausend Kilometer lagen schon hinter den Seefahrern, deren Vorräte an Früchten und Kokosnüssen zur Neige gingen. Aber ihr Ziel lag vor ihnen: Schon seit Tagen hatten sie den Vorboten eines näherrückenden Gestades vor Augen, eine sich mächtig auftürmende Kumuluswolke. Endlich tauchte es am Horizont auf: Aotearoa das Land der großen, weißen Wolke!

Die Seefahrer gehörten jener Völkergruppe an, die von den europäischen Wissenschaftlern Polynesier genannt werden. Sie haben sich in kühnen Seefahrten den größten Lebensraum aller Völker angeeignet: ein Gebiet von über sechzig Längen- und Breitengraden im größten Ozean der Erde, dem Pazifik. Allerdings bestand der bewohnbare Raum nur aus zahlreichen größeren und kleinen Inseln, aus weit voneinander entfernten Archipelen, verteilt über das Meer wie die Sterne am Himmel. Da die Größe der Inseln jeweils nur einer beschränkten Anzahl von Bewohnern eine Existenz bot, mußten immer wieder ganze Sippen auswandern zu neuen Ufern, zu neuen Inseln. Das große Meer schien unerschöpflich reich zu sein daran, man mußte sie nur finden!

Mit ihren hochseetüchtigen Schiffen – entweder große Auslegerboote oder aus zwei aneinandergebundenen Kanus bestehende Katamarane mit aus Pflanzenfasern geflochtenen Segeln – durchpflügten die Polynesier den Stillen Ozean lange, ehe man in Europa von seiner Existenz erfuhr; sie segelten nach den Sternen, den Strömungen des Meeres, dem Wind und den Wolken.

So stießen sie weit ins Herz des großen Meeres vor, besiedelten Samoa, Tonga, Tahiti – und von Tahiti aus wurden die Hawaii-Inseln im Norden, die Osterinseln im Südosten und Aotearoa im Südwesten entdeckt. Allerdings waren ihnen in den zweihundert Jahren, die seit Kupes Fahrt vergangen waren, bereits andere zuvorgekommen: Die Reisenden aus Raiatea fanden eine Bevölkerung von kleineren und dunkleren Bewohnern vor, mit krausem Haar und breiten Nasen, offenbar Melanesier oder Polynesier mit starkem melanesischen Einschlag. Ihre Sprache glich derjenigen der Ankömmlinge, die so erfuhren, daß auch diese Siedler bei ihrer Ankunft auf der Insel schon Bewohner angetroffen hatten, die dann wiederum von ihnen absorbiert, vertrieben oder ausgerottet wurden – genauso, wie dies mit den Moas schon geschehen war.

Den Moajägern wurde nun das gleiche Schicksal zuteil. Die «Maori», wie sich die Leute aus Raiatea nannten, waren nun die Herren im Lande, zumal sie weitere Verstärkung aus der Heimat bekamen. Die letzte große «Flotte» erreichte Aotearoa um 1350. Die Einwanderer verdrängten die Moriori, ihre Vorgänger, systematisch: Sie absorbierten sie durch Heirat, zwangen sie auszuwandern oder brachten sie um.

Stein, aus Holz, Muscheln oder Knochen. Sie lebten in Stammesgemeinschaften, in denen strenge «Tapus» das Zusammenleben regelten. Monogamie war üblich, allerdings hatten Häuptlinge manchmal zwei Frauen. Der einzelne besaß wenig Eigentum und hatte nur untergeordnete Bedeutung; der Stamm allein war wichtig, und für jedes Mitglied bestanden ihm gegenüber Verpflichtungen, denen es sich nicht entziehen konnte. Was immer dem

Maori – missioniert und in europäischer Tracht.

Die Maori waren große, kräftige, hell- bis mittelbraune Menschen mit schwarzem, leichtgewelltem Haar, dunkelbraunen Augen und starken, gesunden Zähnen. Männer und Frauen von Rang ließen sich tätowieren: bei den Männern Gesicht, Hüften und Oberschenkel, bei den Frauen Lippen und Kinn, manchmal auch Taille und Stirn. Alle Polynesier sind musikalisch und künstlerisch begabt. Sie verfügten über ein ausgezeichnetes Gedächtnis, was für ihre mündliche Überlieferung von Bedeutung war. Sie besaßen keine Metallwerkzeuge, ihre Geräte waren aus

Stamm zugefügt wurde, mußte von diesem gerächt werden. «Utu» – Sühne, Rache oder Vergeltung – war ein zwingendes Gesetz, dessen Nichtbefolgung den Verlust von «Mana» – Ehre, Würde und Bedeutung – mit sich brachte.

Tatsächlich hatten diese «Wikinger des Sonnenaufgangs», wie sie manchmal genannt werden, einiges gemeinsam mit den Atlantikfahrern. Ähnlich wie diese lebten die Maori in einer Dreiklassengesellschaft. Zur Adelskaste gehörten die Häuptlingsfamilien und die «Tohungas», die Priester, Seher, Zauberer und Bewahrer der mündlichen Überlieferung. Die Krieger, Handwerker, Jäger und ihre Familien bildeten den zweiten Stand. Daneben gab es eine Sklavenkaste aus Kriegsgefangenen der zahlreichen Stammesfehden. Auch die Polynesier glaubten an ein Pantheon von Naturgottheiten, deren Gunst und Ungunst man ausgeliefert war; daher beherrschten Aberglaube und furchtsames Beobachten von Omen und Zeichen ihr Leben. Und wie die Wikinger waren die Polynesier Seefahrer, Entdecker und Eroberer aus Leidenschaft.

Während des 12. und 13. Jahrhunderts bestand noch lebhafter Schiffsverkehr zwischen der Tahiti-Gruppe und Aotearoa. Nach der Landung der «Flotte» verlor sich dieser Kontakt zwischen den Archipelen. Aotearoa war die letzte und größte Entdeckung der Polynesier, die einzige Inselgruppe ihres Siedlungsgebiets, die nicht in den Tropen lag. Zwar gab es auch hier, wie auf den meisten ihrer Inseln, Feuerberge, aber in der «Zeit der kurzen Tage» lagen sie tief unter dem Schnee, der selbst in der warmen Jahreszeit nie ganz abschmolz. Noch ungastlicher war das Klima auf der langgestreckten Südinsel, deren hohe Bergketten das ganze Jahr über vergletschert blieben und deren Eiszungen bis in den subtropischen Urwald hinunterreichten. Die südlichste (Stewart-)Insel war im Winter heftigen Stürmen ausgesetzt.

Die Nordinsel wurde in der Vorstellung der Maori vom Gott Maui aus dem Meer gefischt, wie auch viele andere pazifische Inseln. Daher bekam sie den Namen «Te Ika a Maui» – «der Fisch des Maui». Die langgestreckte Südinsel wurde erst als das Kanu Mauis angesehen: «Te Waka a Maui». Als man aber die Nephritvorkommen an den Ufern der großen Fjorde im Südwesten entdeckte (die mit Schiffen geholt und für Schmuck, Geräte und Waffen verwendet wurden), nannte man sie «Te Wai Pounami» – «Wasser des grünen Steins». So wurde auch aus der Stewart-Insel (zuerst «Te Punga o te Waka a Maui» – «Der Anker von Mauis Kanu» genannt) bald «Rakiura» – «Land des klaren Himmels».

In diesem großen, aber kühlen Land zwangen ungewohntes Klima und Mangel an bekannten Rohstoffen die Maori zu größeren Anstrengungen, um zu überleben. Da von den mitgebrachten Nutzpflanzen nur Taro und Kumara (Süßkartoffel, Ipomea batata) hier gediehen, mußten andere eßbare Gewächse, Wurzeln, Blätter, Samen gefunden werden. Fische und Muscheln, Vögel und Vogeleier sowie die eingeführten Hunde und Ratten gehörten außerdem zu den Nahrungsmitteln. Die Speisen wurden im Erdofen zwischen im Feuer erhitzten Steinen oder in den kochenden Quellen zubereitet. Kleidung wurde aus Flachs hergestellt, ebenso Leinen, Matten, Segel, Fackeln und Leim. Vogelfedern dienten als Material für kostbare Umhänge.

Besonders in der Bearbeitung von Holz waren die Maori Meister. Die Giebelbalken ihrer Beratungs- und Vorratshäuser wurden mit kunstvollen Schnitzereien verziert, die Götter, Fabelwesen oder Gesichter mit drohend herausgestreckter Zunge zeigen, die Zwischenräume füllen geschickte Spiralmuster. Bug und Heck ihrer großen Einbäume, in denen achtzig bis hundert Ruderer Platz hatten, wurden mit herrlichen, oft durchbrochenen Schnitzmustern versehen. Kunstwerke aus Holz waren auch die großen Eingangstore in den Palisaden, hinter denen ihre Dörfer angelegt waren. Diese befestigten Siedlungen sind einmalig in Polynesien und wurden «Pa» genannt. Die Maori waren ein kriegerisches Volk und ihre Stammeskriege zahlreich; darum errichteten sie so starke Befestigungen, Erdwälle und Gräben, daß nicht einmal modern ausgerüstete Truppen der Engländer in den späteren Kriegen sie erobern konnten. Es gab immer einen Grund, «Utu» an einem Nachbarstamm zu üben. Die braunen Männer waren harte, listige Krieger; die Würde eines Mannes hing von seiner Tapferkeit und von seinem Redetalent ab. Der Kampf Mann gegen Mann endete meist mit dem Tod – und dem Verzehr des Gegners. Damit glaubte man, dessen Mut und Tapferkeit in sich aufzunehmen. Allerdings wurden auch Kriegsgefangene als Sklaven mitgeführt.

Diese nie endenden Stammeskriege verhinderten einen starken Bevölkerungszuwachs. Man schätzt, daß es in Neuseeland vor der Ankunft der Weißen etwa 150 000 Maori gegeben hat.

Auch die braunen Besiedler Neuseelands haben Bäume gefällt und Vögel gejagt, einige bis zur Ausrottung (wie die Moas). Sie haben fremde Pflanzen und Tiere importiert und damit begonnen, Neuseelands Natur zu verändern. Aber ihre Eingriffe in die Natur und ihr ökologisches Gleichgewicht blieben begrenzt. Die kriegerische Entschlossenheit der Maori verhinderte die Einwanderung von Fremden; kein anderes Volk in der Südsee war diesen wilden Kriegern gewachsen.

Die Gefahr, die Menschen, Tiere und Pflanzen dieses Inselreichs bedrohte, kam von der anderen Seite der Erde...

Die Ankunft der Europäer

Am 13. Dezember 1642 tauchten an der Nordwestküste von «Te Wai Pounami» – der Südinsel – die prallen Segel zweier europäischer Schiffe auf: die «Heemskerk» unter dem Kommando des Kapitäns der Niederländischen Ostindien-Compagnie, Abel Tasman, und der «Zeehaen» unter dem Ostfriesen Ide Holmann. (Wer weiß schon, daß ein Deutscher aus Jever zu den Entdeckern Neuseelands gehört?) Die kleine Flotte war mit dem Auftrag ausgeschickt worden, eine bisher unbekannte Küste (die westaustralische) zu erforschen, an der schon mehrere holländische Segler zerschellt waren. Möglicherweise war es der vermutete Südkontinent, die «Terra australis incognita»!

Nachdem die beiden Schiffe das westliche sowie das südliche Australien umfahren und die Insel entdeckt hatten, die heute «Tasmanien» heißt, waren sie mit Ostkurs weitergesegelt. Eine Woche später tauchte zu Tasmans ungläubigem Staunen Land an der Steuerbordseite der Schiffe auf. Sie liefen in eine einladende, von dichtem Grün umrahmte Bucht ein und gingen vor Anker. Während Tasman die unbekannte Küste eifrig kartierte und ihr den Namen «Statenland» zu Ehren der Niederländischen Generalstaaten gab, wurden Matrosen mit dem Beiboot zum Frischwasserholen an Land geschickt. Plötzlich schossen von kriegerischen Eingeborenen bemannte, schlanke Boote auf die Kutter der Holländer zu; die «Wilden» überfielen die Matrosen und richteten mit Keulen und Speeren ein Blutbad unter ihnen an. Nur mit Mühe konnten sich die Überlebenden auf die Schiffe retten, verfolgt von den Maori, die sich auch durch Schüsse nicht abschrecken ließen. Als Tasman einsah, daß die Eingeborenen jeden Landeversuch vereitelten, ließ er die Anker lichten. Die beiden Schiffe verließen die «Mordbucht», ohne daß das Rätsel der Zugehörigkeit dieser Küste zu irgendeinem Kontinent gelöst war. Während die Segler Kurs nach Nordwesten nahmen, zurück nach Batavia, sah Tasman die Umrisse des rätselhaften Landes am Horizont verschwinden, das er zwar entdeckt, benannt, aber nie betreten hatte. Tasmans «Statenland» wurde bald nach seiner Heimatprovinz benannt: Nieuw Zeeland.

Den ersten Landungsversuch von Europäern hatten die Maori somit erfolgreich abgewehrt. Erst 127 Jahre später kam das nächste europäische Schiff. Es war die «Endeavour», mit welcher der englische Kapitän James Cook, von Tahiti kommend, am 7. Oktober 1769 an der Ostküste von «Te Ika a Maui» vor Anker ging. Auch Cook war mit dem Geheimauftrag unterwegs, das Südland zu entdecken. Was lag näher, als Tasmans Küstenlinie näher in Augenschein zu nehmen?

Aber Cook machte ähnliche Erfahrungen wie Tasman: Wieder wehrten die Inselbewohner alle Landungsversuche der Fremden ab – ungeachtet der Schußwaffen, von denen die Briten Gebrauch machten. Erst nach mehreren vergeblichen Versuchen fanden sie einen freundlicheren Stamm, der sich von Tupia, einem mit der «Endeavour» reisenden Tahitianer, von der Harmlosigkeit und den friedlichen Absichten der «Pakehas», der Weißen, überzeugen ließ, denn einigermaßen verstanden die Maori den Polynesier. Die Engländer durften landen, ihre Wassertonnen füllen, einen Vorrat an Süßkartoffeln einhandeln und als erste Europäer ein «Pa» besichtigen. Cook drückte seine Bewunderung darüber aus, daß Steinzeitmenschen derartige Befestigungen errichten konnten!

Während Cook der Küste entlang dieses Land umsegelte und kartierte, begriff er rasch, daß er keinen Kontinent, sondern einen Archipel vor sich hatte. Weiterhin blieben friedliche Begegnungen mit den Eingeborenen eine Ausnahme, immer wieder kam es zu Gefechten zwischen den Briten und ihnen, was Cook Gewissensbisse bereitete, denn er gehörte zu den wenigen Entdeckern, die auch «Wilde» für Menschen hielten. Als Soldat bewunderte er die Tapferkeit und Männlichkeit der Maori.

Weniger zart besaitet waren allerdings französische Seeleute. Während die «Endeavour» nach Umseglung der Nordspitze von «Te Ika a Maui» an der Westseite weiterfuhr, ging an der Ostküste die «Saint-Jean-Baptiste» unter Kapitän de Surville vor Anker. Die Maori dieser (von Cook «Doubtless Bay» genannten) Bucht erlaubten den Franzosen nicht nur, ihre zahlreichen Skorbutkranken an Land zu bringen, sondern retteten auch die Insassen eines bei hohem Seegang gekenterten Landungsbootes. Die Hilfe der Eingeborenen und die Gastfreundschaft des Stammeshäuptlings, der den Kranken sein Haus zur Verfügung stellte, belohnte Surville mit dem Niederbrennen des Pa und der Maori-

boote sowie der Entführung des hilfreichen Häuptlings für den Diebstahl eines Beibootes. Am nächsten französischen Schiff, der «Marquis de Castries», das drei Jahre später hier vor Anker ging, übten die Maori «Utu»: Sie erschlugen den Kapitän Marion du Fresne mit sechsundzwanzig seiner Seeleute, wofür die Franzosen drei Pas vernichteten und fünfzig braune Krieger umbrachten. Die Maori haben den «Wiwis» (von «oui, oui») ihre Grausamkeit nie verziehen.

Cook verließ Neuseeland nicht, ohne es offiziell für Großbritannien annektiert zu haben; am 31. März 1770 nahm die »Endeavour« Abschied von den Inseln und nahm Kurs auf Ostaustralien. Auch auf seinen beiden folgenden Weltreisen kehrte Cook stets nach Neuseeland zurück. Während der zweiten Fahrt begleiteten ihn zwei Deutsche, Vater und Sohn Forster. Dem jungen Georg Forster verdanken wir einen der frühesten Berichte über Neuseeland.

Nach Cooks Weltreisen war die Geographie der Antipoden weitgehend bekannt, er hatte Australien als den gesuchten Südkontinent identifiziert. Für die Schiffe, die von nun auf seiner Spur zum Stillen Ozean vorstießen, war es keine Reise ins Unbekannte mehr.

Allerdings waren die Passagiere, die von diesen Schiffen zu den Antipoden transportiert wurden, keine Elite der weißen Menschheit. Es waren Unliebsame, Missetäter, Rebellen und Verbrecher, die zur Deportation in die neue britische Verbrecherkolonie in Südostaustralien verurteilt worden waren, es waren Robben- und Walfänger, die immer weiter in den südlichen Pazifik vorstießen und sich mit ihren Feuerwaffen den Zugang zu den Inseln erzwangen.

Bald qualmten die Trantöpfe auch an den Buchten Neuseelands. Auf den Schiffen der Walfänger fanden auch entlaufene Sträflinge und Deserteure der englischen Schiffe ihren Weg nach Neuseeland. Viele dieser Leute waren von brutaler Roheit. Oft entführten die Walfänger Maori, um sie als Harpuniere einzusetzen. Sie behandelten diese stolzen Krieger wie das Gesindel auf ihren Schiffen, ließen sie für irgendein Vergehen auspeitschen und verletzten damit das «Mana», deren menschliche Würde, aufs schwerste. Wenn dann die Maori, entsprechend ihrem Gesetz, «Utu» übten und sich an den Peinigern rächten, entsetzte sich die zivilisierte Welt über die «blutrünstigen Barbaren».

Die Walfänger dezimierten nicht nur in we-

«Endeavour» hatten Kriege und Epidemien die Zahl der Maori um die Hälfte verringert.

Erst 1814 kamen andere Weiße ins Land, als englische Missionarsfamilien sich in der Bay of Islands (nördlich von Auckland) niederließen. Sie hatten ihr Leben den Eingeborenen dieses Landes gewidmet und waren bereit, die Kranken zu pflegen, die Jungen zu unterrichten, die alten Stammestabus durch christliche Gebote und «Utu» durch Näch-

Tongariro und Ruapehu auf der Nordinsel um 1860.

nigen Jahren die Wale und Robben dieses Gebietes, sondern waren auch für den Tod Tausender Maori verantwortlich. Durch sie kamen die Eingeborenen in den Besitz von Gewehren. Die mit diesen überlegenen Waffen ausgerüsteten Stämme fielen vernichtend über ihre Nachbarn her; so wurden aus Stammeskämpfen blutige Ausrottungskriege.

Noch schlimmer aber wüteten die durch die Weißen eingeschleppten Masern, Pocken, Keuchhusten, Diphtherie, Tuberkulose unter den Eingeborenen, Krankheiten, gegen die sie keinen Widerstand besaßen. Ein halbes Jahrhundert nach dem Besuch der

stenliebe zu ersetzen. Die Missionare taten alles, was in ihrer Macht stand, um die Eingeborenen gegen jene weißen Elemente zu schützen, die Charles Darwin bei seinem Besuch 1835 den «Abfall der menschlichen Gesellschaft» nannte. Aber auf eine andere Weise brachten auch sie verheerende Übel ins Land, denn sie importierten Pferde, Kühe, Ziegen und Haustiere wie Katzen und Hunde; sie bauten europäisches Gemüse, Obst und Getreide an. Darwin erkannte als erster mit Besorgnis, wie sich diese aus Europa eingeführten Pflanzen auf Kosten der einheimischen Flora ausbreiteten.

Aber das war nur der bescheidene Anfang einer Entwicklung, die nicht mehr aufzuhalten war und Generationen von Neuseeländern zur Verzweiflung bringen sollte, indem sie Neuseeland bald zum klassischen Exempel einer schwerstens aus dem ökologischen Gleichgewicht gebrachten Natur werden ließ.

In Großbritannien, wo die großen sozialen Umwälzungen des frühen Industriezeitalters sowie die Depressionen der Napoleonischen Kriege Tausende besitz- und heimatlos gemacht hatten, wozu eine durch einen Kartoffelparasiten verursachte Hungersnot in Irland kam, träumte inzwischen ein Mann namens Wakefield einen utopischen Traum von einem besseren, geläuterten Britannien, das in jenem Land auf den Antipoden entstehen sollte, wohin man alles verpflanzen wollte, was England liebenswert machte, während man die Probleme zurücklassen wollte. Eine glücklichere Gesellschaft, aus ausgesuchten Einwanderern aller Stände und Berufe zusammengesetzt, sollte dort ohne die Entartungserscheinungen der Industrialisierung leben, in idyllischer Lauterkeit. Wakefield gründete eine Organisation, die «New Zealand Association» (aus der später die New Zealand Land Company wurde), und in Kürze meldeten sich viele tausend Interessenten. Entsetzt über die Pläne dieser Gesellschaft appellierten die Missionare von Neuseeland aus an die britische Regierung, einzuschreiten, wenn man verhindern wolle, «daß die Kinder dieses Landes enteignet werden». Aber erst, als Wakefield durch seinen Bruder acht Millionen Hektar Land von den Maori gegen einige tausend Decken, Hemden, Jakken, Hosen, Schuhe, Gewehre, Feuersteine, Pulver, Äxte, Fischhaken, Scheren und andere Geräte «ertauschte» und bereits die ersten Einwandererschiffe unterwegs waren, reagierte die englische Regierung und schickte einen Marineoffizier namens Hobson (der auch der erste Gouverneur der Kronkolonie New Zealand wurde) zu den Antipoden. Die Missionare, die das Vertrauen der Maori besaßen, hatten die Häuptlinge zusammengerufen, denen die englische Krone ihren Schutz anbot. So wurde der berühmte Vertrag von Waitangi geschlossen, in dem die Maorihäuptlinge der englischen Krone ihre Souveränitätsrechte übertrugen, wofür ihr Volk als völlig gleichberechtigtes Mitglied der britischen Völkerfamilie mit allen Rechten und Möglichkeiten anerkannt und ihnen der Schutz ihres Landes sowie ihres Besitzes garantiert wurde.

Beide Vorhaben waren von vornherein zum Scheitern verurteilt – wie alle Pläne, welche die Realitäten ausklammern.

Was die «New Zealand Association» betraf, so zeigte es sich bald, daß eine europäische Feudalgesellschaft nicht in ein jungfräuliches Land ohne jegliche Zivilisation verpflanzt werden konnte. Von den «Bürgern aller Schichten» blieben nur die Bauern und Handwerker; die gehobenen intellektuellen Einwanderer, für die hier kein Wirkungsfeld war, kehrten zum großen Teil zurück nach England.

Aber ebenso unmöglich war es für Hobson, den Gouverneur des nun zur Kronkolonie gewordenen Inselreichs, auf die Dauer das Gebiet der Maori vor den in immer größerer Zahl heranströmenden Siedlern zu schützen und die Einwanderer daran zu hindern, von den Eingeborenen Land zu erwerben – auf reelle oder unreelle Weise. Aber immerhin wurde ein Teil des Wakefieldschen Traums Wirklichkeit: Die Briten schufen hier eine englische Landschaft. Immer mehr Siedlungen entstanden, von denen einige dazu bestimmt waren, die wichtigsten Städte Neuseelands zu werden: Auckland im Norden und Wellington im Süden der Nordinsel, Christchurch und Dunedin auf der Südinsel. Immer mehr Busch mußte Äckern und Gärten weichen, auf denen aus England importiertes Gemüse, Obst, Getreide, Beeren, Büsche und Blumen angepflanzt wurden, die sich in Kürze in ungeahntem Maß ausbreiteten; bald bedeckte Besenginster weite Gebiete und wucherten Brombeerhecken wie Dornenfestungen empor.

Auch die Fauna veränderte sich dramatisch. Von Schiffsratten abgesehen, die als blinde Passagiere eingewandert waren (und die Neuseelandratten rasch verdrängten), kamen neben den Nutztieren Rinder, Pferde, Ziegen, Schafe und Schweine auch Haustiere wie Hunde und Katzen ins Land. Viele Opossums aus Australien und – als Krönung dieser schier unglaublichen Kurzsichtigkeit – Kaninchen.

Unter den idealen Bedingungen, welche die neue Heimat den eingeführten Tieren bot, und ganz ohne ihre natürlichen Feinde, vermehrten sie sich rasant. Bald schwanden Koniferen und Baumfarne, Büsche und Bergblumen dahin durch Wildfraß. Verödetes Land blieb zurück, das die Kaninchen

Missionsstation am Taupiri mit Maorischule um 1860.

von ihnen entliefen und begannen im Busch zu streunen, wobei sie Gelege zerstörten und sich an den Vögeln gütlich taten, besonders an denen, die nicht fliegen konnten. Auch europäische Konkurrenz wurde den Vögeln zum Verhängnis, wie Finken, Lerchen, Drosseln, Amseln, Stare.

Aber nicht genug damit. Man träumte vom fröhlichen Halali, wie es in Großbritannien so beliebt war, und führte Wild ein: Hirsche, Damwild, Rehe und Gemsen aus Europa und Amerika, Steinböcke aus dem Himalaya, vollends kahlfraßen und mit zahlreichen Gängen unterminierten. Entsprechend ihrer sprichwörtlichen Fruchtbarkeit vermehrten sie sich ungestört; bald wimmelte das ganze Land von Kaninchen, und es war nun kein Vergnügen mehr, Kaninchen zu jagen, denn sie entwickelten sich zu einer furchtbaren Plage, der niemand mehr Herr werden konnte. Als man schließlich zu einem Mittel griff (das auch heute noch von weisen Besuchern aus Europa als «Lösung» vorgeschlagen wird) und nämlich vierbeinige Feinde, Marder, Wiesel und Frettchen, einführte, zeigte es sich bald, daß diese viel müheloser satt wurden an den hilflosen Vögeln.

Als ob die Kaninchen nicht schon genügend Land zerstört hätten, strömten 1860 auch noch Tausende von Glückssuchern aus aller Herren Länder – auch aus China – herbei, da man auf der Südinsel Gold gefunden hatte. Die Digger wanderten flußabwärts in die Berge und wühlten die Flußufer um, siebten das Geröll durch und brannten alles nieder, was ihnen an Bäumen oder Büschen im Weg war. Sie lösten eine Bodenerosion aus, die bis heute ihre unübersehbaren Spuren hinterlassen hat. Schwollen im Frühjahr nach der Schneeschmelze die Flüsse an, rissen sie ganze Goldgräbersiedlungen mit sich fort; keine Chronik hat je die Toten gezählt.

Auch auf der Nordinsel hielt der Tod reiche Ernte. Die Maori empörten sich gegen die «Pakehas». Sie sahen, wie ihre Gebiete, ihre Strände und Dörfer in den Privatbesitz von Weißen übergingen, sie fühlten sich enteignet, übergangen, bestohlen und griffen zu den Waffen. Nach der Auslegung des Vertrags von Waitangi war dies Rebellion. Und so wurden ganze britische Regimenter im Kampf gegen die Eingeborenen eingesetzt, deren Waffen vorwiegend aus Steinkeulen und Holzspeeren bestanden. Dennoch kämpften die Maori mit Tapferkeit und Fairneß, für sie war Krieg immer etwas wie Sport gewesen.

Der Sieger stand von vornherein fest. Am Ende dieser Kriege, die sich bis 1870 hinzogen, hatten die Eingeborenen zwar die Hochachtung der «Pakehas» gewonnen, aber viele ihrer besten Leute und eine Million Hektar Land verloren. Für die Maori war diese Niederlage eine bittere Erfahrung. Apathie und Resignation waren die Folge; sie schienen allen Lebensmut verloren zu haben, ja, ein sterbendes Volk zu sein.

Um 1860 gab es schon 100 000 Weiße im Land, doppelt so viele wie Maori – und dreißigmal mehr Schafe. Wolle wurde zum wichtigsten Exportgut. Gold und Wolle brachten eine kurze Blütezeit, in der Straßen, Brükken, Eisenbahn- und Telegrafennetz ausgebaut wurden. Aber das Gold war bald erschöpft, und der Wollpreis blieb abhängig von den Schwankungen auf dem Weltmarkt. Glücklicherweise ermöglichte die Erfindung von Kühlschiffen auch die Lieferung von Fleisch und Molkereiprodukten zum englischen Markt, wofür Großbritannien Industriegüter lieferte. Dieses Arrangement mit dem «Mutterland» erlaubte Neuseeland, seine eigene Industrie zu vernachlässigen. Hinzu kam die Kleinheit des Binnenmarkts, das Land hatte nicht mehr Einwohner als Hamburg. Auch der Mangel an Mineralien spielte eine Rolle, denn mit Ausnahme von Gold, Kohle, Schwefel und Phosphor finden sich Bodenschätze nur in unwesentlichen Mengen.

Einwanderer strömten weiter ins Land, nicht nur aus Großbritannien. Um die Jahrhundertwende zählte die Bevölkerung Neuseelands eine dreiviertel Million, darunter auch Skandinavier, Schweizer, Italiener, Dalmatiner, Franzosen und Deutsche – diese bildeten bis zum Ausbruch des Ersten Weltkriegs den stärksten nichtbritischen Bevölkerungsanteil, von den 50 000 Maori abgesehen.

1914 zog Neuseeland an der Seite Großbritanniens in den Krieg, der dem Land einen hohen Blutzoll abforderte. Noch mehr Neuseeländer starben an einer von den heimkehrenden Soldaten eingeschleppten Influenza-Epidemie.

Die Wellen der folgenden weltweiten Wirtschaftsdepression schlugen auch bald an Neuseelands Gestade: Arbeitslosigkeit und Verarmung vieler waren die Folgen. Die bisherige liberale Regierung wurde abgelöst von einer sozialistischen, die sich bis nach dem zweiten Krieg immer wieder durchsetzen konnte. Die Sozialisten hüllten die Neuseeländer in ein Netz sozialer Sicherung von der Wiege bis zur Bahre: Finanzhilfen für Mütter und Kinder, Familien, Witwen, «Häuslebauer», Mietzuschüsse, Rehabilitationszuschüsse, Altersrente für jeden, Erziehung und Krankenfürsorge zum Nulltarif und vieles andere mehr. Der kostenlose Gesundheitsdienst kam besonders den Eingeborenen zugute: regelmäßige Kontrolle, Früherkennung und Behandlung halfen Krankheiten, wie beispielsweise die Tuberkulose, zu überwinden. Die Maori faßten wieder Tritt, ihre Zahl begann wieder zu steigen, 1980 besaßen 280000 Einwohner mindestens zur Hälfte Maoriblut. Um die einheimische Industrieentwicklung zu fördern, wurden Schutzzölle errichtet. Mit der Gewißheit, daß Großbritannien die neuseeländischen Agrarprodukte zu privilegierten Bedingungen abnahm, konnte man nun den harten Pionierjahren eine Zeit des «Take it easy» folgen lassen.

Auch während des Zweiten Weltkriegs stand Neuseeland treu an der Seite Großbritanniens. Neuseeländische Soldaten, deren Heimat durch die japanischen Invasionsabsichten auf Australien selbst in Gefahr war, zum Kriegsschauplatz zu werden, kämpften in Europa und in Afrika gegen die «Jerries». Noch heute wird General Rommel, der «Wüstenfuchs», in Neuseeland als fairer und ritterlicher Gegner respektiert.

Die Nachkriegszeit aber brachte drastische Veränderungen für die Inseln. Zunächst war das kriegszerstörte Europa ein aufnahmefähiger Markt für Agrarprodukte. Neuseeland wurde der Welt größter Exporteur für Schaf- und Molkereiprodukte, der zweitgrößte für Wolle und der drittgrößte für Rindfleisch. Doch mit der Auflösung des Empire und dem Beitritt Großbritanniens zur Europäischen Gemeinschaft verlor Neuseeland einen großen Teil seines englischen Absatzmarktes. Es mußte sich nach anderen Handels- und militärischen Bündnispartnern umsehen, was nicht ohne schmerzliche Veränderungen vor sich ging. Die durch Protektionismus und Interventionismus gegängelte und durch zahlreiche Streiks beeinträchtigte Wirtschaft

spürte plötzlich den scharfen Wind des internationalen Wettbewerbs. Dazu kam die weltweite Ölkrise, die Neuseeland besonders hart traf und die wirtschaftlichen Schwierigkeiten verstärkte, die durch hohe Soziallasten, eine mächtige Bürokratie, wachsende Auslandsverschuldung, hohe Inflationsraten und sinkende Produktionsziffern verursacht wurden. Hohe Steuerlasten, steigende Lebenshaltungskosten und wachsende Arbeitslosigkeit ließen manchen die Koffer packen. Neuseeland, bisher immer ein Ziel für europamüde Einwanderer, wurde zum Auswandererland. Allein im Jahre 1978 standen den 28000 Einwanderern rund 40000 Emigranten gegenüber! Vor allem junge, qualifizierte Kräfte verließen resigniert ihre Heimat.

«Neuseeland muß umdenken lernen!», so Professor Frank Holmes, Mitglied eines neugegründeten Planungsrats und Verfasser der Schrift «New Zealand on the turning point». Umschalten vom vorwiegend auf Egalität, Bequemlichkeit und Versorgung gerichteten Denken auf mehr Leistung, mehr Wettbewerbsfähigkeit, mehr Initiative – auch bei der Suche nach neuen Märkten: vor allem im pazifischen Raum, in Amerika, Japan, den Philippinen, Malaysia, Singapur, Indonesien oder Thailand, ja bis zum Nahen Osten. Außerdem will Neuseeland zusammen mit den Vereinigten Staaten und Australien seine Aufmerksamkeit der nahen Antarktis widmen.

Auf militärischem Gebiet gehört Neuseeland mit Australien seit 1951 zu einer pazifischen Verteidigungsgemeinschaft, dem ANZUS-Pakt, und ist mit Großbritannien, Malaysia und Singapur durch einen Schutzvertrag verbunden. Auf dem Gebiet der Entwicklungshilfe für die dritte Welt gehört Neuseeland dem Colombo-Plan an; den asiatischen Ländern soll mit diesem Plan technische Hilfe geleistet werden. Unterstützung brauchen aber auch vor allem die Nationen der pazifischen Inseln, Neuseelands unmittelbare Nachbarn. Es ist Mitglied des Südpazifik-Forums, das ständige Konsultationen mit den Regierungen der Länder Australien, Fidschi, Tonga, Westsamoa, der Cook-Inseln und Nauru vorsieht, sowie Mitglied der Südpazifik-Konferenz, der Vertreter aller Nationen dieses Raums angehören.

Heute ist Neuseeland auf dem besten Weg, seine Identitätskrise zu überwinden. Neuentdeckte Rohstoffvorkommen helfen, optimistisch in die Zukunft zu blicken. Zu den über zwei Millionen Tonnen Stein- und Braunkohle, die jährlich gefördert werden, und den großen Schwefelvorkommen bei Taupo entdeckte man, daß der Sand an den Weststränden der Nordinsel große Mengen Eisen enthält, während Titan Bestandteil des Ilmenitsandes an der Westküste der Südinsel ist. Ein großes Erdgasfeld wurde bei Kapuni in der Provinz Taranaki gefunden und versorgt schon heute Industriebetriebe und Privathäuser der Nordinsel mit Gas. Und nicht weit vor der Küste von Taranaki entdeckte man ein anderes riesiges Erdgasvorkommen in der Tasmansee, dessen Nutzung helfen wird, Neuseelands Energieprobleme zu lösen, was wiederum die Neuschaffung zahlreicher Arbeitsplätze verspricht.

Neuseeland, das am längsten am mütterlichen Rockzipfel Großbritanniens festgehalten hat, ist im Begriff, sich auf sich selbst zu besinnen.

Rangi von Whakarewarewa

Meine erste Begegnung mit Rangi erfolgte mit einer Touristengruppe (vor allem Engländer und Amerikaner), um unter ihrer Führung das faszinierende Tal der Geysire von Whakarewarewa kennenzulernen – in der Tat eine höllische Landschaft! Brodelnder Dampf entsteigt überall dem Boden, in weiten Erdtrichtern blubbert stinkender Schlamm, grauer und brauner Morast wallt in dicken Blasen auf, schmatzend, zischend, Brei spuckend. Mit dumpfem Grollen kündigt sich der Ausbruch eines Geysirs an: eine kochende Wassersäule schießt empor, die dreißig Meter hohe Fontäne löst sich in Milliarden blitzender Wassertropfen auf, die feine Kalksubstanz hinterlassen; alles in der Umgebung des Geysirkraters ist von dieser körnigen Sinterschicht überzogen.

Wahrlich ein Gebiet für einen, der auszog, das Fürchten zu lernen! Wer sich zu nahe an die heißen Schlammtümpel heranwagt, kann leicht mit dem abbröckelnden Ufergestein in die kochende Brühe abrutschen. Von einer einst hier vermißten Touristin fand man nur noch Knochen und Stoffetzen in einer kochenden Quelle. So war es zweifellos vernünftig, sich Rangi anzuschließen, die uns sicher durch dieses Inferno führte!

Ihr richtiger Name war Rangitiara Ratema-Dennan – eine würdige Dame, wie die Huia-Feder auf ihrem Haupt verriet, ein Zeichen hohen Maori-Adels. Sie war, wie alle ihrer Rasse, nicht dunkler als eine sonnengebräunte Europäerin; in ihren klaren, braunen Augen lag ein Anflug von Wehmut, obgleich Maori von fröhlicher Natur sind, gerne lachen und jeden Scherz verstehen. Sie trug einen Umhang aus Kiwifedern, darunter den perlschnurartigen Rock und das hell-dunkel gemusterte Mieder aus Flachs. So schritt sie barfuß vor uns her über die heiße Erde von Whakarewarewa.

In dem Doppelwort «Fremden-Führerin» lag bei Rangi die Betonung deutlich auf dem zweiten, denn sie war eine leidenschaftliche Führerin ihres Volkes, dessen Geschichte, Tradition und Lebensweise sie den Besuchern nahezubringen versuchte: «Die ‹Pakehas› waren verwundert, Maorisiedlungen inmitten der dampfenden Thermen zu finden! Für uns bedeuteten diese Quellen Wärme, Kochtopf und Schutz! Auf diesen Schutz haben sich allerdings einst die Leute vom Tama-Stamm zu sehr verlassen, deren Pa von Geysiren und siedendem Schlamm umgeben war. Ihre Feinde überwanden diese Hindernisse, fingen und töteten den Häuptling der Tamas und warfen – eine ungeheure Demütigung – seinen Kopf in eine der kochenden Quellen. Diese Quelle heißt heute noch Komutumutu, Gehirnkochtopf! Die Tamas wurden damals endgültig aus Whaka vertrieben. Oh, sie waren wilde Krieger, die alten Maori!»

Auch heute noch findet sich hier ein Pa, in das Rangi ihre Besucher mit besonderem Stolz führte. Hinter der Palisadenmauer reihen sich Wohn- und Vorratshäuser diverser Siedlungsperioden aneinander, in der Mitte das schöne Gemeinschaftshaus, in dem die Stammesangelegenheiten beraten wurden. Die als Pfahlbauten errichteten Vorratshäuser und die großen Tore der Palisaden sind besonders gute Zeugnisse der traditionellen Holzschnitzkunst. Die mit Ocker rotgefärbten, von Spiralranken umgebenen Gestalten und Köpfe – Kriegerahnen, Götter, Geister und Ungeheuer – blicken mit ihren in der Sonne blitzenden Perlmuttmuschelaugen hochmütig auf die Besucher herab. – «Alle diese Skulpturen haben die Holzschnitzmeister der Maori mit Stein- und Muschelwerkzeugen hergestellt!», belehrte uns Rangi. «Diese Kunst, zu der ein langes Studium nötig war – nicht nur der handwerklichen Fähigkeiten, sondern auch der Mythen und religiösen Vorstellungen, welche die Motive lieferten –, wurde stets vom Vater auf einen seiner Söhne weitergegeben. Die Schnitzer waren ebenso hoch angesehen im Stamm wie einst die Steinmetzen europäischer Münsterbauhütten!» – Rangi war weit in der Welt herumgekommen und wußte, wovon sie sprach.

Das Modelldorf ist nicht bewohnt, es ist nur Museum, Erinnerung; aber die Maori vom Wahiao-Stamm, auf deren Gebiet es errichtet wurde, wohnen nahebei in einer hübschen kleinen Siedlung: rund um das schöne Gemeinschaftshaus angelegte Wohnhäuser, stets eingehüllt von Dampf und Schwefelgeruch, ein originelles Gemisch des Gestern und Heute. Über die Dachbalken mit den hölzernen Dämonen recken sich Fernsehantennen in den Himmel und zieht sich das Drahtgewirr elektrischer Leitungen, unter den verlängerten Wellblechdächern können die Autos untergestellt werden. Bad und Waschküche stellt die Natur zur Verfügung. Die Maorifrauen, die in einem warmen Bach ihre Wäsche waschen, grüßen Rangi ehrfürchtig; die putzigen kleinen Nackedeis, die in dieser Naturbadewanne planschen, sind es gewohnt, von Touristen angestarrt und fotografiert zu werden. – «Lange, ehe die ‹Pake-

Eingangstor zum Pa von Whakarewarewa.

has› die Hygiene entdeckten, war es für uns schon selbstverständlich, ein tägliches Bad zu nehmen! Wir hatten bald die Heilkraft gewisser Thermen erkannt, und wozu die Europäer nach Wiesbaden und Baden-Baden reisen, das hatten wir vor der Haustür!»

Auch die Küche wird von Mutter Natur zur Verfügung gestellt, zum Nulltarif. In vier Stunden sind die Kartoffeln in den Kochtöpfen auf dem heißen Sand gar.

Wo immer der Spaten die Erde aufreißt, strömt heißer Dampf oder Wasser aus dem Boden. Die Verstorbenen können auf dem kleinen Friedhof hinter dem bescheidenen Kirchlein nicht beerdigt, sondern nur in Betonmausoleen beigesetzt werden, die wie die Stufen einer Riesentreppe den Hang hinaufzuführen scheinen.

«Are you German?» fragte Rangi mich, als die Führung zu Ende war, und als ich zustimmte, meinte sie: «Ich freue mich, dich kennenzulernen; ich habe viele deutsche Freunde, du mußt mich unbedingt besuchen kommen!»

Erst ein paar Jahre später kam ich der Einladung nach, um mit Rangis Hilfe die Geysire, Schlammtümpel und die hier lebenden Maori zu filmen. Sie führte mich zu den schönsten Häusern, zu den Toren des Pa und den im nahen Puarengaflüßchen nach Pennies tauchenden Kindern. Sie holte die jungen Mädchen zum zierlichen Poitanz, der mit Flachsbällen ausgeführt wird, und führte mir die Herstellung von Flachsröcken und Federdecken vor. «Und wenn du nun Lust bekommen hast, noch mehr über die Maori zu erfahren, dann folge mir; bei einer Tasse Tee läßt es sich gut plaudern, und von mir kannst du vieles erfahren!»

So kam ich in Rangis prachtvolles Gästehaus, ein Werk ihres Großvaters. Giebelbalken, Fenster- und Türrahmen waren mit feinster Schnitzarbeit versehen, die inneren Dachbalken mit symmetrischen Spiral- und Bogenmustern bemalt, eine große Tuatara-Eidechse war in den dachtragenden Mittelbalken geschnitzt. – «Großvater baute es nach dem Haus, das einst unsere Familie am Rotomahanasee bewohnte, von wo sie vor hundert Jahren durch den großen Tarawerausbruch vertrieben wurde!»

Im Gegensatz zum ursprünglichen Maorihaus allerdings war Rangis Haus möbliert. Das Bett bedeckte eine kostbare Federdecke, auf Klavier und Kommode standen die gerahmten Fotos prominenter Persönlichkeiten, die Rangi durch Whaka geführt hat: Könige und Prinzen, Lords und Generäle, Minister und Schauspieler.

«Haere mai! Willkommen bei mir. Schau dich nur um – hier ist es, wie bei uns heute überall: halb Maori, halb ‹Pakeha›! Oder sogar dreiviertel ‹Pakeha› und nur noch ein Viertel Maori! Wie die Schulkinder dort auf der Straße, Maorikinder, die untereinander englisch sprechen und die nur noch ihre dunklere Haut von den Pakehakindern unterscheidet! Und wir Alten wissen nicht, ob wir darüber stolz oder bekümmert sein sollen!»

Rangi goß jetzt Tee in die Porzellantassen und lachte. «Wie findest du das, ich bin Maori, du bist Deutsche, aber hier sitzen wir beisammen und trinken wie die Engländer ‹Afternoon-tea›!»

«Ich finde es ganz vernünftig, hübsche Angewohnheiten von anderen Nationen zu übernehmen! Haben die weißen Sportler hier nicht den Haka, den einstigen Maorikriegstanz übernommen, den sie vor jedem Wettkampf aufführen?»

«Freilich, aber wir haben uns mehr und mehr von der Lebensweise der Pakehas angeeignet und dabei unsere eigene aufgegeben. Aber manchmal frage ich mich, ob die totale Anpassung an das Dasein der Pakehas für uns ein Fortschritt ist! Wissen unsere Kinder noch, wie wir früher gelebt haben? Was uns bewegte und was wir glaubten? Ich und meine Generation sind das letzte Bindeglied zu unserer Vergangenheit, denn ich habe sie noch erlebt. Zu meiner Kindheit lebten die Maori noch in ihrem Stamm. Wir pflanzten zwar Früchte und Gemüse an und hatten auch schon gelernt, Schafe oder Rinder zu halten. Aber wir blieben vor allem Sammler, Fischer und Jäger, wir waren keine seßhaften Bauern, eher Halbnomaden. Das Suchen von Pflanzen, Knollen, Blättern, Beeren, Vogeleiern, das Erlegen von Vögeln war von bestimmten Jahreszeiten abhängig, zwang uns, stets unterwegs zu sein. Uns war darum die Natur dieses wunderbaren Landes genau be-

Maori-Vorratshaus in Whakarewarewa.

kannt. Alle die Tiere und die Pflanzen, ja selbst die Steine und die Geysire waren für uns von magischem Leben erfüllt. Wir glaubten, daß in einigen der kochenden Quellen Ungeheuer lebten, die von tapferen Kriegern erlegt wurden – ähnlich, wie ihr es in der Siegfriedsage überliefert habt. Auch die vor uns hier angesiedelten Eingeborenen glaubten wir als boshafte Geister, als ‹Tangata Whenua›, noch unter uns. Wenn ein Häuptling starb, blieb zwar sein Körper hier, aber seine Seele wanderte zur Nordküste, um vom Kap Reinga aus den Weg über Te-Moana-Nui-a-Kiwa (den Pazifik) ins Vorfahrenland zurückzukehren. Aber die Geister der verehr-

ten Ahnen waren zugleich bei uns, denn selbst in den holzgeschnitzten Figuren unserer Stammeshäuser waren sie mit den Helden des Stammes gegenwärtig und wohnten allen Besprechungen bei.

Meine Großeltern, meine Mutter haben noch keine Schule besucht, nur wenige im Stamm sprachen oder schrieben englisch. Aber der Stamm, in dem sie geborgen waren, war eine feste Gemeinschaft, die keine Polizei, keinen Rechtsanwalt oder kein Gefängnis brauchte. Was nicht berührt oder nicht getan werden durfte, war tabu – verboten, heilig, unberührbar. Niemand wagte, ein Tabu zu verletzen, denn er war der Rache der Götter gewiß!

Unsere Kinder wurden zur Achtung vor den Älteren, vor den Häuptlingen und Tohungas erzogen. Ein gewisser Anteil jeder Jagd, jedes Sammelgangs war stets für die Alten bestimmt. Bei uns gab es keine Altersheime oder Waisenhäuser; in einem Stamm war niemand einsam, verlassen oder elternlos. Wer nicht einem der vielen Stammeskriege zum Opfer fiel, konnte ein hohes Alter erreichen, denn wir waren ein gesundes Volk. Fettleibigkeit, Gastroenteritis, Diabetes, Gicht, Karies oder Krebs lernten wir erst kennen, nachdem wir die Lebensweise und die Nahrung der Pakehas übernommen hatten!

Diese Assimilation brachte auch viele andere Probleme mit sich: Aus Kriegern wurden Farmer, aus Halbnomaden Seßhafte, aus Kannibalen Bürger. Die europäische Zivilisation machte zwar vieles bequemer; wie einfach war es, Feuer mit Zündhölzern zu entfachen, Essen in Kochtöpfen zuzubereiten, größere Entfernungen mit Hilfe von Pferd und Wagen zurückzulegen! Und wer machte sich noch die Mühe, Blätter, Wurzeln, Pflanzenmark zu suchen, wenn man im nächsten Geschäft Lebensmittel kaufen konnte? Aber dadurch verarmte unsere Nahrung; die ungewohnte Diät und die durch die Seßhaftigkeit akut gewordenen ungenügenden sanitären

Verhältnisse, die unsere Widerstandskraft verminderten, machten uns hilflos den von den Pakehas eingeschleppten Krankheiten gegenüber. Vor allem war die Kindersterblichkeit groß: Die Maori schienen ein sterbendes Volk zu sein.

Aber die Pakehas taten alles, was in ihrer Macht stand, um uns zu helfen. Ärzte und Krankenschwestern fuhren und wanderten bis zu den entlegensten Maorisiedlungen, um Kranke mit ihrer Medizin zu heilen, um Gesunde vor Krankheiten zu schützen, um die Mütter im Kampf gegen die Säuglingssterblichkeit zu unterrichten. Für die Maori war früher Krankheit die Strafe der Götter für eine Verletzung eines Tabu; sich dagegen zu wehren, war sinnlos, also resignierte man. Die Pakehas aber gaben nicht auf, sie kämpften entschlossen weiter, sie halfen uns, die Krise zu überwinden!

Mehr noch: Die Pakehas holten unsere Kinder in ihre Schulen, ihre Universitäten. Sie stellten bald erstaunt fest, daß die Maorikinder durch ihr gutes Gedächtnis, durch ihre angeborene Musikalität und ihre anerzogene Disziplin dem Schulunterricht gut folgen konnten. Sobald sie die englische Sprache beherrschten, standen sie den Pakehakindern um nichts nach! Freilich bin ich mir bewußt, daß die jungen Maori noch zuwenig Gebrauch machen vom Bildungsangebot, aber zweifellos braucht es mehr als zwei Generationen, um von der Steinzeit ins Atomzeitalter hineinzuwachsen!

Im übrigen habt auch ihr Deutschen dazu beigetragen, daß wir als ebenbürtig anerkannt wurden – nämlich durch die beiden Weltkriege, die Neuseeland auf seiten Großbritanniens mitmachte, so wie wir ja auch am Burenkrieg und Koreakrieg beteiligt waren. Zu diesen Kriegen wurden zwar die Maori nicht eingezogen, aber als Nachkommen großer Krieger meldeten sich viele freiwillig. Im Zweiten Weltkrieg stand ein Bataillon von tausend Maori-Freiwilligen an der Seite der weißen Landsleute. Das brachte uns die Achtung aller Neuseeländer ein! Auch mein Bruder ist bei El-Alamein gefallen – Kriegsschicksal!

Und heute? Heute sind wir Maori weitgehend integriert in die Welt der Weißen. Heute gibt es Maoriärzte, -zahnärzte, -wissenschaftler, -geistliche, -minister, -künstler und -spitzensportler. Aber haben wir uns nicht selbst dabei verloren? Wir sollten uns bewußt sein, daß wir keine Pakehas sind, sondern Polynesier, die fast ein halbes Jahrtausend vor ihnen diese Inseln fanden und zu ihrer Heimat machten! Wir haben unsere eigene Sprache, Tradition und Kultur; wir sind Maori, und das sollten wir nie vergessen!»

Von meinem nachdenklichen Abschied an diesem Abend bis zu unserem Wiedersehen vergingen mehrere Jahre. Es war im September 1963; ich hatte ihr die gewünschte Kuckucksuhr mitgebracht und bekam von ihr eine Schallplatte mit Maorigesängen. Sie begrüßte mich mit dem traditionellen Nasenberühren. Es war ein fröhliches, von Lachen erfülltes Wiedersehen, als wir beide versuchten, Maorilieder ins Englische zu übersetzen. Aber es war nur ein kurzer Besuch – zu kurz, um noch einmal miteinander ins Gespräch zu kommen, denn nur wenige Tage später verließ ich Neuseeland. «Come back and don't forget us!», bat Rangi zum Abschied.

Als ich nach über zehn Jahren nach Whakarewarewa zurückkehrte, war Rangis Seele über Kap Reinga im Norden zum Land der Vorfahren zurückgekehrt, während ihr Körper in einem der weißgetünchten Betonmausoleen auf dem Friedhof von Whakarewarewa ruhte. Sie war in ihrem sechsundsiebzigsten Lebensjahr gestorben.

Die Probleme der Koexistenz von braun und weiß in Neuseeland sind bis heute nicht vollends gelöst, obgleich sie weitaus geringer sind als in anderen Ländern mit teilweise weißer, teilweise farbiger Eingeborenenbevölkerung – dank der erstaunlichen Anpassungsfähigkeit der Maori. Heute wächst ihre Population: 1979 waren neun Prozent der neuseeländischen Bevölkerung Eingeborene, aber sie machten dreizehn Prozent der Einwohner unter fünfzehn Jahren aus. Gerade die Jungen zieht es mehr und mehr in die Städte, und damit entfernen sie sich aus der Geborgenheit ihrer Familie und des Stammes. In den Städten ringen sie um die wenigen Arbeitsstellen in Konkurrenz mit den vielen Insulanern der nahen Pazifikinseln. Arbeitslosigkeit, Vereinsamung und Verproletarisierung verursachten bald Auflehnung und Unruhen radikaler junger Maori.

Doch es ist das Verdienst von Menschen wie Rangi, daß Sprache, Geschichte und Kunst der Maori in immer mehr Schulen und Universitäten in das Unterrichtsprogramm aufgenommen werden. 1980 lernten rund 65 000 junge Neuseeländer die Maorisprache und versuchten damit den Schlüssel zum Verständnis dieser alten Kultur zu finden – als eigenständiges Erbe Neuseelands.

Land und Leute –
Streiflichter von Neuseeland

Immer wieder ist es ein Wunder, nach langem Flug über Dschungel, Reisfelder, Palmenhaine und Tropenmeere plötzlich vergletscherte Felsgrate, grüne Weiden und die Dächer einer britischen Stadt auftauchen zu sehen – es ist wie eine Heimkehr nach Europa.

Dieser Eindruck verstärkt sich nach der Landung in Wellington. Der erste Blick umfaßt die grünen, von goldgelben Ginsterbüschen gesprenkelten Hügel, die hübschen, in Gärten gebetteten Häuser an den Hängen, die freundlich auf die Ankömmlinge herabblicken, als riefen sie uns zu: «Willkommen, Gast aus der Fremde, der du dich an unseren landschaftlichen Wundern erfreuen willst! Willkommen auch du, Einwanderer, der du hierbleiben willst! Wenn du nicht zu hoch hinauswillst im Leben, wenn dir nicht Geld und Geltung über alles gehen, wirst du dich hier wohl fühlen, denn dieses Land ist das

Paradies des kleinen Mannes, der mit dem einfachen Dasein zufrieden ist!»

Tatsächlich ist das typisch englische «Understatement» in Neuseeland fast zur Weltanschauung geworden. Nichts ist verpönter, als sich wichtig zu tun, als etwas Besonderes herausragen zu wollen. Auch die Hauptstadt dieses Landes richtet sich danach; sie will nicht imponieren; sie wirkt nicht protzig-beeindruckend, sondern eher wie eine europäische Kleinstadt, und zweifellos hat Wellington nur deshalb mehr Hochhäuser als das viel größere Auckland, weil die um die Hafenbucht steil ansteigenden Hügel der City nicht genug Platz gelassen haben, so daß die Büro-, Verwaltungs- und Regierungsgebäude nur nach oben wachsen konnten, während die Wohnhäuser (in der City wohnt man nicht!) auf die Hügel ringsum und über diese hinweg ausgewichen sind. Die Straßen führen in oft abenteuerlich steilen Serpentinen aufwärts, und die Häuser krallen sich an die Hänge wie Austern an Felsufer.

Am Samstag ist Wellington wie ausgestorben, sind die Straßen leer, wo während der fünf Wochentage ein lebhafter Verkehr herrscht, wo Autos und Busse sich über die Avenuen drängen, wo luftig gekleidete Spaziergänger, Familien auf Einkaufsbummel, Eilige auf dem Weg zum Arbeitsplatz, Abgeordnete unterwegs zum Parlament die Gehsteige bevölkern. Denn der Samstag ist ein zweiter Sonntag; vor allem dient er den sportlichen Veranstaltungen wie Rugby und Pferderennen, da im Sinne des Puritanismus der Sonntag als geheiligter Ruhetag zu gelten hat. Am Samstag sind die Wellingtoner unterwegs zum Fischen an einem der Seen oder Flüsse, zum Wandern oder zum Segeln an der Küste. Nur die Touristen geben den Taxifahrern etwas zu verdienen.

Wellington ist vor allem eine Stadt der Beamten. Von den 350 000 Bewohnern der Agglomeration sind 60 000 im Dienst der politischen und administrativen Organe des Landes, von den Angehörigen zahlreicher

Botschaften, Gesandtschaften und Konsulate ganz zu schweigen.

Regiert Wellington Neuseeland, so regiert freilich der Wind Wellington; er ist allgegenwärtig und steigert sich gelegentlich zu wilden Böen von über hundert Stundenkilometern Geschwindigkeit. Mit Wind und gelegentlichen Erdstößen müssen die Bewohner von Wellington leben, denn «der Fisch des Maui» wird von Zeit zu Zeit unruhig. Die Metropole Neuseelands liegt auf dem Boden eines vulkanischen Landes. Dennoch lieben die Hauptstadtbewohner ihre Stadt am Verbindungspunkt beider Inseln, den Ausgangspunkt von Fahrten zum herrlichen Mount Egmont an der Westküste, zur fruchtbaren Hawkes Bay im Osten oder zum Tongariro-Nationalpark mit seinen drei Vulkanen.

Und das wirft die Frage auf: Wie lebt man hier? Nehmen wir als Beispiel eine neuseeländische Durchschnittsfamilie, nennen wir sie die Andersons. Mark Anderson, der Familienvater, ist vierzig Jahre alt, Bankangestellter, seine Frau Betty ist fünfunddreißig, blond und blauäugig, Mutter dreier Kinder. Beider Großeltern sind vor rund hundert Jahren aus Großbritannien eingewandert. Die Andersons bewohnen eines der ganz aufs Praktische eingerichteten Häuser: etwa neunzig bis hundertfünfzig Quadratmeter groß (ohne Keller und Heizung), mit großen, hellen Fenstern, inmitten eines rund einen halben Hektar großen Gartens. Das Haus hat mehrere Schlafzimmer, ein Wohnzimmer, dessen Kamin meist die einzige Heizung ist, eine Küche mit Eßecke, Bad, Waschküche und Garage. Selbstverständlich haben die Andersons Kühlschrank, Fernsehapparat, Radio, Wasch- und Spülmaschine. Jeder zweite Neuseeländer hat Telefon, jeder dritte ein Auto; allerdings ist es nur selten ein chromblitzendes neues Modell.

Mark, ein typischer liebenswerter, unkomplizierter «Kiwi» (wie sich die Neuseeländer selbst nach ihrem Wappenvogel nennen), arbeitet in seiner Bank vierzig Stunden in der Woche (nach Abzug der Teepausen allerdings nur siebenunddreißigeinhalb). Die in Neuseeland hohe Einkommensteuer wird ihm gleich vom Gehalt abgezogen. Nach Feierabend trifft er sich gerne mit Kollegen und Freunden im Pub, um dort ein Bier zu trinken – inmitten einer reinen Männergesellschaft. Am Samstag eilt er zum nächsten Rugbyspiel, denn diese Sportart ist in Neuseeland fast zum nationalen Kult geworden.

Aber Mark sitzt nicht nur auf der Tribüne und beobachtet die Rugbyspieler, sondern er betreibt auch selbst Sport: Rasenkegeln, Tennis und Golf.

Betty versorgt den Haushalt, die Kinder, den Hund und die Katze. Für ihre Einkäufe hat sie einen schon etwas rostigen Zweitwagen, um damit zum Grocery-Store oder zu einem Supermarkt zu fahren. Brot holt sie gerne beim holländischen Bäcker, Gemüse beim chinesischen Gärtner, einem Nachkommen der in der Goldgräberzeit eingewanderten Chinesen. Vor allem Fleisch bestimmt den Speiseplan, daneben Gemüse und Obst. Auch Betty spielt gerne Tennis und Golf, aber sie hat noch andere Pflichten neben den häuslichen. Sie ist in einer Organisation «Essen auf Rädern» tätig, die Alten und Behinderten Essen bringt; sie hilft der erkrankten Nachbarin, denn Nachbarschaftshilfe wird groß geschrieben. Selbstverständlich teilen sich Mark und Betty die täglichen Pflichten in Haus und Garten, auch die Kinder helfen mit.

Phillip, der Jüngste der Andersons, geht mit seinen vier Jahren in den nach Fröbelschem System aufgebauten «Kindergarten» – das deutsche Wort wird auch in Neuseeland gebraucht. Auch die Vorschulerziehung erfährt er hier, damit er schon gewisse Fertigkeiten besitzt, wenn er mit sechs Jahren in die Grundschule kommt.

Mary, seine siebenjährige Schwester, ist schon Schulkind. Mit zwölf wird sie in die «Secondary School» überwechseln, in die ihr zwölfjähriger älterer Bruder George geht.

Neben Sprachen, Mathematik, Gemeinschaftskunde und Naturwissenschaften wird auch viel Sport im Schulprogramm geboten, denn Sport spielt in Neuseeland eine große Rolle. Er erzieht die jungen Leute zu den beiden wichtigsten Lebensregeln: Fairneß und Bescheidenheit. Mit fünfzehn kann George die Schule mit einem «School Certificate» abschließen, das ihm den Weg ins Berufsleben öffnet. Will er aber studieren, muß er die Schulbank noch ein Jahr länger drücken und dann das «University-Entrance»-Examen ablegen. Er kann allerdings auch auf die Empfehlung seines Lehrers wegen besonderer Begabung ohne diese Qualifikation zur Hochschule zugelassen werden.

George möchte jedoch nicht studieren, sondern Mechaniker werden. Zuvor will er aber einen Trip nach Europa machen – etwas, was sich jeder junge Neuseeländer wünscht. Darauf spart er schon lange, denn einmal will er England und das übrige Europa gesehen haben – ein nicht ganz unwichtiger Teil der Erziehung für die Heranwachsenden eines so abgelegenen, aber so europäisch geprägten Landes. Daß es nur ein «Trip» bleibt, ist gewiß, denn er würde seine Heimat nur ungern verlassen; wie die meisten Neuseeländer ist er davon überzeugt, daß dies «God's own country» ist.

Vor allem ist es ein Land, das für jeden Sport offen ist. George hat sich zusammen mit zwei Freunden ein Segelboot gebaut, mit dem sie oft auf Fahrt gehen. Außerdem ist er ein Skifan. Jedes winterliche Wochenende verbringt er mit dem Skiklub auf dem Ruapehu, dem über dreitausend Meter hohen, im Zentrum der Nordinsel gelegenen Vulkan. Zwar sind auf diesen exponierten Feuerbergen die Schönwettertage selten, aber die Vulkane sind das einzige Skigebiet der Nordinsel und noch dazu ein sehr exotisches: Tummelt sich doch dort ein fröhliches Skivölkchen auf dem von schwarzen Lavarücken unterbrochenen Firnschnee vor der Kulisse des Rauch ausstoßenden Nachbarvulkans Ngauruhoe.

Steigt man zum Kraterrand des Ruapehu empor, kann man von dort aus in den Krater hinunterwedeln, bis ans Ufer des warmen Kratersees, um darin ein Bad zu nehmen!

Die Wochenendtage dienen auch den Arbeiten in Haus und Garten, denn fast alle Reparaturen führt die Familie selbst aus: ob Auto oder Rasenmäher streiken, Dach oder Garage neu gestrichen werden sollen oder ein Zaun erneuert wird. Selten schließt man die Haustür ab, selten ein Auto. Man vertraut den Mitmenschen, gibt sich auch mit Provisorien zufrieden; es muß nicht immer alles perfekt sein – es wird schon irgendwie gehen. Diese «She'll be right»-Denkungsweise macht das Leben einfacher und das Zusammenleben unkomplizierter. Nicht nur zwischen Freunden, auch zwischen Angestellten und Chef wird meist nur der Vorname als Anrede benutzt; man begegnet einander als Kamerad und Mitarbeiter.

Bettys Schwester Nelly lebt auf einer Schaffarm nördlich des Tauposees, eine für europäische Begriffe ungeheuer große Farm: Hügelland, bedeckt mit Schafen, so weit das Auge reicht. In der Mitte, im Schatten hoher Bäume, steht das hübsche Farmhaus, nahebei Scherschuppen, Gerätehaus und Remisen. In dieser fruchtbaren Landschaft können fünfzehn Schafe pro Hektar gezüchtet werden.

Auf eine Farm zu heiraten, ist der Traum vieler neuseeländischer Mädchen. Allerdings gilt für eine Farmerfamilie keine Vierzig-Stunden-Woche, vielmehr wird der Arbeitsrhythmus von Zusammentreiben, Schur, Verkauf (der Tiere und Wolle) und Nachzucht bestimmt. Außer den Hunden, unentbehrliche Helfer beim Treiben, und den Scherern, gutbezahlte Spezialarbeiter, die von Farm zu Farm ziehen, gibt es kaum andere Hilfskräfte als die Familienmitglieder. Eine Farm in Neuseeland ist weitgehend ein Do-it-yourself-Job. Obwohl schwankende Wollpreise, Wetterkatastrophen, Streiks in den Schlachthöfen oder Schafparasiten dem

Farmer stets Sorgen bereiten, ist er ein angesehener Mann, ein König im eigenen Reich.

Auch die Farmersfrau hat viele Aufgaben, die weit über die üblichen Hausfrauenpflichten hinausgehen. Alles, was auf der Farm nicht selbst produziert wird, muß über weite Wege herangeholt werden. Auch der nächste Nachbar wohnt nicht in unmittelbarer Nähe. Nelly hat nicht viel Zeit für private Interessen, obgleich ihre Kinder erwachsen sind. Jeans und Twinset sind das ganze Jahr über ihre Kleidung.

Diana, das älteste Kind dieser Mitchels, gerade einundzwanzig, ist mit einem Obstfarmer an der Hawke's Bay verheiratet, eine reiche und fruchtbare Gegend, wo Kernobst, Wein, Baumtomaten und Kiwifrüchte angebaut werden. Diana erwartet in Kürze ihr erstes Baby. Das soziale Gesundheitssystem bietet der werdenden Mutter kostenlose pränatale Betreuung, Entbindung und Säuglingsfürsorge. Diana wünscht sich mindestens vier Kinder, denn große Familien sind selbstverständlich.

Ihr Bruder William, neunzehn, studiert an der Landwirtschaftsuniversität in Palmerston North, denn er wird die Farm übernehmen, wenn sich sein Vater zur Ruhe setzt. Zuvor will er allerdings auch noch einen Europatrip machen, zusammen mit einem Studienkollegen, dem Sohn einer Schweizer Familie, denn am Waikatofluß im Norden und in der Provinz Taranaki im Westen beim herrlichen Mount Egmont gibt es viele Molkereifarmen, deren Besitzer schweizstämmig sind.

Der siebzehnjährige John studiert Geologie an der Universität in Auckland. Da die thermisch-vulkanische Zone in unmittelbarer Nachbarschaft der Mitchel-Farm liegt, mit dampfenden Tälern, kochenden Seen, siedendem Morast und zischenden Geysiren, haben die Geheimnisse der Erde John stets fasziniert. Wenn er später keine entsprechende Anstellung in seiner Heimat findet, wird er es in Australien, den Vereinigten Staaten oder in Kanada versuchen. Für seine Eltern

wäre dies eine verständliche Entscheidung. Die Kinder werden hier zu früher Selbständigkeit erzogen, die Eltern sehen sich nicht als Lenker der Geschicke ihrer Kinder, sondern als Kameraden der jungen, zu eigenen Entscheidungen findenden Menschen. Dazu trägt auch die «Boarding School», die Internatsschule bei, in welche die beiden jüngsten Mitchel-Kinder gehen: Schon mit zwölf Jahren haben sie also die heimatliche Farm verlassen und kommen nur am Wochenende und in den Ferien nach Hause.

Auch die Eltern Mitchel haben als junge Leute Europa und Amerika kennengelernt, ebenso wie das benachbarte Australien. Heute reisen sie höchstens mal zu einer Farmer-Messe nach Auckland. Auckland bedeutet für sie die große weite Welt.

Die Stadt liegt auf einer nach Norden hin immer schmaler werdenden Halbinsel, so daß sie einen Hafen an der West- und einen an der Ostküste besitzt. Das Land dazwischen, über das sich Auckland ausbreitet, ist mit über sechzig kleinen, erloschenen Vulkanen bestückt, die wie grüne Gugelhupfe aus dem Häusermeer aufragen. Früher waren sie gekrönt von großen Maori-Pas, heute sind sie Parks, Museumsinseln und Aussichtskegel über die ungezählten Dächer und Straßen der sich weit ausbreitenden Stadtteile bis hin zum Rangitoto-Vulkan, der als Insel im Meer vor dem Waitematahafen liegt. Eine große Brücke spannt sich über diesen Hafen, welche die City mit den schönen Stadtteilen am Nordufer verbindet; täglich passieren sie über 40 000 Autos.

Die Innenstadt ist ein bemerkenswertes Gemisch von alten und modernen Geschäfts- und Warenhäusern, Supermärkten, Shoppingzentren und Fußgängerzonen. Auckland ist die einzige neuseeländische Stadt, die man eine Metropole nennen kann, mit kosmopolitischer Atmosphäre. Die vielen dunklen Gesichter, die mir beim Bummel durch die Queen Street begegnen, erinnern daran, daß unter den 600 000 Bewohnern dieser Stadt nicht nur 50 000 Maori, sondern auch 30 000 «Pacific Islanders» leben – von den Cook-Inseln, Westsamoa, Niue, Tokelau, Tonga oder Fidschi. Viele sind junge Leute, die der Armut, Unterentwicklung und Übervölkerung ihrer Inselheimat entflohen sind, um hier Ausbildung oder Arbeit zu finden, was ihnen Neuseeland als eine Art von Entwicklungshilfe zugesteht. Keine leichte Aufgabe, denn schon jetzt haben Anpassungs- und Umstel-

erstklassige Beatbands der Maori oder Insulaner hören, denen ja Musik und Rhythmus im Blut liegen. Nicht zu Unrecht nennt man Auckland die größte Stadt Polynesiens!

Aber es ist auch die größte Stadt Neuseelands; sie wächst schneller als die drei anderen Großstädte zusammen. Das milde, subtropische Klima läßt in den Gärten Bananen, Passionsfrüchte, Zitrusfrüchte und Papayas reifen, in den Parks blühen Hibiskus, Kame-

Auckland – die Wirtschaftsmetropole Neuseelands.

lungsprobleme bei den sich in einigen Stadtteilen eng zusammendrängenden Farbigen zu Spannungen und zu steigender Kriminalität geführt, und bei weiterem Zuzug von den Inseln und den hohen Geburtenraten bei den farbigen Familien ist mit einem Anwachsen dieser Unruhen in der Zukunft zu rechnen.

Aber das Südseeflair in Auckland ist auch reizvoll. Da werden Tapa (Baumrindenstoff), Flechtmatten, Muschelschmuck und Kokosnüsse zum Kauf angeboten, Südseegerichte und polynesische Tänze. Man kann

lien, Bromelien und Cannaceen. Viele aus Europa Einwandernde fühlen sich von Auckland angezogen – vor allem auch, weil die Stadt mit Theatern, Konzerten und Kunstausstellungen ein intensives Kulturleben aufweist.

Die Halbinsel, die sich von hier ab nach Norden erstreckt, war einst von Wäldern der herrlichen Kaurifichten bedeckt; heute sind nur noch klägliche Reste vorhanden. Dieser königliche Baum erreicht fünfzig Meter Höhe, aus den wie ionische Säulen emporstrebenden, meterdicken Stämmen wachsen erst in etwa dreißig Meter Höhe Äste. Die Europäer haben früher einen wahren Raubbau betrieben, denn Kauriholz war gesuchtes Baumaterial. Die Harzklumpen der Bäume wurden (und werden noch) gesucht wie Bernstein; sie finden als Ausgangsmaterial für Lacke und Firnis Verwendung.

Je weiter man nach Norden vorstößt, desto spärlicher werden Städte und Farmen. Das Nordland aber ist historischer Boden: Die ersten Maori landeten an seiner Küste; die ersten englischen Missionare ließen sich an der reizvollen Bay of Islands nieder. Auch Waitangi liegt auf dieser Halbinsel, wo der folgenreiche Vertrag geschlossen wurde, der Neuseeland unter die Verwaltung der britischen Krone brachte.

Im äußersten Norden leben nur Maorifamilien auf kleinen Farmen. Über das von Dünen begrenzte Hügelland stürmen Herden wilder Pferde, «Brumbies», und Treibsand bedroht den Strandwanderer. An der Westküste zieht sich ein schier endloser, weiter Strandbogen nordwärts, der Neunzig-Meilen-Strand; er mündet in ein Felskap, das ein einsamer Leuchtturm krönt. Die hier steil ins Meer abfallenden Klippen sind voll mystischem Zauber. Das ist Kap Reinga, wo in der Vorstellung der Maori die Seelen der Toten das Land verlassen, um in die Urheimat zurückzukehren. Stille und Erhabenheit liegt über dem Landende; man glaubt, im Rauschen des Windes die Stimmen der Geister zu hören, die einem zuflüstern, daß Pakehas hier unwillkommen sind.

Machen wir also kehrt, wenden wir uns zur Südinsel. Eine Fähre bringt uns von Wellington über die manchmal stürmische Cook-Straße in den malerischen Hafen von Picton, in einer der wunderschönen Buchten dieses an Schären, Stränden, Inseln und Golfen reichen Gebietes. Durch die ins Meer tauchenden Alpen wurden hier die Marlborough Sounds gebildet. Blumengärtnereien, Erdbeer- und Tomatenfelder, in dichten Reihen angeordnete Apfel- und Birnbäume sowie Weinberge machen das Nordende der Südinsel zu einem Paradies. Kapitän Abel Tasman, der hier vor dreihundertfünfzig Jahren vergeblich zu landen versuchte, würde sich freuen zu wissen, daß unter den tüchtigen Gärtnern und Farmern auch seine Landsleute sind – Neuseeland hat viele der aus Indonesien vertriebenen Holländer aufgenommen.

Man kann auch nach Christchurch fliegen

Kauriwald auf der Nordinsel um 1860.

(dessen erste Silbe nicht wie bei «Christbaum», sondern wie «Kreis» ausgesprochen wird). In Neuseeland haben auch kleine Städte ihren Flugplatz, und der Inlandflugverkehr ist perfekt ausgebaut und wird viel genutzt; aber Christchurch besitzt sogar einen der größten Flughäfen und wird direkt von Australien angeflogen. Denn die Stadt hat Platz, sich auszubreiten; sie liegt am Ostrand der großen Canterbury-Ebene, durch eine niedrige Bergkette von ihrem Hafen Lyttleton getrennt. Dieses malerische Hafenbecken, von grünen Hügeln umgeben, ist ein erloschener Vulkankrater.

Christchurch, die zweitgrößte Stadt des Landes, ist eine sehr britische, sehr konservative Stadt. Ihren ordentlichen Bauplan mit dem rechtwinkligen Grundriß, den Alleen und Parks brachten die ersten Siedler fix und fertig aus England mit; die «Canterbury Pilgrims» wollten hier eine Siedlung der anglikanischen Kirche anlegen. Nicht nur die große Kathedrale im Herzen der Stadt, sondern auch die Universität, die ältesten Schulen und Gerichtsgebäude sind im neugotischen, würdigen Stil errichtet. Das Avon-Flüßchen schlängelt sich durch die Stadt, vorbei an der Oxford- und der Cambridge-Terrasse. An seinen parkartigen Ufern vermitteln im September Tausende von blühenden Osterglocken, Forsythien und Mandelbäumchen den Eindruck eines englischen Frühlings. Nur die bei klarem Wetter am westlichen Horizont leuchtende Alpenkette läßt eher ans Berner Oberland als an Großbritannien denken.

Blickt Auckland nach Norden in die Südsee, so schaut Christchurch nach Süden zur Antarktis. Von hier aus brach 1910 der Polarforscher Robert Falcon Scott zum Südpol auf. Als er ihn nach unsagbaren Strapazen erreichte, wehte dort die norwegische Fahne: Roald Amundsen war ihm zuvorgekommen. Scott ist nie zurückgekehrt. Von hier aus fuhr 1957 Sir Edmund Hillary zur Antarktis, die er im Wettlauf mit dem Engländer Fuchs durchquerte – Hillary gewann das «Wettrennen».

Auch die amerikanischen Flugzeuge, unterwegs zu den ständig besetzten Forschungsstationen an der Küste der Antarktis, legen ihre letzte Zwischenlandung in Christchurch ein.

Beherrscht aber wird die Südinsel von den Neuseeländischen Alpen, diesem großen Gebirge, das sich wie ein Rückgrat durch die Insel zieht und nicht nur als Wetterscheide das Leben der Menschen beeinflußt. Sie sind im Sommer und im Winter ein beliebtes Ziel. Die majestätischen Bergseen locken zum Sportfischen, die Bergpfade zum Wandern an die Westküste, beispielsweise zum Milford Sound, einem der großen Fjorde. Auch die Segelflieger lieben die Alpen, über denen sich bei bestimmter Wetterlage große Leewellen bilden, die optimale Flüge, ja sogar Weltrekorde ermöglichen.

Im Winter strömen selbst Australier zu den Skizentren. Einfachere, dafür aber für jedermann erschwingliche Skiferien bieten Klubs, die ihre eigenen Alpentäler erschlossen haben. Im Frühjahr lassen sich Liebhaber von Kufenflugzeugen auf die Gletscher fliegen, um mit Skiern abzufahren.

Vor allem aber sind die Berge ein abenteuerliches Paradies für die Alpinisten. Zwar ist Neuseelands berühmtester Bergsteiger, Sir Edmund Hillary, der Bezwinger des Mount Everest, ein Aucklander, doch die meisten Bergbegeisterten kommen aus der unmittelbaren Nachbarschaft der Alpen selbst. Die stolzen Gipfel von Mount Cook, Tasman, Elie de Beaumont, Sefton, Torres, Magellan Aspiring (auch das neuseeländische Matterhorn genannt) und vielen anderen bieten dem versierten Bergsteiger nahezu sämtliche Schwierigkeitsgrade. Neben dem Mount Cook, mit 3764 Metern der höchste Berg, gibt es noch weitere siebenundzwanzig Dreitausender. Aber die Unerschlossenheit dieser Alpen bedingt lange Anmarschwege; starke Verwitterung des Gesteins, plötzlicher Wetterumbruch und Lawinen sind ständige Gefahrenquellen. Wer hier in die Bergsteigerschule gegangen ist, muß ein zäher, abgehärteter Alpinist sein – hart im Nehmen und im Durchhalten.

Nur drei Pässe führen über die Alpen von der Weidelandschaft der Ostseite über die grandiosen, von eiszeitlichen Gletschern geformten Täler zur Westküste, entlang den großen Gebirgsflüssen, die sich mit breitem Geröllfächer in die Tasmansee ergießen. Kaum ein Haus, kaum eine Siedlung auf der ganzen Strecke, allem Anschein nach eine menschenleere Bergwelt! Allzu leicht übersieht man freilich Geröllwege, die von den Paßstraßen abzweigen und in versteckte, fast unzugängliche Seitentäler zu einer «High Country Farm» führen. Kilometerlang folgen die zwei steinigen Spuren, die man kaum Straße nennen kann, den Windungen eines Bergflusses, nur ein paar verlorene Schafe verraten die Existenz der Farm. Erst wenn der über die Felsbrocken holpernde Wagen um die letzte Flußterrasse gebogen ist, wird das Farmhaus sichtbar, jenseits des Flusses (den man durchfahren muß, es gibt keine Brücke) am Waldrand gelegen, inmitten einer Bergwelt von grandioser Schönheit.

Nirgendwo wird man herzlicher willkommen geheißen als auf einer High Country Farm. Das junge Ehepaar, Scott und Mary McLeary, sieht selten Besucher, aber immer wartet ein heißer Tee auf den Ankömmling. Vier kleine Paar Gummistiefel vor der Tür lassen auf vier kleine McLearys schließen. Ihr Heim ist kein modernes, mit allen Raffinessen ausgestattetes Farmhaus, sondern ein einfacher, mit Wellblechdach gedeckter Holzbau, den schon Scotts Großvater gebaut hat. In der großen Wohnküche dient der altmodische Holz- und Kohleherd zum Kochen und als Ofen. Den elektrischen Strom für die Lampen, den Kühlschrank und das Radio, das die so wichtigen Wettermeldungen bringt, erzeugt ein Dieselmotor. Eine Rohrleitung leitet Flußwasser ins Haus, die Toilette ist mit einem septischen Tank versehen.

Dennoch ist eine solche High Country Farm ein Königreich, viele Tausend von Hektaren groß. Denn hier braucht ein Schaf ein Hektar Weide, um ausreichend Gras zu finden. Das Tal, von struppigem Tussockgras bedeckt, und die farnbewachsenen Berghänge, über welche die Schafe wie die Gemsen klettern, wäre mit einem Traktor kaum zu bearbeiten. Was der Boden an Spurenelementen, Grassamen oder Dünger braucht, streuen kleine Flugzeuge aus, die tief über das reliefreiche Gelände fliegen.

Die Kinder der Familie McLeary lernten reiten, wie sie laufen lernten, jedes hat sein eigenes Pony. Denn der Weg durch den Fluß kann nur auf Pferden oder mit geländegängigen Wagen genommen werden. Der Fluß beherrscht das Leben der Familie. Denn nicht immer strahlt die Sonne über den Berghängen, nicht immer leuchten klar die Schneegipfel über dem Buchenwald, über den rotblühenden Ratabäumen und den goldgelben Kowaibüschen. Wenn der «Nor'western», der Föhn, über die Berge heult und den Regen bringt, schwillt der Fluß zum reißenden Strom an, den man nicht mehr überqueren kann. Dann sind die McLearys von der Welt abgeschnitten, Gefangene des Flusses. Nicht einmal die Post können sie holen, die der Bote an der Abzweigung der Straße in einer großen Blechtrommel deponiert. Mit der Post kommt auch das Schulprogramm für die Kinder, die durch die «Correspondence School» unterrichtet werden, da es weit und breit keine Schule gibt. Die Mutter arbeitet die Aufgaben mit ihnen durch, auch die eingeschickten schriftlichen Schularbeiten kommen korrigiert per Post zurück.

«Hilf dir selbst, dann hilft dir Gott!» ist die Devise auf einer solchen Farm. Ein paar Kühe und Hühner dienen der Selbstversorgung mit Milch und Eiern, Brot backt Mary gerne selbst. Scott muß tagelang unterwegs sein, um die Schafe zur Scherzeit zusammenzutreiben, denn sie sind weit verstreut in dem unwegsamen Gelände. Stolz sagt er: «The snowline is their boundary!» – Die Schneegrenze ist die Grenze des Weidegebietes.

Der Sommer ist kurz, der Winter kommt früh in den Bergen. Wenn die Schneestürme durch das Tal fegen, müssen die Tiere schleunigst in den Schutz des Waldes getrieben werden; sie scharen sich zusammen, um sich warmzuhalten, wobei die Außenstehenden elendiglich erfrieren. Auch im Frühling kann ein verspäteter Schneesturm das Leben der neugeborenen Lämmer kosten – ein großer finanzieller Verlust für Scott McLeary.

Gelegentlich kommen Bergsteiger oder «Deerstalker», Jäger, vorbei, die die eingeführten Gemsen, Wapiti, Tahrs, Wildziegen, Damhirsche, Rotwild oder Wildschweine jagen. Diese Jagd ist weniger ein Sport als eine Notwendigkeit, wenn die Bergvegetation nicht vollends dem Wild zum Opfer fallen soll, das sich ungestört vermehrt. Der Jäger muß die Raubtiere ersetzen, die in der Heimat dieser vierbeinigen «Einwanderer» deren Zahl in Grenzen halten. Keine Vorschriften oder Schonzeiten schränken die Jagd auf Wild in Neuseeland ein, aber es ist eine harte Arbeit. Der Jäger muß ein perfekter Buschkenner, Bergsteiger, Meteorologe – und Nomade sein. Mit seinem schweren Rucksack auf dem Rücken muß er durch unerschlossenes, steiles Bergland, durch regentriefenden Urwald, über glatte Felswände und ausgedehnte Geröllfelder wandern. Schönwettertage wechseln sich ab mit Dauerregen und Sturm. Die erlegten Tiere läßt er liegen, Wild wird in Neuseeland kaum verzehrt. (Da es aber in Europa als Delikatesse gilt, wird Rotwild seit einigen Jahren auf Farmen gezüchtet, um das Fleisch zu exportieren.)

Die Nacht verbringt der Jäger entweder im Freien oder im Zelt, oder, wenn er Glück hat, in einer der Schutzhütten; in diesen Wellblechschachteln hat er ein festes Dach über dem Kopf und kann ein Feuer im Kamin entfachen zum Teekochen, um Essen aufzuwärmen und die Kleider zu trocknen, ehe er in den Schlafsack kriecht, während draußen der Bergwind um die Hütte heult und die Bergpapageien kreischen.

Es kann Wochen dauern, ehe er in die Zivilisation zurückkehrt. Aber die vermißt er nicht. Er ist zufrieden mit seinem Nomadendasein, er liebt den Duft der Regenwälder, das Rauschen der ungezähmten Flüsse, den Blick auf die Gletschergipfel und über das dunkle, buschbedeckte Tal unter ihm – und die Freiheit der Bergwildnis.

Arm an Menschen ist auch das Westküstenland, der schmale Streifen zwischen der Küste der Tasmansee und der Alpenkette. Hier ist ein Sonnentag kostbar. Der endlose Regen der Wetterseite nährt den Urwald, so daß die Bäume bedeckt sind mit Kletterpflanzen, Parasiten, Epiphyten, Lianen, Flechten und die Straße in einem grünen Tunnel versinkt. Die großen Eisströme, der Fox- und der Franz-Josef-Gletscher, die noch vor fünfundzwanzig Jahren bis in den Regenwald liefen, sind geschrumpft, sie haben sich weit zurückgezogen und mächtige Moränen hinterlassen.

Die Bewohner der Westküste sind Kinder des Regenwaldes. Nasse Straßen, vermodernde Zäune und Telegrafenmasten, sumpfige Weiden und eine tief herabhängende, graue Wolkendecke gehören zu ihrem Alltag. Die Leute vom Westland, so behaupten die Neuseeländer, haben «webbed feet», Füße mit Schwimmhäuten – eine scherzhafte Anspielung auf die Nässe, mit der sie leben müssen. Selbst an einem der wenigen klaren Tage, wenn das atemberaubende Bild der Schneegipfel über dem dichten Urwald sich in einem der stillen Seen spiegelt, glitzert Tau im Gras und sieht jedes Schaf aus wie ein durchs Wasser gezogener Mop. Wer kann sich hier die Dürre und Öde der im Windschatten liegenden (in der Luftlinie nicht weit entfernten) Bergtäler Otagos vorstellen?

Wir passieren diese Täler auf dem Weg nach Dunedin. Hier haben vor hundertzwanzig Jahren Scharen von Goldgräbern die Flußterrassen und Ufer umgewühlt, die wenige Vegetation vernichtet und große Mengen von Geröll, Sand und Kies aufgehäuft.

Manchmal kommt ein Bus mit Touristen in diese verlassene, zerstörte Landschaft, um die ehemaligen Claims zu besichtigen, die verrostenden Siebe, die noch hier und da liegen, eine auseinanderfallende Hütte, einen Grabstein mit chinesischen Schriftzeichen. Und manchmal trifft man auf einen Alten, der in einem zerbeulten Wohnwagen haust und die Abraumhalden noch einmal durchsiebt. Ein verschrobener Sonderling oder ein unverbesserlicher Optimist? Ein Teil des einstigen Goldgräbergebietes ist vom Stausee ertränkt worden, der zur Stromversorgung der großen Städte an der Ostküste beiträgt, wie Christchurch und Dunedin.

Dunedin ist der alte keltische Name der schottischen Hauptstadt Edinburgh. (Man spricht es «Danieden» aus, ähnlich wie «darnieder».) Es ist die kleinste und südlichste Großstadt Neuseelands und geht auf eine Gründung der presbyterianischen Kirche zurück, die der Aktivität der Anglikaner nicht nachstehen wollte. Dunedin, so sagt man, ist die schottischste Stadt außerhalb Schottlands. Sie liegt auf sieben Hügeln, die sich über der Hafenbucht erheben – nicht steil wie in Wellington, sondern sanft ansteigend. Das Zentrum ist ein Achteck mit der Statue des schottischen Dichters Robert Burns in der Mitte. Straßennamen und Schloß Carnach Castle tragen ebenso zum Image schottischer Tradition bei wie die City selbst. Nicht etwa, daß die Parks und Gärten weniger liebevoll gepflegt wären oder die Gebäude verwahrlost. Aber in Dunedin halten sich viktorianische Plüschvorhänge länger, überlegt man es sich gründlicher, ob man Altehrwürdiges durch Modernes ersetzen soll.

In Port Chalmers, Dunedins Hafen, gingen vor hundertzwanzig Jahren die Goldgräber an Land. Hunderttausende zogen mit Pickel und Spaten in die Fundgebiete. Etwa zwanzig Jahre später wurde von diesem Hafen aus das erste Gefrierschiff mit Lammfleisch nach England geschickt; das war ein wirtschaftlicher Wendepunkt, denn bisher konnte man nur Wolle so weit transportieren. An den Küstenfelsen brüten Albatrosse; Pinguine und Seehunde bevölkern den Sandstrand.

Der Südwesten ist unberührte Urwelt. Hunderte von Kilometern urtümliche, im Westen von tiefen Fjorden begrenzte Wildnis – nur aus der Flugzeugperspektive bekannt. In dieser Wald-, Sumpf- und Seenlandschaft spürte man 1948 einige Exemplare des längst für ausgestorben gehaltenen Takahe auf (Notornis hochstetteri), einen grünblau gefiederten, hühnergroßen, flügellosen Vogel mit roten Füßen und rotem, weit bis auf den Schädel reichenden Schnabel. Was mag die Wildnis noch versteckt halten, etwa letzte kleine Moaarten oder den mystischen verlorenen Maoristamm, der sich einst nach Südwesten abgesetzt haben soll und von dem man nie mehr etwas hörte?

Bleibt nur noch die Stewart-Insel, dieses kleine, bergige, bewaldete Eiland am Ende der Welt. Die einzige Siedlung ist Oban – eine Handvoll verstreuter Häuser an der Halbmondbucht. Von den Ferienbesuchern abgesehen, die im Hochsommer auftauchen, leben ganzjährig hier kaum dreihundert Insulaner: Rentner, die die Stille suchen, Fischer, die an der Küste ihre Netze auswerfen, wo Möwen und Albatrosse sich um die Abfälle streiten, und Maorifamilien, die seit Jahrhunderten hier ansässig sind. Nur sie dürfen Jungvögel aus den Nisthöhlen der Rußsturmtaucher (Puffinus griseus) einsammeln, die im Frühling hier zu Tausenden brüten. Es ist uraltes, ererbtes Recht.

Stewart Island ist ein interessantes Ziel für Zoologen und Botaniker, eine Zuflucht von Seevögeln und ein Relikt ursprünglicher Vegetation der südlichen, schon der Antarktis zugewandten Küste des Archipels. Die wilden Winterstürme vergißt man im Sommer, wenn die türkisblauen Buchten vor dem goldenen Sandstrand leuchten unter einem unendlich klaren Himmel, was der Insel ihren Maorinamen gegeben hat: Rakiura, Land des glühenden Himmels.

Enzyklopädischer Teil

Satellitenbild der Neuseeländischen Alpen von August 1975. Östlich schließen sich die Canterbury Plains, eine Schwemmlandebene, an. Die Banks-Halbinsel wird von einem heute erloschenen Vulkan gebildet. Nordwestlich davon liegt Christchurch.

Der Naturraum

Schneebedeckte alpine Gipfel, bläulich schimmernde Gletscher, sprudelnde Geysire, Vulkane, Kiefernwälder und Palmen sind Facetten einer für die Größe des Landes überaus vielfältigen Naturlandschaft. Das liegt vorab an der beachtlichen Nord-Süd-Ausdehnung, die immerhin einer solchen von Basel bis an den Nordrand der Sahara entspricht. Bilder von friedlichen Tälern und weidenden Schafen täuschen allerdings über eins hinweg: die Neuseeländer leben auf gefährlichem Boden.

Die Erde ist ja nach neuestem Wissensstand aus mächtigen Platten aufgebaut, die langsam auf einem zähen Magmabrei dahinzutreiben scheinen. Wo solche Schollen aneinanderstoßen, ist Unruhe vorprogrammiert. Mitten durch Neuseeland verläuft nun die Berührungszone der australischen und der pazifischen Platte, und ihre verschiedengerichteten Bewegungen verursachen Erschütterungen in der Erdkruste – Erdbeben. Kein Landesteil ist erdbebensicher. Genauso selbstverständlich sind die vulkanischen Erscheinungen. Eine weitere Folge der Plattenbewegungen ist, daß die Nordinsel äquatorwärts wegdriftet.

Auch Neuseeland ist ein Teil Gondwanalands, doch sind die paläozoischen Gesteinsmassen zum größten Teil von jüngeren Sedimenten und vulkanischen Ablagerungen überdeckt.

Das Land unterliegt wie Europa einer Zone vorherrschender Westwinde, die sich jedoch – von keinen Landmassen gebremst – noch unmittelbarer auswirken. Der feuchte Meerwind verursacht an den Westhängen und Kämmen der Südlichen Alpen ausgiebige Niederschläge, die sich hier durchweg auf über 2000 Millimeter im Jahr summieren. Die Temperaturen hingegen sind im Jahresverlauf ausgeglichener als bei uns – der Ozean dämpft die Unterschiede.

Das subtropische Hochdruckgebiet, das etwa Westaustralien ein Mittelmeerklima beschert, vermag Neuseelands Norden nur gelegentlich zu erfassen. Hier sich ein schmaler Tieflandstreifen, die Northland-Halbinsel, in nordöstlicher Richtung bis zum Kap Reinga. Die Ebenen sind jedoch von zahlreichen alten Gebirgsrümpfen, Lavafeldern und Vulkanen durchsetzt.

Der starke warme Tasmanstrom hat die Westküste mit Sand ausgeglichen und weite Haffs und Nehrungen geschaffen. Auckland, die größte Stadt

Durchschnittliche Temperaturen (T, in Grad Celsius) und Niederschläge (N, in mm) neuseeländischer Orte

Monat		Auckland	Hastings	Wellington	Hermitage	Ashburton	Invercargill
Januar	T	19	18	16	13	16	14
	N	84	64	79	478	66	97
Februar	T	19	18	16	13	16	14
	N	104	66	84	386	69	89
März	T	18	17	15	12	14	12
	N	71	61	81	399	56	102
April	T	16	14	13	9	11	10
	N	109	69	97	442	61	99
Mai	T	14	11	11	5	8	8
	N	122	89	124	340	64	99
Juni	T	12	8	9	2	6	6
	N	140	79	117	307	64	94
Juli	T	11	8	8	1	5	5
	N	140	84	137	241	66	76
August	T	11	9	9	3	7	7
	N	109	71	117	315	58	76
September	T	12	11	10	6	9	8
	N	97	53	97	343	66	86
Oktober	T	14	13	12	8	11	11
	N	107	53	107	437	61	91
November	T	16	15	13	11	13	11
	N	81	51	86	363	61	107
Dezember	T	18	17	15	13	15	13
	N	79	51	89	328	76	97
Jahr	T	15	13	12	8	11	10
	N	1 243	791	1 211	4 379	768	1 113

Nach Mayhill/Bawden: New Zealand Geography.

fehlt eine Landmasse, die sich unter der sommerlichen Einstrahlung zusätzlich aufheizt. Häufig sind dagegen polare Kaltluftvorstöße.

Großregionen

Die *Auckland-Ebenen* – um im Norden zu beginnen – sind relativ junges Schwemmland. Über Hunderte von Kilometern zieht des Landes, ist von mehreren Vulkanen umgeben. Steineibengewächse und lianenüberwucherte Kauris gehören zur ursprünglichen Vegetation.

Die *Ostküste* der Nordinsel ist ein stark zertaltes, feuchtes Berg- und Hügelland. Der Waikaremoanasee entstand durch einen Bergrutsch, den ein Erdbeben ausgelöst hatte. Steineiben- und Buchenwälder überziehen zum Teil noch heute die Kuppen. Während die Küstenebenen vor allem durch intensive Schafzucht genutzt werden, sind weite Gebiete locker bestockte Weiden oder unkultiviertes Land.

Die *Manawatu- und Taranakiebenen* sind fruchtbares vulkanisches Schwemmland zu Füßen des Mount Egmont. Der prachtvolle Vulkankegel liegt in einem Nationalpark. Das umliegende Wiesenland wird intensiv für Milchwirtschaft genutzt.

Das *Vulkanplateau* im Zentrum der Nordinsel gehört zu den spektakulärsten Szenerien des Landes. Am Schnittpunkt zweier Bruchsysteme ist die «Unterwelt» stets gegenwärtig. Der Tongariro National Park umfaßt drei aktive Vulkane, Geysire, heiße Quellen. Neben

Weidewirtschaft wurde in den letzten Jahren vor allem kommerziell aufgeforstet.

Die *Südlichen Alpen* sind das Rückgrat der Südinsel und erreichen im Mount Cook den höchsten Gipfel des Landes. Die Hochgebirgslandschaft ist stark vergletschert. Buchenwald in tieferen Lagen und ausgedehnte Nadelwälder sind die natürliche Vegetation. Die trockenere Ostflanke bedeckt Tussockgras. Diese riesige Region – etwa von der Größe Englands – wird überwiegend für extensive Schafzucht genutzt. Einzelne Stauseen liefern Elektrizität. Im Südwesten greifen Fjorde tief in das Land hinein – von Meer überflutete Flußtäler.

Die *Canterbury Plains* bilden die größte Schwemmlandebene Neuseelands an der Ostküste der Südinsel. Ihre sanften Vorhügel wurden zum Teil mit Löß be-

Geographische Daten

Fläche	Total	269 000 km²
	Nordinsel	115 000 km²
	Südinsel	152 000 km²
Bevölkerung (1981)		3 148 000
Einwohner pro km²		12
Lage	North Cape	34°25′S
	South West Cape	47°17′S
	West Cape	166°26′O
	East Cape	178°33′O
Zeit		MEZ+11 Stunden
Höchster Punkt		Mount Cook, 3764 m

Die Alpenkette der Südinsel Neuseelands.

deckt, so daß hier außerordentlich fruchtbare Böden entstanden. Die Bankshalbinsel ist ein Vulkan, zu dessen Fuß sich Christchurch ausbreitet. Die Landnutzung ist vielfältig und intensiv. Im Regenschatten der Alpenkette gedeihen auch Weizen, Hafer und Gerste, die oft im Fruchtwechsel mit Luzerne angepflanzt werden. Andere Kulturen wie Zuckerrüben, zum Teil sogar Grasland, werden bewässert.

Landschaftlich abwechslungsreicher sind die *Southland-Ebenen* im Südosten: Buchenbestandenes Hügelland und kleine Vulkane wechseln mit Gletscherseen, breiten Flußebenen und Küstensümpfen. Auch die Southland Plains sind Weideland. Gebietsweise werden die kargen Böden durch massive Düngung verbessert.

Die schwer zugängliche *Westküste* besteht überwiegend aus einer Kette von schmalen Flußebenen, die immer wieder von ins Meer abtauchenden Gebirgsrippen unterbrochen werden. In die Schotter wurde Gold angeschwemmt, das ab 1859 gefördert wurde. Im Hinterland von Westport und Greymouth befinden sich die größten Kohlenfelder des Landes.

Staat und Gesellschaft

Seit 1947 ist Neuseeland mit der Annahme des Westminster-Statuts eine unabhängige Nation. Die vormalige britische Kolonie hatte 1907 den Status eines Dominions gewonnen.

Ein «europäisches» Land also. Doch im Gegensatz zu Australien wurde hier nicht eine jahrtausendealte Kultur zurückgedrängt und vernichtet. Zwar

mußten auch die Maori manche böse Überraschung erleben, aber «Ureinwohner» waren sie nicht. Sie sind Polynesier wie ihre Vorgänger, die Moajäger, die das Land vermutlich im 9. Jahrhundert besiedelten. Neuseeland ist also, soweit man das zurückverfolgen kann, ein Einwanderungsland.

Bevölkerung

3 147 620 Einwohner sind das vorläufige Ergebnis der neuseeländischen Volkszählung von 1981. Davon waren 84 Prozent in Neuseeland geboren, 1,6 Prozent in Australien, und 9,4 Prozent gelten als Maori. Daneben existieren kleine Minderheiten von Polynesiern, Chinesen, Indern.

Die *Maoribevölkerung* hatte ihren Tiefststand um die Jahrhundertwende mit etwa 40 000 Menschen. Inzwischen sind es rund 270 000. Darin sind allerdings Mischlinge miteinbeschlossen, die mindestens die Hälfte Maoriblut haben. Drei Viertel von ihnen lebten in Städten, allein 70 000 in Auckland, wo ihre Zuwachsrate diejenige der anderen Bevölkerungsgruppen bei weitem übertrifft. Bei zunehmender Entfremdung von der eigenen Kultur und größeren wirtschaftlichen Schwierigkeiten könnte sich hier eine Randgruppe bilden, die vor allem in den großen Städten soziale Spannungen heraufbeschwört.

Bei einer zehn- bis zwanzigmal geringeren Bevölkerungsdichte als in Mitteleuropa galt Neuseeland lange als klassisches *Einwanderungsland*. Seit dem Zweiten Weltkrieg hat sich die Einwohnerzahl beinahe verdoppelt. Frühere Immigrationswellen – fast ausschließlich aus Großbritannien – fanden in den achtziger

Regionen: Fläche und Bevölkerung 1981

Region	Fläche (km²)	Einw. (1000)
Northland	12 613	114
Central Auckland	5 544	830
South Auckland/ Bay of Plenty	36 876	491
East Coast	10 914	49
Hawke's Bay	11 289	148
Taranaki	9 729	105
Wellington	27 766	586
Marlborough	11 080	36
Nelson	17 675	77
Westland	15 415	23
Canterbury	43 579	424
Otago	37 105	184
Southland	28 376	108
Total	267 961	3 176

Wichtigste Städte 1981 (Agglomerationsbevölkerung in Tausend)

Auckland	830
Wellington	344
Christchurch	322
Hamilton	160
Dunedin	114
Palmerston	92
Hastings	53
Napier	51

Bevölkerungsentwicklung 1858 bis 1981

1858	115 000
1881	534 000
1901	816 000
1921	1 272 000
1936	1 574 000
1945	1 702 000
1951	1 939 000
1961	2 415 000
1971	2 863 000
1981	3 177 000

Jahren des letzten sowie in den zehner und zwanziger Jahren dieses Jahrhunderts statt. Inzwischen hat sich die Situation geändert. Zehntausende von Neuseeländern verlassen jährlich ihre Heimat, weil sie ihnen keine berufliche Zukunft mehr bietet. Unter diesem Gesichtspunkt wirkt die gegenwärtige Arbeitslosenrate von rund vier Prozent nicht mehr so harmlos. 1981 standen 19 000 Einwanderern fast 65 000 neuseeländische Emigranten gegenüber. Aus dem jetzigen Nullwachstum könnte in den nächsten Jahren sogar ein Bevölkerungsrückgang werden.

Die *Verteilung* der Bevölkerung ist wie in Australien sehr ungleich: Sie konzentriert sich auf das Tiefland, die Küstenebenen. Alle größeren Städte sind um Häfen entstanden, die den lebenswichtigen Kontakt zum britischen Mutterland aufrechterhalten konnten. Die küstennahen Gebiete wiederum boten von der Topographie wie vom Absatzmarkt her die besten Voraussetzungen für intensive Landwirtschaft. Dieses Grundmuster trifft besonders deutlich auf die Südinsel zu, während die Nordinsel dichter und auch etwas gleichmäßiger besiedelt ist. 85 Prozent der Bevölkerung leben in Städten.

Eine großräumige *Verwaltungsgliederung* besteht nicht. Neben der nationalen Administration gibt es nur die lokale, die der Städte und Landkreise. Eine Aufteilung in Provinzen, die im letzten Jahrhundert erfolgte, wurde nach kurzer Zeit wieder aufgehoben.

Regierungssystem

Neuseeland ist eine parlamentarisch-demokratische Monarchie. Staatsoberhaupt ist Königin Elisabeth II., vertreten durch einen Generalgouverneur.

Konstitutionell besteht eine weit größere Ähnlichkeit zu Großbritannien als zum föderativen Australien. Neuseeland besitzt keine geschriebene *Verfassung*. Einige Elemente der

Auflagenstärkste Tageszeitungen 1981 (in Tausend)

Titel	Erscheinungsort	Auflage
New Zealand Herald	Auckland	251
Auckland Star	Auckland	116
Evening Post	Wellington	92
The Press	Christchurch	80
The Dominion	Wellington	63
The Star	Christchurch	60
Otago Daily Times	Dunedin	53
Waikato Times	Hamilton	40
Southland Times	Invercargill	33

Aus: Media. Ministry of Foreign Affairs, Wellington 1982

Universitätsprogramme, Studenten 1980 (Auswahl)

Studienrichtung	Männer	Frauen
Geisteswissenschaften	4 281	7 821
Ökonomie	5 277	1 622
Naturwissenschaften	4 699	2 009
Recht	2 145	1 111
Erziehungswissenschaft	738	2 021
Medizin, Zahnmedizin	1 774	850
Ingenieurwissenschaften	2 341	75
Landwirtschaft, Gartenbau	520	2 230
Total	25 554	18 379

heutigen Staatsstruktur gehen auf einen Verfassungsakt von 1852 zurück. Dieser beinhaltete zwei gesetzgebende Kammern: ein gewähltes Unterhaus und ein ernanntes Oberhaus. Das zweite wurde 1950 abgeschafft.

In der Maorifrage hat sich dafür eine Übergangslösung von 1867 zäh bis auf den jetzigen Tag gehalten: Die «Alteingesessenen» wählen ihren Abgeordneten separat. Allerdings ist es inzwischen auch schon vorgekommen, daß ein Maori für einen «Europäersitz» kandidierte. Es wird streng darauf geachtet, daß der Proporz jeweils den neuesten Bevölkerungszahlen entspricht. Langjährige Verfahrensfragen mündeten 1956 in einen Wahlakt (Electoral Act), der das beschlossene Procedere festlegt.

Das *Parlament* in Wellington umfaßt zur Zeit 92 Abgeordnete, davon vier Maori. Nach den Wahlen vom November 1981 verfügt die regierende National Party über 47, die Labour Party über 43 und die Social Credit Party über 2 Sitze. Die Regierung arbeitet grundsätzlich eng mit den verschiedenen Interessengruppen zusammen. Die «intime» Art der Politik, die dem kleinen Staat entspricht, hat Vor- und Nachteile – sie sichert tragfähige Beschlüsse und verschafft andererseits außerparlamentarischen Machtgruppen mehr Gewicht, als der Sache längerfristig manchmal dienlich wäre.

Älteste der *Parteien* ist die Labour Party, gegründet 1918. Sie stützt sich vor allem auf eine urbane, minderbemittelte, lohnabhängige Wählerschaft. Ihre längste Regierungszeit dauerte von 1935 bis 1949. Damit lieferte sie die Grundlagen des heutigen Wohlfahrtsstaats.

Die National Party entstand

Wohnverhältnisse 1976 und 1981 (Prozent)

Art des Wohnens	1976	1981
Mietwohnung	27,0	25,3
Dienstwohnung . .	2,5	2,1
Gratiswohnung . . .	0,9	1,3
Eigenheim mit Hypothek	42,0	42,4
Eigenheim ohne Hypothek . . .	27,6	28,8

Lebensstandard 1976 und 1981 (Prozent)

Ausstattung der Haushaltungen	1976	1981
Waschautomat	38	51
Telefon	90	92
Farbfernseher	22	67
Gefriertruhe	70	73
Kleidertrockner	38	45
Auto	80	83
Ferienhaus	?	4

aus dem geschlagenen bürgerlichen Lager von 1935. Die Wahl von 1949 vermochte sie nur zu gewinnen, indem sie sich die sozialen Postulate der Labour Party zu eigen machte. Mit kurzen Ausnahmen stellt sie seither die Regierung. Ministerpräsident Robert David Muldoon ist seit 1975 im Amt.

Die Außenpolitik Neuseelands wird von ähnlichen Voraussetzungen wie die Australiens bestimmt. Die Mitgliedschaft im Commonwealth of Nations und im Anzuspakt spiegelt die beiden wichtigsten Beziehungen wider: die zu Großbritannien sowie den USA. Darin eingeschlossen ist eine starke Interessengemeinschaft mit Australien, das in Neuseeland jedoch oft als etwas großspuriger neureicher Verwandter empfunden wird.

Wirtschaft

Als «ökonomisch schwierigstes Jahrzehnt» können sich die achtziger Jahre für Neuseeland erweisen, prophezeit die *Financial Times* vom 27. Juli 1982. Tatsächlich deuten eine Inflationsrate von 16 Prozent und zunehmende Arbeitslosigkeit darauf hin, daß die Wirtschaft des Landes aus dem Gleichgewicht ist. Jahrzehntelang auf scheinbar unverrückbare politische und kommerzielle Beziehungen fixiert, kämpft Neuseeland seit einiger Zeit mit einschneidenden Strukturveränderungen.

Vor dem Zweiten Weltkrieg gingen 85 Prozent des Exportwerts nach Großbritannien. Neuseeland tauschte seine landwirtschaftlichen Produkte nach kolonialem Muster gegen Industriegüter. Die eigene Industrie, in den gewerblichen Betrieben des 19. Jahrhunderts wurzelnd, mußte vor billigeren Konkurrenzprodukten geschützt werden.

Die Kriegsjahre hatten einige Versorgungsschwierigkeiten mit Industrieerzeugnissen zur Folge, worauf die Investitionstätigkeit verstärkt wurde. In den sechziger Jahren wurden – dem hohen Lohnniveau und Außenhandelsdefizit entsprechend – neue, vorzugsweise auf den eigenen Rohstoffen und dem speziellen agrarwirtschaftlichen Knowhow beruhende Fabriken aufgebaut: Aluminiumhütte, Chemie, Teppiche, Wollgarn usw.

Diese Industrialisierung war begleitet von zunehmenden Absatzschwierigkeiten für die mit hoher Produktivität erzeugten landwirtschaftlichen Güter. Hauptgrund war sicher der Beitritt Großbritanniens in die Europäische Gemeinschaft, der rasch sinkende Einfuhrkontingente gegenüber Neuseeland zur Folge hatte. Durch die Inflation verteuerten sich diese Produkte aber auch und waren weniger gefragt. Trotzdem sind sie immer noch Neuseelands wichtigste Devisenquelle. Der Absatzmarkt dafür hat sich allerdings radikal verlagert: Nur noch für Butter und Lammfleisch ist Großbritannien der wichtigste Abnehmer – für Rindfleisch sind es die USA, für Schaffleisch die Sowjetunion, für Käse Japan, für Wolle die Volksrepublik China. Entfiel 1971 noch über ein Drittel des Gesamtausfuhrwerts auf Großbritannien, beteiligten sich 1981 Australien, die USA, Japan und das einstige Mutterland mit je 13 bis 14 Prozent.

Neuseeland ist selbstverständlich viel zu klein und zu isoliert für eine breitgefächerte Industrie. Seine Zukunftschance liegt jedenfalls in der Spezialisierung mit Spitzentechnologie. Die Regierung unter Robert Muldoon (National Party) setzt deshalb in erster Linie auf Großanlagen, welche den Energiereichtum des Landes nutzen können, und strebt die Deckung des Energiebedarfs bis zur Jahrtausendwen-

Prokopfkonsum ausgewählter Nahrungsmittel 1969 und 1977 (in kg)

Produkt	1969	1977
Getreide	87	75
Kartoffeln	50	59
Zucker, Honig, Sirup	50	37
Frischgemüse	86	54
Früchte	57	74
Fleisch	109	119
Fisch	6	3
Eier	17	15
Milch	187	180
Käse	4	8
Butter	18	14
Tee	3	3
Kaffee	1	2
Bier (Liter)	111	123
Wein (Liter)	5	9
Spirituosen (Liter) .	2	3

de an (die Kosten für Treibstoffe lasten schwer auf dem Handelsbudget). Raffinerien etwa und Aluminiumschmelzen sollen den Wohlstand des Landes weiterhin gewährleisten. Die oppositionelle Labour Party weist allerdings darauf hin, daß solche kapitalintensiven Mammutprojekte nicht die notwendigen Arbeitsplätze böten und man durch die Förderung arbeitsintensiver Branchen

Beschäftigte nach Erwerbszweigen 1981 (in Tausend)

Industriezweig	Männer	Frauen	Total
Land- und Forstwirtschaft	111	31	142
Bergbau	4	–	4
Industrie	231	87	318
Elektrizität, Gas, Wasser	14	1	15
Verkauf, Gastgewerbe	117	94	212
Verkehr und Kommunikation	80	25	105
Finanzwesen, Dienstleistungen	50	42	91
Öffentlicher Dienst	159	151	310
Verschiedenes	32	19	50
Total Vollbeschäftigte	876	456	1 331

Merinoschafe auf einer Großfarm im Süden Neuseelands.

besser die menschlichen Ressourcen nutzen würde. Jedenfalls wird Neuseeland nicht darum herumkommen, Anreize für Innovationen zu schaffen und vielleicht auch das Subventionswesen zu überdenken. Staatlicher Protektionismus ist für manche Betriebe ein bequemer Vorwand, alles beim alten zu lassen.

Die *Landwirtschaft* beschäftigt noch neun Prozent der Bevölkerung (Industrie 35, Dienstleistungen 56), erzielt aber zur Zeit fast die Hälfte des Exporterlöses. Seit den sechziger Jahren ist die Produktion ungefähr konstant. Die Betriebe sind, verglichen mit europäischen Verhältnissen, groß (42 Prozent über 100 Hektar) und stark mechanisiert. Zwei Drittel davon werden ohne Hilfskräfte bewirtschaftet.

Drei Viertel des Produktionswerts entfallen auf tierische Erzeugnisse: Fleisch, Milchpro-

Wichtigste Außenhandelspartner 1981 (Mio. NZ$)

Land	Export	Import
Australien	818	1 074
USA	796	986
Japan	785	834
Großbritannien ...	760	585
Singapur	100	312
Comecon	279	59
Bundesrepublik Deutschland	150	161
Saudi-Arabien	?	287
Kanada	123	125
Niederlande	95	58
Italien	83	63
Frankreich	95	48
Hongkong	81	60

Wichtigste Importgüter 1981 (Mio. NZ$)

Rohöl	548
Erdölprodukte	428
Motorfahrzeuge	361
Stahlerzeugnisse	213
Erdöl (halbraffiniert)	210
Aluminiumoxid	70
Zucker	56
Düngemittel	53
Traktoren	48
Rohgummi	28
Motorfahrräder	26

Wichtigste Exportgüter 1981 (Mio. NZ$)

Wolle	893
Lammfleisch	746
Rindfleisch	587
Butter	398
Milch	305
Holz	284
Aluminium	205
Käse	138
Kasein	117
Fisch	101
Druckerzeugnisse	99
Früchte	89

dukte, Wolle. Wichtigste Ackerbauprodukte sind Weizen und Gerste, daneben Gemüse und Früchte.

Von wachsender Bedeutung ist die *Forstwirtschaft*. Seit Mitte des letzten Jahrhunderts wurde die Waldfläche auf die Hälfte reduziert, und davon ist wieder nur rund ein Sechstel nutzbar. In den Krisenjahren um 1930 und seit den sechziger Jahren wurden große Gebiete, vor allem auf der Nordinsel, mit rasch wachsenden Kiefernarten (besonders Pinus ariata) aus der Nordhemisphäre aufgeforstet. Bereits 80 Prozent des Einschlags stammten 1980 aus solchen Beständen. Das Holz wird in nahen Großsägereien zurechtgeschnitten und zum Teil exportiert.

An *Bodenschätzen* ist Neuseeland relativ arm. Die Kohle, vom Produktionswert her wichtigstes Erz, wird vor allem auf der Südinsel gefördert. Vor der Westküste der Nordinsel lagert Eisensand, der im Stahlwerk von Glenbrook verhüttet wird. Japan ist der wichtigste Abnehmer dafür.

Die Kohle deckt indessen nur 14 Prozent des *Energiebedarfs*. Erdöl ist der wichtigste Energieträger (49 Prozent, in erster Linie als Treibstoff), neben der Wasserkraft, mit der 80 Prozent des benötigten Stroms erzeugt werden (7 Prozent tragen geothermische Anlagen dazu bei) und die noch ausbaufähig ist. Einige Hoffnungen ruhen auf den Erdgasvorkommen in der Tasmansee.

Die Zentren der *Industrie* konzentrieren sich auf der Nordinsel: hier werden drei Viertel der Wertschöpfung erzielt. Die wichtigsten Industrieräume sind Central Auckland (37 Prozent des Produktionswerts mit dem Schwerpunkt Stahl), Wellington (18 Prozent, Motorfahrzeuge), Süd-Auckland – Bay of Plenty (11 Prozent, Holz und Papier) und auf der Südinsel die Canterbury-Ebene (14 Prozent, Gummiverarbeitung, Getreidemühlen).

Reisen in Neuseeland

Die weite Reise nach Neuseeland wurde erst durch den schnelleren und damit billigeren Düsenflugverkehr für europäische Touristen erschwinglich. Die drei größten Städte, Auckland, Wellington und Christchurch, besitzen internationale Flugplätze und sind daher auch direkt von Übersee anzufliegen.

Neuseeland ist ein Land gemäßigter Breiten (seine Lage ist etwa vergleichbar mit der von Süddeutschland, der Schweiz und Oberitalien). Hier gibt es also Jahreszeiten, die sich deutlich voneinander unterscheiden: Frühling, Sommer, Herbst und Winter.

In den Wintermonaten von Mai bis September ist Neuseeland nur für Skifans interessant. Es gibt Skizentren auf den Vulkanen Ruapehu und Mount Egmont auf der Nordinsel und in den Alpen der Südinsel, wie etwa Mount Hutt, Coronet Peak bei Queenstown, Lake Tekapo, Lake Ohau und einige andere mehr. Diese kommerziellen Skizentren bieten Skilifts, Skischulen, Restaurants, mit Ausnahme vom Skigebiet am Ruapehu und Coronet Peak jedoch keine Unterkunft. Außerdem bietet sich die Möglichkeit, in den von Skiklubs erschlossenen Alpentälern dem Wintersport nachzugehen, dort sind auch Hütten, in denen man übernachten kann.

Skitouren im Frühling sind sehr beliebt. Sie können auch mit Kufenflugzeugen auf die Gletscher fliegen, um von dort abzufahren. Doch sollten solche Touren nur mit Kennern der Berge und des Geländes durchgeführt werden.

Für die übrigen Touristen ist die Winterzeit unerfreulich und ungeeignet. Obwohl es im Tiefland nur in seltenen Ausnahmefällen schneit, sind doch die Wintermonate von starken Regenfällen und stürmischem Wind gekennzeichnet, was bei meist ungenügend geheizten Häusern als besonders unangenehm empfunden wird. Die günstigste Reisezeit ist also Ende September bis Ende April.

In Neuseeland bieten sich diverse Reisemöglichkeiten. Der Inlandflugverkehr ist gut entwickkelt, Züge verbinden die großen Städte, Busse, Leihwagen oder Camper stehen zur Verfügung. Busunternehmen, die organisierte Programme bieten, sind überall zu finden. Es gibt Hotels, Motels, Campingplätze, Jugendherbergen, Herbergen von YMCA und YWCA. Da in die Zeit von Mitte Dezember bis Mitte Januar auch die großen Sommerferien für die Neuseeländer fallen, sind in diesen Wochen die Hotels meist ausgebucht; reservieren Sie also vor! Auch bestimmte Wandertouren wie der Milford-Track müssen wochenlang vorher gebucht werden, da man sie nicht auf eigene Faust unternehmen kann, sondern sich einer geführten Gruppe anschließen muß, diese aber wegen der Unterkunft in den Hütten auf eine bestimmte Personenzahl begrenzt ist.

Für Selbstfahrer: In Neuseeland wie in den meisten britischen Ländern herrscht Linksverkehr! Zwar sind die Hauptrouten gut ausgebaut, aber noch gibt es auch zahlreiche unasphaltierte Straßen. Auf diesen Geröllwegen sollte man Vorsicht walten lassen, da sie ihre Tücken haben und leicht zu Unfällen führen. Wer eine Panne hat, kann sich darauf verlassen, daß jeder Vorbeifahrende ihm zu Hilfe kommt; dies ist ein ungeschriebenes Gesetz aus der Pionierzeit, daß man einander in Notlagen zu Hilfe kommt. Auch der Tourist sollte dieses Gesetz beherzigen.

Die Neuseeländer sind freundliche, hilfsbereite und arglose Menschen; Haustüren und Autos bleiben unverschlossen, selbst wenn der Inhaber nicht in der Nähe ist. Dem Fremden wird gerne Gastfreundschaft gewährt. Hotels sind nach englischem Muster eingerichtet, hier wird Ihnen der «early morning tea» serviert, aber nicht der Koffer abgenommen. Essen gibt es nur zu bestimmten Tageszeiten. Motels freilich sind mit kleinen Küchen zum Selbstkochen ausgestattet; immer gehört der elektrische Teekessel und der Tee zum Service.

In jeder Stadt finden sich Touristenbüros, die bereitwillig Auskunft geben über Reiseziele und Unterbringungsmöglichkeiten.

Neuseeland bietet auf kleinem Raum zahlreiche Sehenswürdigkeiten: im Norden von Auckland die riesigen Kaurifichten, die historische Siedlung in der Bay of Islands, das geheimnisvolle Kap Reinga an der Nordspitze der Insel, südlich von Auckland die vulkanische Gegend um Rotorua (es sind dort zahlreiche Thermen und Geysirtäler, über die Ihnen das Touristenbüro in Rotorua alle Unterlagen geben kann), die Maori-Pas von Whakarewarewa und Ohinemutu, die großen Vulkane im Zentrum und Mount Egmont an der Westküste, der Tauposee und die Glühwürmchenhöhlen in Waitomo; aber außer diesen in allen Reiseführern beschriebenen und empfohlenen Attraktionen sind noch zahlreiche andere Schön-

Blick vom Ruapehu zum rauchenden Ngauruhoe.

heiten zu entdecken. Da sind die herrlichen Küsten sowohl an der Tasmanischen See als auch am Pazifischen Ozean, da ist die weitgeschwungene Bay of Plenty, vom Kegel des Mount Manganui gekrönt, mit dem Blick auf die rauchende Vulkaninsel White Island, die Sie per Boot erreichen können.

Ebenfalls an der Ostküste, an der Hawke's Bay, ragen die Felsenkliffs von Kap Kidnappers weit ins Meer (nur bei Ebbe zu erreichen). Der Name geht auf den Versuch der Maori zurück, einen jungen, mit Cook reisenden Tahitianer zu entführen. Im Frühling brüten auf diesen Felsen Tausende von Tölpeln – ein reizvolles Bild.

An der Westküste entzückt vor allem die Taranaki-Gegend, die sich um den majestätischen Mount Egmont ausbreitet. Auf diesen Vulkan wie auch auf die im Zentrum gelegenen Mount Ruapehu, Tongariro und Ngauruhoe führen Wanderwege durch die fremdartige Pflanzen- und Lavawelt.

Tracks, Wanderwege, gibt es viele in Neuseeland, die nur dem Fußgänger, nicht dem Motoristen offen sind.

Die Südinsel (entweder per Flugzeug oder per Fähre von Wellington nach Picton erreichbar) ist die Insel der Alpenkette mit ihren herrlichen Seen. Die Paßstraßen, Arthurs Pass, Lewis Pass und Haast Pass, sind weitgehend asphaltiert. Den Alpen kommt der Tourist am nächsten, wenn er zur Hermitage fährt, einem Hotelkomplex zu Füßen des höchsten Berges, Mount Cook. Von hier aus bieten sich bei entsprechendem Wetter Gletscherwanderungen und Gletscherflüge an.

Von den zahlreichen Fjorden an der Südwestküste ist nur der Milford Sound zugänglich, entweder über den schon erwähnten Milford Track oder über die Straße durch den Homertunnel. Allerdings ist die Westküste die Wetterseite des Landes, Sonnentage sind hier selten. Das betrifft auch die Straßen an der Westküste. Bei gutem Wetter ist es ein Erlebnis, zwischen Meer und Alpenkette durch den wuchernden Urwald zu fahren oder zu wandern. Die tief zur Westseite herabreichenden Gletscher (Fox- und Franz-Josef-Gletscher) können über Autostraße und Wanderweg erreicht werden, auf diesen Wanderwegen beeindruckt die wuchernde Vegetation dieses Regenwaldes.

Auch spektakuläre Küstenformationen locken den Naturfreund und Fotografen: etwa die Punekiki-Felsen an der Nordwestküste, die Massen von übereinandergelegten Pfannkuchen gleichen, zwischen die das Meer seine Brandungswellen wirft. Auch an der Ostküste finden sich herrliche Buchten und Strände, von Muscheln übersät. Die Moeraki Boulders im südöstlichen Otago, die riesigen Kugeln gleich am Strand liegen, halb im Sand eingebettet, sind eine geologische Besonderheit, die manches Rätsel aufgibt.

Abgesehen von diesen in den meisten Fremdenführern erwähnten touristischen Zielen gibt es noch zahlreiche andere Naturschönheiten. Wanderwege führen zu unberührten Bergtälern oder Küstenbuchten; Bootsfahrten über den Te-Anau-See führen zu Glühwürmchenhöhlen, dampfende Thermen locken zum Bad am Wegesrand wie bei Hanmer Springs am Lewis Pass; die glutroten, von Misteln überwucherten Bäume am Ohau-See zur Weihnachtszeit scheinen in einen Märchenwald zu führen.

Weltvergessene Einsamkeit bieten Bergtäler und Berghütten – es gibt viel zu entdecken.

Jedoch ist Vorsicht am Platz. Zwar gibt es keine gefährlichen Tiere in Neuseeland, weder Schlangen noch Skorpione, auch keine giftigen Pflanzen. Aber Bergtouren sollte der Fremde nicht allein unternehmen. Brüchiger Fels, rasch aufkommender Nebel oder Regen, anschwellende Flüsse, über die es keine Brücken gibt, Verlust der Orientierung im Nebel und im Frühling Lawinen sind immer gegenwärtige Gefahren. Bergwanderer und Jäger müssen sich Einheimischen anschließen, die sich hier auskennen. Für Jäger ist Neuseeland zwar ein besonders verlockendes Ziel, da keine Schonzeit oder Gesetze die Jagd auf das vor einem Jahrhundert eingeführte Rotwild, Gemsen oder Steinböcke einschränken. Die Pirsch bedeutet hier jedoch Mühe und Anstrengung; sie führt über Berge und Täler, in primitive Wellblechhütten zum Übernachten, Lebensmittel und Beute müssen weit getragen werden.

Vorsicht ist gegenüber den liebenswerten und doch so flinken und diebischen Keas geboten, den Nestor-Papageien! Sie stibitzen, was sie schleppen können; sie können mit ihren scharfen Schnäbeln Zelte und Bergstiefel zerlegen! Auch an Autos und Wohnwagen richten sie Schaden an. Die Vögel Neuseelands stehen unter Naturschutz und dürfen nicht geschossen werden. Überhaupt sind Tiere und Pflanzen in den vielen Nationalparks – wie überall – geschützt.

Stewart Island schließlich ist eine Insel für Wanderer, hier gibt es kaum Straßen. Es gibt herrliche Pfade über die Insel, die gefahrlos beschritten werden

Neuseeland-Adressen

Deutschland: Botschaft von Neuseeland, Bonn-Center HI 902, 5300 Bonn 1. Telefon: 02 28/21 40 21.
Fremdenverkehrsamt von Neuseeland, Rathenauplatz 1 a, 6000 Frankfurt/M. 1. Telefon: 06 11/28 81 89.
Österreich: Botschaft von Neuseeland, Hollandstraße 2, 1020 Wien. Telefon: 02 22/ 26 44 81 oder 24 91 86.
Schweiz: Neuseeländisches Generalkonsulat, 28a Chemin du Petit-Saconnex, 1209 Genève. Telefon: 022/34 95 30.

können. Man kann mit kleinen Motorbooten zu den abgelegenen Küsten fahren, darf Terminkalender und Uhr getrost zurücklassen, wenn man am «Bluff» die Fähre nach Stewart Island besteigt. Hier herrscht die Stille der Zeitlosigkeit, nur vom melodischen Ruf der Vögel, vom Flügelschlagen des grauen Albatros unterbrochen.

Die großen Städte haben selbstverständlich ihre Museen, in denen auch viele ausgezeichnete Maori-Schnitzereien zu sehen sind, Beratungshäuser, Kriegsschiffe, Keulen aus Nephrit und anderes. An einigen Orten wurden Pioniersiedlungen erhalten oder neu errichtet als Freilichtmuseum und Touristenattraktion (am Huka-Fluß, Nordinsel; bei Greymouth, Südinsel, und in Arrowtown bei Queenstown, ehemaliges Goldgräbergebiet). Das alte Maori-Pa bei Whakarewarewa wurde schon erwähnt, auch ist das verschüttete Dorf Buries Village, das dem Vulkanausbruch des Tarawera vor hundert Jahren zum Opfer fiel, zu besichtigen

Christ Church, neugotisches Herz der gleichnamigen Stadt.

(nahe Rotorua). Es gibt zwei ehemalige deutsche Siedlungen, Puhoi (nördlich Auckland), einst von Bayern und Egerländern gegründet, und Upper Mutere, früher Neu-Rantzau bei Nelson, eine lutherische Siedlung. Auf der Banks-Halbinsel bei Christchurch findet man in Akaroa, einer einstigen französischen Siedlung, noch vieles, was an die Vergangenheit erinnert.

Neuseeland ist zweifellos eine Reise wert, jedoch lohnt sich diese weite Reise nur dann, wenn man Zeit hat. Vier oder

sechs Wochen sind viel zu kurz. Selbst wer rastlos von Nord nach Süd, von West nach Ost fährt, kann nur einen Bruchteil der Schönheiten dieses Landes wahrnehmen; er hat nicht Muße genug, seine Atmosphäre einzuatmen, den Duft seiner Vegetation, den Ruf seiner Vögel in sich aufzunehmen, die Freundschaft seiner Menschen zu erwerben, er wird das Land mit dem bedrükkenden Gefühl verlassen, gewiß das Schönste zurückgelassen zu haben, ohne seiner teilhaftig geworden zu sein.

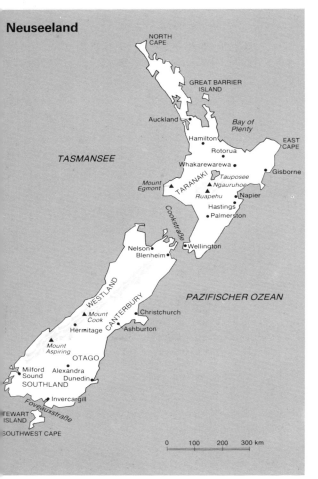

Neuseeland

NORTH CAPE

GREAT BARRIER ISLAND

Auckland

Bay of Plenty

Hamilton

Rotorua

EAST CAPE

TASMANSEE

Whakarewarewa

Gisborne

TARANAKI *Tauposee*

Mount Egmont ▲ Ngauruhoe

▲ Ruapehu Napier

Hastings

Palmerston

Cookstraße

Nelson

Blenheim

Wellington

PAZIFISCHER OZEAN

WESTLAND

▲ *Mount Cook*

Christchurch

Hermitage

Ashburton

CANTERBURY

Mount Aspiring

OTAGO

Milford Sound Alexandra

Dunedin

SOUTHLAND

Foveauxstraße

Invercargill

STEWART ISLAND

SOUTHWEST CAPE

0 100 200 300 km

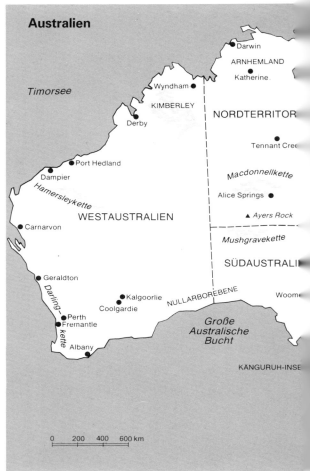

Australien

Darwin

ARNHEMLAND

Katherine

Timorsee

Wyndham

KIMBERLEY

NORDTERRITOR

Derby

Tennant Cree

Port Hedland

Macdonnellkette

Dampier

Hamersleykette

Alice Springs

WESTAUSTRALIEN

▲ *Ayers Rock*

Carnarvon

Mushgravekette

Darling-

SÜDAUSTRALI

Geraldton

Kalgoorlie NULLARBOREBENE

Coolgardie

Woom

kette

Perth

Fremantle

Große Australische Bucht

Albany

KÄNGURUH-INSE

0 200 400 600 km

Register

Halbfette Ziffern beziehen sich auf Abbildungen, kursive auf Neuseeland, die übrigen auf Australien. (T) weist auf Tabellen hin.

Labels on map: Torresstraße, Carpentariagolf, KAP-YORK-HALBINSEL, Großes Barriereriff, Cairns, Townsville, Mount Isa, QUEENSLAND, Mackay, Great Dividing Range, Rockhampton, Bundaberg, Brisbane, NEUSÜDWALES, Broken Hill, Augusta, Newcastle, Adelaide, Mildura, Sydney, Wollongong, Murray, Canberra, VICTORIA, Mount Kosciusko, Melbourne, Geelong, Bass-Straße, Launceston, TASMANIEN, Hobart

Literatur

A Century of Journalism. The Sydney Morning Herald and its record to Australian Life 1831−1931. Sydney 1931.

Australian Tourist Commission: Australien. Reiseführer. Melbourne 1982.

Australien. Flora und Fauna. Life Bildsachbuch. Reinbek 1975.

Christmann, Fr.: Australien. Geschichte der Entdeckungsreisen und der Kolonisation. Leipzig 1870.

Birrell, Robert: An issue of People: Population and Australian society. Melbourne 1981.

Conway, Ronald: Land of the Long Weekend. Melbourne 1980 (2. Aufl.).

Hochstetter, Ferdinand von: Neu-Seeland. Stuttgart 1863.

Jeans, D.N.: Australia; a geography. London 1978.

Johnston, R.J.: The New Zealanders. How they live and work. London/New York 1976.

Kiemle, Roland: Abenteuer-Almanach Australien-Neuseeland. Frankfurt 1981.

Lommel, Andreas: Fortschritt ins Nichts – die Modernisierung der Primitiven Australiens. Freiburg 1969 und Frankfurt 1981 (Ullstein TB).

Lutz, Wilhelm: Neuseeland (Mai's Weltführer). Frankfurt 1980.

Mayhill, R.D./Bawden, H.G.: New Zealand Geography. Auckland 1979 (3. Aufl.).

McQueen, Humphrey: Social sketches of Australia. 1888−1975. Harmondsworth, England 1978.

Oliver, W.H./Williams, B.R.: The Oxford History of New Zealand. Oxford/Wellington 1981.

Osborne, Charles (Hg.): Australia, New Zealand and the South Pacific. A Handbook. London 1970.

Peter, Brigitte: Der schlafende Bumerang. Wien 1978.

Rob, Gerda: Australien kennen und lieben. Lübeck 1981.

Sawer, Geoffrey: Australian Government Today. Melbourne 1973.

Stein, Conrad: Australien-Handbuch. Kiel 1981.

Uhlig, Harald (Hg.): Südostasien − Australien. Fischer Länderkunde. Frankfurt 1975.

Viedebantt, Klaus: 30mal Australien und Neuseeland. München 1981.

Walker, David: Dream and disillusion; a search for Australian cultural identity. Canberra 1976.

Quellennachweis

Australian Tourist Commission: Bilder Seite 89, 109.

Christmann (siehe Literatur): 11, 12, 13, 14, 15, 19, 20, 23, 24, 31, 38, 39, 41, 72 (2).

Gaertner, Hildesuse, Freiburg im Breisgau: 67, 69, 70, 71, 73 (2), 77, 97, 99, 100, 111, 112, 113, 129, 131, 145, 151.

Hochstetter (siehe Literatur): 29, 115, 116, 117, 119, 123, 125, 138.

Micka, Milena, Luzern: 107.

NASA, Washington: 63, 64, 65, 143.

Ringier Dokumentationszentrum, Zürich: 7, 9, 35, 36, 43 (2), 46, 49, 53, 58 (2), 60, 78, 82, 84, 88, 91, 92, 93, 94, 98, 101, 103, 106, 137, 149, 153.

Alle übrigen Abbildungen stammen aus dem Verlagsarchiv.

Die Tabellen stützen sich − wo nichts anderes bezeichnet ist − auf folgende Statistiken:
Year Book Australia, No. 65, 1981. Australian Bureau of Statistics, Canberra.
New Zealand Pocket Digest of Statistics 1982. Department of Statistics, Wellington.
Der australischen und der neuseeländischen Botschaft in Bonn sowie der australischen Botschaft in Bern danken wir für ihre Unterstützung.